格差から見る中国

急激な社会変動が引き起こした「光と影」の政治経済学

李 養浩 Rhee Yangho ［著］
李 智雄 Lee Chiwoong ［監訳］
杉山直美 Sugiyama Naomi ［訳］

東京 白桃書房 神田

중국, 불평등의 정치경제학 by Rhee Yangho
Copyright © 2016 Rhee Yangho
Originally published in Korea in 2016 by The Korea Economic Daily & Business Publications, Inc.,
Japan translation rights arranged with The Korea Economic Daily & Business Publications, Inc.,
through EntersKorea Co., Ltd., SEOUL and K-BOOK SHINKOUKAI, Tokyo

はじめに

　中国は奇跡ともいえる経済成長を遂げ，世界第2位の経済大国に浮上した。過去，1800年代に欧州諸国に遅れを取り，【改革開放前の】社会主義の時代には飢死者が多く出るほど貧しかった中国は，わずか20年から30年の間に貧困から抜け出し，経済大国となって世界の経済地図を塗り替えた。中国の31の地方をそれぞれ国レベルの独立経済体と見なせば，【中国全体と合わせ】世界で最も経済成長の早い国のトップ32ができあがる (World Bank and DRC 2013: p.4)。最近の中国では「中国3.0」がしばしば語られる。中国の発展について，1949〜79年の約30年間は「中国発展1.0政治版」，1979〜2012年の約30年間は「中国発展2.0経済版」，2012年以降の約30〜40年間は「中国発展3.0国民生活版」と区分されている (連玉明・武建忠 2014a, p.39)。2.0で経済が成長したので，3.0では生活の格差を改善すべきだという主張がある。中国の指導部は皆が豊かになる「共同富有」を打ち出し，「中国の夢」は人民の共同富有を実現することに帰結するとしている (呉福象・葛和平 2014, p.44)。国際機関が強調する「繁栄の共有 (sharing prosperity)」とも通じる考え方である。中国人の生活は「温飽」段階から「小康」段階に移行した。「温飽」は衣食住の問題が解決された状態をいい，「小康」は1人当たり所得が1000ドル以上の中所得国レベルの生活ができる状態をいう。中国共産党中央宣伝部は，「温飽」から「小康」の実現段階に移行したと分析している (中国共産党中央宣伝部理論局 2010, pp.2-3)。2010年，全国における「小康社会」の実現レベルは80.1％に達した。地域別では東部，中部，西部の小康社会の実現レベルはそれぞれ88.0％，77.7％，71.4％であった (連玉明・武建忠 2014b, p.37)。

　中国は過去30年間に10％台の成長を遂げてきたが，今後20年間は6〜7％台の成長にとどまると推定されている。改革開放を通じて中国人の所得は増大した。1人当たりGDPは1978年の190ドルから6000ドルに増加した (連玉明 2014a, p.6)。1人当たり可処分所得は，都市住民は1978年の343元から2011年の2万1810元に63倍増加し，農村住民は1978年の134元から2011年の6977元に52倍増加した (呉福象・葛和平 2014, p.45)。中国の変革が始まってから約30年間で大幅に増加している。

こうした経済成長と所得の増加は，格差の拡大という副産物をもたらした。成長の裏ではさまざまな格差があり，これが中国に暗い影を落としている。長期にわたる経済の急成長によって貧困が減少したが，格差は拡大している。中国の国家統計局によれば，ジニ係数 (Gini coefficient) は 0.4 を超えている。ジニ係数は格差を測る指数で，0～1（または 100 をかけて 0～100）を使用し，0 はとても平等な状態，1（または 100）は格差の大きい状態を指す。国家統計局は 2000 年代からジニ係数を公表している。2013 年に国家統計局局長の馬建堂は，2012 年の中国のジニ係数は 0.474 だと公表した (胡暁登・鄧元時・侯顕濤 2013, p.23)。1978 年に改革開放が始まった当初，ジニ係数で見た格差は都市で 0.16，農村で 0.212 にすぎなかったが，2012 年には 0.474 に達し，これに「灰色収入」や「陰性収入」などを含めたジニ係数は 0.5 を超えている (呉福象・葛和平 2014, p.45)。

　当然のことだが民間の研究所が発表したジニ係数は，政府当局が発表した数字とは大きく異なる。西南財経大学の中国家庭金融調査研究センターが発表した『中国家庭収入格差報告 2012』は，2010 年のジニ計数を 0.61 と算出している (中国家庭金融調査与研究中心 2012, p.1)。所得ではなく富の格差という観点からジニ係数を見ると一層深刻さが増す。北京大学の中国社会科学調査センターが発表した『中国民生発展報告 2014』は，2012 年の資産のジニ係数が 0.73 に達したとしている (林経緯 2014, p.66)【監訳者注：中国研究者は国家の発表内容と民間のそれとを異なるのが当たり前として話を進める場合が多いが，検閲の厳しい中国においてそのような民間の研究結果が発表を許可されている事実自体にも目を向けるべきであろう】。こうした推定値については本書の第 1 章で記述する。

　問題は格差が拡大し，高所得と低所得の階層が固定化する現象が起きていることだ。経済学者の王小魯が 2010 年に行った調査研究によると，中国の上位 10％世帯と下位 10％世帯の 1 人当たり所得は 65 倍もの差がある (呉福象・葛和平 2014, p.44)。富の格差と関連し，北京大学の中国社会科学調査センターが発表した『中国民生発展報告 2014』によれば，中国では 1％の世帯が 30％の富を占有し，25％の世帯が 10％の富を保有している。国家統計局の調査資料に基づけば，都市住民の場

合，2003年に下位20％世帯が所得全体の7.63％，上位20％世帯が所得全体の40.46％を占めていた。10年後の2013年にはこの数字はそれぞれ7.98％と39.36％であった。農村住民の場合，2003年に下位20％世帯が全体所得の6.05％を占め，上位20％世帯が全体所得の44.37％を占めていた。10年後の2013年にはこの数字がそれぞれ5.30％と43.69％となった。つまり，各階層の所得の変動幅が比較的小さく，階層が固定しつつあり，貧困層が貧困の罠から抜け出せないことを示している (劉波・王修華・彭建剛 2015, p.78p)。

中国は社会主義革命を通じて平等な社会の実現を試みたが，専門家は実際には都市と農村の格差が拡大したというパラドックスを指摘している。ホワイト(Whyte 2010, p.1)は，中国は文化大革命によって平等な社会の実現を目指したものの，現実的には人口の8割が土地に縛られる封建制とほぼ同じ状態だとし，中国革命のパラドックスとは「社会主義封建制 (socialist serfdom)」であるとしている。ディロン (Dillon 2015, p.1-2) も中国の格差という福祉国家パラドックスを指摘している。1951年，毛沢東は福祉国家になる上で重要な労働社会保障プログラムを導入するが，恩恵を受けるのは都市住民で農民は対象外となる体制が維持され，「計画経済」を通じて農村資源を都市産業に振り向ける毛沢東の社会保障プログラムは，むしろ都市と農村の格差を広げるパラドックスを招いたと述べている。

改革開放の開始以降，過去30年間に5億人以上の中国人が貧困から解き放たれたと推定されている。しかし，2005年には2億400万人が1.25ドルの貧困ライン以下で生活していた(World Bank and DRC 2013, p.44)。工業化の中期段階にある中国は，住民の生活レベルは大きく向上したが，貧富の差は拡大し，富める者はより裕福に，貧しい者はより貧しくなる「マタイ効果 (Matthews effect)」が深刻化している (呉鉄象・葛和平 2014, p.44)。クズネッツの逆U字型曲線によれば，市場経済は貧富の差をもたらすが，富裕層の富は「トリクルダウン効果 (涓滴効応 trickle-down effect)」によって貧困層にも行き渡り，最終的には富裕層も利益を得るようになっている(林経緯 2014 p.65)。しかし，現在の中国は貧富の差が拡大する構造となっている。

経済の格差が生じる原因はさまざまである。ポスト社会主義国家の格差については議論もある。ポスト社会主義国家における格差は，政治的に有利な集団が不均衡な利益 (disproportionate benefit) を得るか，またはこの不均衡な利益が構造化されるかど

うかに懸かっている。この問題について，制度主義的 (institutional) な観点からは，市場が発展し市場の影響が増加する一方，政治資本による保障は減少すると主張する。すなわち政治資本の力は，国家が統制する領域では存続するものの，規模は減少する。一方，コーポラティズム (corporatism) の観点からは，経済の転換期に政治的に有利な集団がレントシーキング，独占事業，人脈構築などを通じて既得権を増加させると見ている (Shu, Li, Hiroshi Sato and Terry Sicular 2013, p.2)。

根本的な原因は，自由放任市場経済に内在する貧富の二極化である (林経緯 2014, p.64)。貧富の格差は大きく分けて四つの分野，すなわち，都市と農村の格差，地域間格差，業種間格差，個人間格差として表れる (呉福象・葛和平 2014, p.45)。特に中国の格差は東・中・西部の地域間格差，都市と農村の格差の二つの次元で構成される。東・中・西部の格差を解消すれば，地理的な格差を 20 〜 30% 減少させることができる。また都市と農村の格差を解消すれば，格差を 70 〜 80% 減少させることができる (Wan 2007, p.29)。

産業構造も関わっている。中国社会科学院人口・労働経済研究所の所長，蔡昉によると，投資が 100 万元増加するごとに雇用が生まれ，重工業で 400 人，軽工業で 700 人，第 3 次産業で 1000 人発生するとされる (中国共産党中央宣伝部理論局 2011, p.58)。しかし，中国の産業構造は先進国とは異なる。先進国では就業人口の 70% 以上がサービス業に従事しているが，中国では 34.1% にすぎない (中国共産党中央宣伝部理論局 2011, p.58)。さらに，2000 年以降，中国で一定規模以上の企業の利益総額は年平均 35.3% 増加しているが，労働者の賃金は 14.1% の伸び率にとどまっている (中国共産党中央宣伝部理論局 2011, p.23)。一定規模以上の企業とは，主な営業収入が 2000 万元以上の製造業をいう。統計によると，1997 〜 2007 年の 10 年間に GDP 【Gross Domestic Product, 国内総生産】に占める労働報酬の割合は，53.4% から 39.4% に減少した。「強い資本，弱い労働 (強資本弱労働)」の傾向が続いている (中国共産党中央宣伝部理論局 2010, p.88)。

いずれにせよ，格差は中国に影を落とす原因である。格差は中国経済を低成長の罠，すなわち近年議論になっている中所得国の罠に陥らせる可能性が高い。低成長の沼にはまれば，相対的に所得や資産の格差，低消費，良質の公共サービスへのアクセスの格差が発生し，状況はさらに悪化するだろう。そうなれば，社会流動 (social mobility) を妨げる障壁 (戸籍登録，職業情報の欠如，脆弱な労働市場制度) によって数百万世帯が低賃金，低生産性に陥ることになる。国民所得に占める賃金の割合は低下し，資本の割合は高まるだろう。これに機会の格差 (Opportunity gap) が加われば，都市と農村の格差が拡大し，社会不安が増して抗議活動が起こり，こうした緊張は再び成長と安定を脅かす (World Bank and DRC 2013, pp.12-13)。急速な成長は国民の生活レベルを向上させた一方，貧富の格差が社会の安定を脅かしている (Xiong 2012, p.277)。中央宣伝部もこうした問題を認識している。格差が深刻になれば，心理的に社会の結束力を弱め，不満と対立，敵対心を引き起こし，社会の矛盾が拡大して社会の安定を損なうと強調している (中国共産党中央宣伝部理論局 2010, p.9)。中央宣伝部は，「不公平は不満を引き起こし，不満は不平につながり，不平は調和を壊す (事不公則心不平，心不平則気不順，気不順則難和諧)」として，格差は社会の安定を損なうと指摘している (中国共産党中央宣伝部理論局 2011, p.22)。平等な社会を掲げた中国の社会主義が今や格差の問題に直面しているのだ。実際，社会主義体制下でも格差がなかったわけではないが，それでも表向きは格差がないと主張することができた。しかし，今では社会主義の正統性すらも危うくなっている。

　2013 年の第 18 期 3 中全会は，教育領域で改革を進め，就業と起業を促進し，合理的な所得分配構造をつくり，公平かつ持続可能な社会保障制度を構築すると約束する一方で，医療衛生体制を改革し，公平に国民全体に恩恵がいき渡る社会を建設すると表明した (張麗麗・楊志平 2015, p.70)。国務院は 2013 年 2 月，「所得分配制度の改革の深化に関する若干の意見」を発表し，1 人当たり所得を 2010 年から 2020 年の間に倍増させ，中間所得層を拡大してオリーブ型の分配構造にするという計画を発表した (Salidjanova 2013, p.4「国務院批転発展改革委等部門関于深化収入分配制度改革若干意見的通知」，中国国家統計局)。こうした政府の政策が実現するかは未知数である。

　本書は，中国における格差と貧困を政治経済学的な側面から考察する。格差を引き起こす要因はさまざまである。経済政策，政治体制，社会制度，文化伝統等の影響も大きいが，根本的には社会主義体制から転換して資本主義体制を受け入れ，市場経済を実施する中で格差が拡大している。そこで，本書では格差に関するさまざまな主題を取り扱う。

　第一に，中国の歴史において，社会主義以前，社会主義国家の成立後，そして改

革開放の過程で格差を抑制または増加させた要因について全般的に考察する。

　第二に，格差の程度について考察する。歴史的に，特に改革開放以降，格差がどのように変化してきたかを分析する。また，都市・農村間，地域間，経済部門間，民族間の格差について見ていく。

　第三に，中国における格差を光と影という側面で考える。経済成長，都市化，グローバル化 (globalization) などが格差に及ぼした影響だけでなく，政治的な要因が格差に及ぼした影響を分析する。

　第四に，中国において再分配政策がどのように行われ，社会保障プログラムにはどのようなものがあるか分析する。特に，税制と格差との関係，機会の格差，特に教育の格差について記述する。

　第五に，中国の格差を 2013 年の中国総合社会調査 (Chinese General Social Survey [CGSS]) を基に分析する。同調査は，中国人民大学中国調査データセンター (中国人民大学中国調査与数据中心) が行ったものである。

　第六に，2013 年の中国家庭金融調査 (China Household Finance Survey [CHFS]) を基に分析する。同調査は，西南財経大学中国家庭金融調査研究センターが行ったものである。

　本研究は，韓国研究財団の SSK プログラム (2014S1A3A2044032) の支援を受けて行われた。本書の出版にご尽力くださった出版社，韓国経済新聞のハン・ソンジュ社長ならびにハン・スンジャ室長に感謝申し上げる。本文中の中国の再分配，Ｊカーブなど一部の内容は，政治学会等の場で発表したものを加筆した。

2016 年 6 月
李 養浩（イ ヤンホ）

格差から見る中国　　　　　　　　　　　　　　目次

はじめに　i

第1章　中国の歴史上の格差と貧困　　1

中華人民共和国成立以前の格差　2
中華人民共和国成立後，改革開放以前の格差　6
改革開放後の格差　10
「中国の夢」と習近平　15

第2章　中国における経済の格差　　21

格差の概況　22
富の格差　27
灰色所得を考慮したジニ係数　28
五分位倍率で見る格差　29
パルマ比率　31
賃金所得，経営所得，資産所得，移転所得が分配の格差に及ぼす寄与度　33
機会の格差　34
貧困　38
都市と農村の所得格差　42
地域間の所得格差　48
業種間の所得格差　56
民族間の格差　58

第3章 中国における格差の光と影   63

経済転換時の停滞なき成長　64

人口の強み　66

都市化　70

グローバル化　73

中央と地方の関係　75

社会階層の固定化　83

教育の格差　90

権威主義的な政治とJカーブそして格差　97

戸籍制度と移住そして土地　106

第4章 再分配と社会保障   111

再分配　112

税引き前と税引き後のジニ係数で見る再分配　114

税制と社会保障の再分配の効果　118

税制と税率　122

税制が社会階層に及ぼす効果　124

移転と移転の再分配の効果　128

社会保障　135

逆進的な社会保障が社会階層に及ぼす効果　140

最低生活保障制度　144

最低賃金　145

救済　146

養老保険　148

失業保険　149

医療保険　150

生育【育児】保険　153
工傷【労災】保険　154
社会保障制度に対する満足度　155

第5章　CGSS（中国総合社会調査）データで見る中国の格差　159

CGSS データで見る中国の格差　160
社会階層　161
格差と格差の要因に対する認識　164
少数民族，教育，戸籍，職業と格差　168
機会の格差　175
政治的要因と格差　178
社会保障と格差　182
再分配　184

第6章　CHFS（中国家計金融調査）データで見る中国の格差と再分配　185

CHFS データで見る中国の格差　186
少数民族，教育，戸籍，職業と格差　190
党員・非党員と格差　195
社会保障および税制と格差　196
再分配　198

終わりに　204
図表索引　206
参考文献　214
監訳者解題　格差を測る統計，格差から予測する中国の未来　224

人名・事項索引　　232
著者・監訳者・訳者　略歴　　234

凡　例　【　】訳注
　　　　＊　2018年1月時点でヒットしなかったURL

第 **1** 章

中国の歴史上の格差と貧困

中華人民共和国成立以前の格差

　中国は過去，世界のGDPにおけるシェアが最も大きい国だった。マディソン（Maddison 2001, pp.263-264）によれば，1600年代に中国が世界のGDPに占める割合は29.2%，1820年に32.9%となったが徐々に減少し，1870年に17.2%，1913年に8.9%，1973年には4.6%に減少した。中国の1人当たりGDPは1600年から1820年までの間に，1990年当時のドルに換算して約600ドルだったが，1870年には530ドル，1973年には839ドルとなって，欧州や米国との差はさらに拡大した。1800年代以降，中国は欧州諸国に大きく後れを取り始めた。

　中国は1880年時点で集団間ジニ係数が23.9，階級間の格差が24.5，最大可能ジニ係数は44.4を示していた。これは1880年時点のジャワ【現在のインドネシア】が示した集団間ジニ係数38.9，階級間ジニ係数39.7，最大可能ジニ係数54.6よりも低い。1788年のフランスが示した集団間ジニ係数64.6，階級間のジニ係数55.9，最大可能ジニ係数73.5と比べても低い数字である。1750年のインド・ムガル帝国が112.8，1790年ヌエバ・エスパーニャ【現在のメキシコなどを中心に北米・南米の一部を含む地

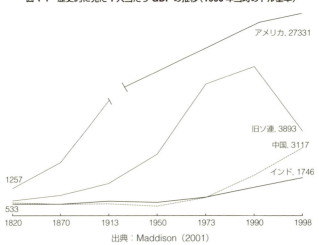

図1-1　歴史的に見た1人当たりGDPの推移（1990年当時のドル基準）

出典：Maddison（2001）

表1-1 歴史的に見た人口と耕作地の割合（1661～1833年）

西暦	人口（人）	耕作地（畝）	耕作地と人口の割合 （1人当たりの畝）
1661	19,137,652⁺	549,357,640	-
1685	20,341,738⁺	607,843,001	-
1724	25,510,115⁺	683,791,427	-
1753	183,678,259	708,114,288	3.8
1766	208,095,796	741,449,550	3.5
1812	333,700,560	791,525,100	2.4
1833	398,942,360	737,512,900	1.8

出典：Michael（1966） 畝（ムー）は中国の土地の単位で，1畝＝6.67アール。＋が付いた値は納税者数を示す。

域】が105.5，1880年マグリブ【北西アフリカ】地域が105.5と抽出率（extraction rate）が高かったのに対し，1880年の中国は55.2で，1788年フランスの76.1と比べても抽出率が低い（Milanovic, Lindert and Williamson 2010, p.263）。ここでいう抽出率とは，各社会が最大限許容できる最低生計費（subsistence minimum）以上の剰余から実際に支配エリートが抽出，すなわち奪った剰余の比率を意味している（Milanovic, Lindert and Williamson 2010, p.256; 李養浩 2013, p.121）。

中国の古代封建制においては，官吏間の所得には10倍から数十倍の開きがあった。前漢時代には九卿の俸禄（幹部に相当）と九卿之吏（事務員に相当）の俸禄には66倍もの差があった。そして，後漢時代には11倍の差があった。隋の時代には18倍の差があった。唐の時代に16倍，宋の時代に17～18倍，明の時代に10倍，清の時代に10～11倍の差があった。中国に社会主義が導入されて以降，幹部と事務員の差は3.5倍に減少した（我国古代官員的俸禄及其啓示，*http://jggw.daqing.gov.cn/news/2011122/n61463470.html）。

一方，庶民の間ではそれほど大きな格差はなかった。明代の『宛署雑談』，清代の『明史』によれば，人夫の年俸は20両，馬丁は40両だが，県官は45両で馬丁とさほど変わらない。ただし，官吏の場合は官服や文具・食事・住宅にかかる費用を国が支払うため，年俸は手取り収入といえた。学者は月給1両，町の商人は年俸20両，豚肉の売人は年俸36両，農民は南部地域で手取り収入が22両，北部地域で11両あり，一生懸命働いて豊作を迎えれば7～8人世帯で数年たたずに頑丈なれんが壁を備えた「四合院」の家屋を持つことができたという。（明朝人的工資収入和生活水

表 1-2 河北省獲鹿県の土地所有の分布（1706 年, 1736 年, 1939 年）

所有面積（畝）	1706年		1736年		1939年	
	世帯(%)	土地(%)	世帯(%)	土地(%)	世帯(%)	土地(%)
土地なし	18.4	0.0	25.5	0.0	19.5	0.0
0~10	37.6	12.4	35.3	11.3	42.2	13.8
11~20	22.7	22.0	18.4	18.4	19.2	18.8
21~30	10.8	17.6	8.3	14.3	7.8	14.2
31~40	4.5	10.5	4.4	10.3	4.9	12.3
41~50	1.8	5.4	2.2	6.8	1.9	6.4
51~100	2.9	12.1	4.2	19.0	3.2	17.8
101~150	0.5	3.7	0.5	5.3	0.3	3.0
151	0.8	16.4	1.2	15.6	1.0	13.7
合計	100.0	100.0	100.0	100.0	100.0	100.0

出典：Brandt and Sands (1992)　1706年29世帯（家）,1736年7652世帯,1939年308世帯を基に計算されている。

平―別眼看明朝, http://bbs.tiexue.net/post2_2035718_1.html）。統計数値の上では格差はそれほど深刻ではなかった。

　中国はつい最近まで農業社会だったので，格差を調べる上でも土地の所有が重要になる。1人当たりの土地面積は1753年に1人当たり3.8畝，1766年に3.5畝，1812年に2.4畝，1833年に1.8畝へと減少の一途をたどった。人口の増加に伴うものとみられる。

　清代と国民党時代を比較すると，土地なしと0～10畝の比率はほぼ同じであった。しかし，1939年の農地の平均規模は1706年と1736年に比べて縮小した (Brandt and Sands 1992, p.182)。

　1930年代に16省の175万農家を対象に行った調査によれば，土地のジニ係数は0.72であった。農家の最上位1％が18％の土地を所有し，上位5％が39％，上位10％が53％の土地を所有していた。25.8％は土地を持てず，26.4％は5畝以下の土地だった (Brandt and Sands 1992, p.181)。つまり52.2％の農家が土地を持てず，あるいはわずかな土地所有にとどまっていた。

　1930年代の土地保有のジニ係数は0.72であるのに対し，耕作地のジニ係数は0.62であった。ほとんどの省のジニ係数は0.53～0.60の範囲にあった。所得についてはほとんどの省が0.40～0.45の範囲にあり，サンプルは0.46であった (Brandt and Sands 1992, p.190)。結果的に所得の格差は土地所有の格差より小さかったことになる。

表 1-3　1930年代の中国における175万の農家所有の土地分布

所有面積（畝）	平均規模（畝）	家計比率（％）	所有土地の比率（％）
土地なし	0	25.80	0
0～5	2.65	26.42	6.21
6～10	7.23	17.80	11.42
11～15	12.25	9.77	10.63
16～20	17.42	5.93	9.17
21～30	24.33	6.10	13.17
31～50	38.01	4.60	15.54
51～70	58.59	1.61	8.38
71～100	82.61	0.98	7.16
101～150	120.21	0.54	5.71
151～200	171.97	0.18	2.76
201～300	240.95	0.14	3.17
301～500	378.40	0.08	2.63
501～1000	671.87	0.01	2.30
1001～	1752.60	0.01	1.75
合計		100.00	100.00

出典：Brandt and Sands（1992）

表 1-4　1930年代の中国における1世帯当たりの耕作地分布と所得分布

	ジニ係数（土地保有）	ジニ係数（所得）	賃貸土地の比率（％）
江蘇	0.570	0.430	42.23
浙江	0.569	0.416	51.31
安徽	0.538	0.473	52.64
江西	0.530	0.339	45.10
湖南	0.601	0.428	47.70
湖北	0.525	0.393	27.79
河北	0.596	0.458	12.89
山東	0.541	0.454	12.63
河南	0.598	0.437	27.27
山西	0.528	0.517	-
陝西	0.562	0.415	16.64
察哈爾	0.437	0.648	10.20
綏遠	0.641	0.497	8.75
福建	0.557	0.345	39.33
広東	0.423	0.335	76.95
広西	0.542	0.445	21.20
算術平均	0.547	0.439	32.84
サンプル	0.615	0.458	30.73

出典：Brandt and Sands（1992）

こうした土地保有を他国と比較してみよう。ブラントとサンズ (Brandt and Sands 1992, p.184) は，リンダート (Peter H. Lindert) の資料を引用して中国と他国との比較を行った。1930年代に中国では人口の10％が農地の50％以上を保有していたが，メキシコでは1920年代に人口の10％が64〜99％の農地を保有し，76％は土地なしだった。ロンドンを除く英国ビクトリア朝では，人口の85％が土地なしで，人口の10％が82％の土地を保有していた。中国は他国に比べればまだましな方だった。

　中国では清代末に外からの侵略が始まり，国内でも政治が不安定化して経済の衰退が進んだ。こうした中で起きたのが太平天国の乱である。中国で平等主義的な思想が社会的に表出したのは，太平天国の乱からだといえる。1850〜64年に中国南部で広がった太平天国の乱は，平等な土地配分，私有財産の廃止，階級なき社会を掲げたが，最終的に鎮圧された。中国が再び混沌とする中で社会主義勢力が台頭し，国共内戦が起き，中国人の生活は一層厳しさを増した。そして国民党が敗北し，共産党が権力を握ったことで再び平等主義的な思想が台頭する。

中華人民共和国成立後，改革開放以前の格差

　毛沢東は社会主義革命に成功し，集産化 (collectivization) を追求した。1953年，中国共産党は農業生産合作社を発展させると決議した。1955年9月から12月，毛は『中国農村社会主義の高まり (中国農村的社会主義高潮)』を編集した。1955年10月4日から11日までの期間，毛の報告に従う形で中国共産党第7期六中全会は「農業合作化問題に関する決議 (関于農業合作問題的決議)」を採択した。こうした過程を通じて中国の農村は集産化した。

　大躍進運動は1958年から60年まで続いた運動で，資本が不足する中，労働力を使って産業化を試みようとした。高成長を追求し，従来の生産量の数倍から数十倍の達成を目指すという内容だった。しかし，当然のごとく失敗し，その責任は彭徳懐にあるとされた。こうした大躍進の期間に農村人民公社化運動が起こった。1958年3月，毛の建議を受けて成都で開かれた中央工作会議は「小さい合作社を適宜合併して大きな合作社をつくる意見 (中共中央把小型農業合作社適当地合併為大社的意見)」を提出した。

『紅旗』は7月に陳伯達の文章を掲載し，工農商学兵を合わせた人民公社を提案した。そして，1958年8月17～30日に中国共産党中央政治局は，「農村における人民公社設立に関する決議（関于在農村建立人民公社問題的決議）」を採択した。このようにして大躍進以降の人民公社運動へとつながった。もとは74万あった農業合作社は約2万6000の人民公社に生まれ変わり，参加した農家は1億2000万世帯に上り，全国農家の99％に相当した。平均すると，28.5個の合作社が一つの人民公社に，三つの郷が合わさって一つの人民公社に，一つの県が一つの人民公社になったといえる（*http://www.china.com.cn/chinese/zhuanti/208170.htm）。

そして土地改革運動が中国で始まった。封建地主の土地を農民に戻すという運動だった。当時，解放戦争の過程で東北と華北など人口約1億6000万の解放区では既に土地改革が実施されていた。1950年6月，中国共産党7期3中全会が土地改

表1-5　土地のジニ係数

	土地改革時	1954年	
	ジニ係数（戸数により）	ジニ係数1	ジニ係数2
河　北	0.143	0.372	0.240
山　西	0.090	0.266	0.105
熱　河	0.225	0.147	0.099
陝　西	0.336	0.401	0.046
山　東	0.104	0.173	0.122
河　南	0.181	0.215	0.161
遼　寧	0.266	0.536	0.261
吉　林	0.192	0.199	0.073
黒竜江	0.114	0.261	0.141
内モンゴル	0.168	0.328	0.318
甘　粛	0.311	0.461	0.194
青　海	0.362	0.369	0.174
江　蘇	0.169	0.286	0.285
安　徽	0.227	0.253	0.151
浙　江	0.400	0.422	0.593
湖　北	0.134	0.135	0.140
湖　南	0.378	0.438	0.245
江　西	0.084	0.179	0.078
四　川	0.284	0.268	0.157
広　東	0.146	0.140	0.113
貴　州	0.186	0.063	0.059
福　建	0.157	0.142	0.107
平　均	0.166	0.245	0.145

出典：張暁玲（2014）国家統計局の資料に基づき算出したもので，ジニ係数1は戸数，ジニ係数2は人口に基づき計算。

革を議論した後に，劉少奇は「土地改革問題に関する報告 (関于土地改革問題的報告)」を提出した。1952年末ごろ，チベットなど少数の地域を除いて全国的に土地改革が完了し，3億人の農民が約7億畝の土地の分配を受けた (http://www.china.com.cn/chinese/zhuanti/211757.htm)。

土地改革が終わる頃，中国の貧困農は57.40%，中間農が35.50%，富農が3.68%，過去の地主が2.48%であった。農家当たりの土地は平均で貧困農16.73畝，中間農25.41畝，富農34.99畝，過去の地主17.38畝であった。全体として農家当たりの土地平均は20.45畝である (張暁玲 2014, p.136p)。土地改革の終了当時，農家の「地権分配」(土地権の分配) のジニ係数は0.166であった。土地のジニ係数は1954年に世帯計算で0.245，人口計算で0.145であった (張暁玲 2014, p.137)。全般的に土地改革以降の土地のジニ係数は小さく，平等といえる。

1954年に22省の1万5292農家を対象に行った国家統計局の全国農家収支調査資料によれば，中間農は全国の農家の62.10%，総人口の65.10%を占め，土地保有面積の68.22%，家畜の74.20%，主要農機具の73.37%，総所得の68.71%を占めていた (蘇少之・張暁玲 2011, p.30)。1954年ごろの各階層の所得では，過去の地主が130.86元で人口に占める割合は2.42%であった。全体の所得に占める割合も1.99%にすぎなかった。一方，中間農は人口の65.10%を占め，1人当たり所得は168.25元，全体所得に占める割合は68.71%であった。貧しい小作農は人口の24.93%を占め，1人当たり所得が132.52元で，全体所得の4.30%を占めていた。

1954年に22省の1万5292農家を対象に行った調査によれば，農村のジニ係数は，浙江省が0.2784で比較的高く，江西省が0.0289で比較的低かった。全般的

表1-6 1954年の各階層の所得が農村の全体所得に占める割合

階層	1人当たり所得 (元)	人口シェア (%)	農村全体所得に占める所得の割合 (%)
過去地主	130.86	2.42	1.99
貧しい小作農	132.52	24.93	20.72
世帯員	154.40	4.41	4.28
中間農	168.25	65.10	68.71
富農	218.69	3.14	4.30
合計	159.41	100.00	100.00

出典：蘇少之・張暁玲 (2011)

表1-7　1954年の22省農村における所得ジニ係数

省　名	ジニ係数	省　名	ジニ係数	省　名	ジニ係数
浙　江	0.2784	黒龍江	0.1433	福　建	0.1098
山　西	0.2392	山　東	0.1427	広　東	0.1094
遼　寧	0.2171	陝　西	0.1410	湖　南	0.1036
甘　粛	0.1664	熱　河	0.1318	青　海	0.0943
江　蘇	0.1527	河　南	0.1302	四　川	0.0854
河　北	0.1515	安　徽	0.1201	貴　州	0.0417
内モンゴル	0.1452	湖　北	0.1135	江　西	0.0289
吉　林	0.1435				

出典：蘇少之・張暁玲（2011）

に1954年時点のジニ係数はそれほど高くなかった。

　こうした歴史の流れの中で毛沢東は社会主義社会を夢見て一定程度の平等を成し遂げた。しかし，小さなパイの平等にすぎず，皆が貧しい平等であった。あるいは毛が目指した平等な社会とは，『水滸伝』の梁山泊のような社会で，そこでも格差は必然的に存在したのかもしれない。経済学者の厲以寧は『水滸伝』を引用して中国の社会主義社会は平等な社会ではなかったと述べている。

『水滸伝』では晁蓋が略奪してきた財産は山の要塞(ようさい)のメンバーに同じく分配されたのではなく，まず2袋に分けられた。1袋は手下たち，もう1袋は大将たち用だ。同じ釜の飯を食えば平等だといわれるが，実際にはそうではない。人々は大衆，中衆，小衆，特衆に区分され，それぞれの集団で異なる釜の飯を食っている。だから，平等主義が本当に実現されることはない（厲以寧 2015, p.120）。

　実際，当時の世界ではどのように産業化を成し遂げるかがテーマであり，資本のない状況下では資本集約的な産業化は不可能だったため，労働力を基盤とする労働集約的な産業化が追求された。さらに，集団農場や人民公社といった集産化による意志主義的【意思さえあれば目標は実現されるという考え方】なアプローチが取られたことから，失敗はある程度予測されていた。結局，飢餓が発生し，毛の権力にも打撃となった。毛が夢見た世界の先進国入りは遠ざかった。

改革開放後の格差

　改革開放が始まったのは毛の死後である。中国にとって1976年は特別な年となった。周恩来が1月8日に死去し、朱徳が7月6日に死去、毛沢東が9月9日に死去したことによる。毛の死後、権力闘争で鄧小平が起き上がりこぼし（不倒翁）のごとく再起し、毛の路線に反対していた勢力が鄧小平を支持することで中国の改革開放が成功に導かれた。結局、「2月逆流」勢力が4人組の追放に決定的な役割を果たし、鄧小平の復権を要求した。大躍進運動と文化大革命の渦中に現れたのが「2月逆流」勢力だった。彼らは1967年2月より前に中国共産党中央政治局と中央軍事委員会の指導的立場にあった人々（譚震林、陳毅、葉剣英、李富春、李先念、徐向前、聶栄臻）であった。彼らは「9・13事件」すなわち林彪が毛を排除しようとした事件の後に復権し、毛の死後、鄧小平を助けて極左勢力を打倒して改革を支持するようになった。そして周恩来の死後に起きた西単の「民主の壁」運動が基本的に4人組を批判して鄧小平を支持するものだったため、党の内外で鄧小平は政権掌握に成功することができた。1978年12月18日から22日まで第11期3中全会が開かれ、指導層（華国鋒、葉剣英、鄧小平、李先念、陳雲、汪東興）が同会議に参加した。この会議で階級闘争を重視する路線を放棄するとともに、華国鋒が失脚し、鄧小平が権力を握ることになった。毛の後継者とされた華国鋒は権力基盤があまりに弱かった。

　鄧小平は実際的であることを重視し、「白い猫でも黒い猫でもネズミを捕る猫が良い猫だ（不管黒猫白猫、捉到老鼠就是好猫）」と強調した。また、思想を解放すべきだと主張した。しかし、方法は急進的でなく漸進的な方法を選択した。「一歩進んでは、一歩見定める（走一歩、看一歩）」、「石を探りつつ河を渡る（摸着石頭過河）」などが鄧小平の漸進的改革のスローガンであった。

　総生産が増えた背景には先富論（譲一部分人、一部分地区先富起来）の役割が大きい。先富論は平等主義的な思考を転換するきっかけとなった。他人よりも先に豊かになることを認めたもので、一部の人が豊かになれば残りの人々も彼をモデルとし、やがて全員が豊かになるという考え方だった。また、一部の地域が豊かになれば、その地域を他の地域が真似て、やがて全ての地域が豊かになるという考え方でもある。生産力の発

展が生産関係，すなわち階級闘争よりも重要であるということを強調し，「貧困は社会主義ではない，二極化はさらに社会主義ではない (貧窮不是社会主義，両極分化更不是)」とした。そうした中，社会主義の初級段階論も一定の役割を果たした。社会主義の初級段階論とは，社会主義を実現する段階の最初の段階では市場と計画が共存し得るという主張である。中国はまだ社会主義の初級段階にあり，計画と市場が共存する可能性があると強調した。資本主義を導入することを合理化する政府レベルの論理だったと言えよう。民間の学界では疎外論 (異化論) 論争が熱を帯び，社会主義にも疎外現象があり得ることを合理化した。先富論，初級段階論，疎外論などが当時の代表的理論であった。また，私営企業に対する政策は市場経済と計画経済に対する政府の論調に合わせて変化した。1978 年から 84 年までは市場経済が計画経済を補完するという論理だったが，1984 年から 1987 年までは「計画的な商品経済 (有計画的商品経済)」を主張した。87 年から 89 年までは「政府が市場を調節し，市場は企業をリードする (政府調節市場，市場引導企業)」というものだった。89 年から 91 年までは計画と市場メカニズムの組み合わせを主張した。92 年に社会主義市場経済を公式的に主張し始めた (樊綱・陳瑜 2006, p.85)。88 年の憲法改正によって「私営経済は社会主義公有経済を補完するもの」と認め，89 年から国家統計局は私営経済の統計を取り始めた。約 10 年後の 97 年には，中国共産党第 15 回全国代表大会において「非公有経済は社会主義市場経済における重要な構成部門」として格上げされ，1999 年第 9 期全国人民代表大会第 2 回会議において私営経済は国有経済や集団所有経済と同じ地位を保証された。そして 2004 年の憲法改正によって「公民の合法的私有財産は侵犯を受けない」「国家は法律規定に基づき公民の私有財産権と継承権を保護する」と規定した (楊継縄 2013, p.220)。私営経済は実際に国家の税収に貢献した。2000 年に私営経済が税収に占める割合は 3.5% だったが，2008 年には 10.2% に増加した (楊継縄 2013, p.224)。

　1989 年に私営企業の登記が始まった。政策規定上，雇用が 7 人以下であれば個体工商戸【個人経営。従業員は7人までに限られる。個体戸ともいう】，8 人以上なら私営企業と称した。1988 年に全国の個体工商戸は 1452 万 7068 戸，営業額は 119 億 700 万元であった。1989 年末時点で登記済みの私営企業は 9 万 0581 あり，これとは別に個体工商戸が 1247 万 1900 あった (楊継縄 2013, p.221)。しかし当時は各種の政治的圧

力の回避や融資・税制面での優遇を目的に，別の所有制形態として登記することが多かった。私営企業であるが国営や集体【中国独特の企業形態。集体はグループの意であり，労働者・農民と市や町，村などの地方政府が所有する形態】として登録した「紅帽子」，外資との合弁企業として登録した「洋帽子」，個体企業として登録した「小帽子」があった。中国私営経済研究会の調査によれば，これら6種類の「六仮企業」の数は実際に登記した個人企業の2～10倍に達した。国家工商行政管理局の調査によれば，中国の郷鎮企業【郷(村)と鎮(町)の中小企業】の83％が私営企業だった（楊継縄 2013, p.221）。

鄧小平は1979年に「地主・富農のレッテル問題と地主・富農の子女の成分問題に関する決定（関于地主，富農分子摘帽問題和地，富子女成份問題的決定）」を通じて地主・富農に対するレッテル貼りをやめ，地主・富農の子も人民公社の一員と同じく処遇して，入学，就職，入党，分配などに関する差別を撤廃した（張瑞敏 2010, p.100）。

改革開放の時代や現在の中国で議論となるのは，国有企業の競争力をいかに高めるかであった。これについて厲以寧（2015, p.120）は，『水滸伝』の逸話を通じて競争力を高めるためには自由にやらせるべきだと強調している。

『水滸伝』からもう一つ引用しよう。これは国有経済体制の改革と関連がある。

> 林沖が罪を犯して河北省滄州市に配流される道中，ある富豪の荘園を通りかかった。富豪は林沖の名を知っていたので，良い機会だからもてなそうとした。しかし富豪の荘園にいた洪という姓の武術師範は富豪のこうした言動が不満だった。彼は林沖に挑戦状を突きつけた。林沖は応じようとしなかった。しかし富豪が自分と洪はそれほど親しくないと話すので，林沖は挑戦を受け入れた。しかし対戦して間もなく林沖は自分の負けだと一歩退いた。そして犯罪者の鎖をかけられたままでは勝ちようがないと話した。すると富豪は林沖の鎖を外すよう命じた。鎖から解き放たれた林沖は数回の攻撃で洪を打ちのめし，洪は自らを恥じて退散した。

この逸話は，国有企業と民営企業の改革は「政府省庁を減らして権力を分権化（簡政放権）」し，彼らにかけた鎖を外して自由に能力を発揮できるようにすることが肝心だと教えてくれる。審査批准（審批）を減らして最低限の管轄にとどめれば，国有企業や民営企業は大きく発展するだろう（厲以寧 2015, p.120）。

実際にどこからどう改革を始めるかが鍵となった。急進的な改革は抵抗に遭うため，まずは弱いところから着手した。農業部門と南部地域から改革に取り組んだ。農村に生産責任制を導入した。生産責任制は，人民公社化などで集団化した農業を家族経営に転換させた。このことによって農業の生産量が急増し，飢餓から脱出することができた。1984 年からは都市地域，つまり企業などに対する大々的な改革に着手した。

鄧小平は各地方が地域の実状に沿って政策を推進し，後で合法性を認める「因地制宜」を行った。各地方が施行する政策がそれぞれ異なり一律的でなくても，それを認めた。そうすることでさまざまな方式で改革を地域の実情に合わせて推進することができた。特に地域に自律権を与えることで改革に弾みがついた。

鄧小平の引退後は江沢民と胡錦濤という二人の人物が中国を導いた。江沢民が成長に重点を置き，「三つの代表論」を掲げて上海など東部地域の発展に専念した一方，胡錦濤は和諧社会を掲げて西部など立ち遅れた地域に重点を置いた。上海を中心に東部地域が発展した江沢民の時代に続いて登場した胡錦濤政権は，急成長する中国経済を統制しつつ貧しい地域や人々に配慮して平等な社会を追求した。特に三つの代表論は私営企業主が活動できるように合法性を付与するものであった。「中国の先進生産力の発展要求を代表する，中国の先進文化の前進方向を代表する，中国の最大人民の根本的利益を代表する」という横断幕が街に掲げられた。三つの代表論は，鄧小平の先富論をさらに発展させ，私営企業主を党政に組み込む措置を通じて，改革開放で豊かになった地域と階層を代弁させるものだった（李養浩 2005，p.97）。「和諧社会」は改革開放で生じた格差を抑制し，地域間の格差を減らして社会の安定を目指した取り組みであった。

鄧小平は 1989 年の天安門民主化運動で危機に陥った。彼は民主運動家を厳しく弾圧した。改革の流れは停滞した。彼はこれを再活性化するために南巡講話を行った。地理的に発展した南部地域を歴訪することで中央の権力闘争に勝利する基盤を整え，再び改革に拍車を掛けようというものだった。1992 年の南巡講話は鄧小平の従来の考えを確固たるものにする契機となり，10 年後の 2003 年 10 月 21 日には社会主義市場経済体制に関する決定を発表した。

中国は 1987 年 10 月 25 日に中国共産党第 13 回全国代表大会を開催し，3 段階（三歩走）の発展戦略を採択した。1990 年までに国民総生産を 1980 年比で倍増さ

せ，2000年の第2段階でさらに倍増させるという内容だった。1979～2007年のGDPは年平均9.8%増加し，1953～78年の年平均伸び率6.1%を軽々と超えた。世界全体の伸び率3.0%よりも高く，日本の高度成長期の年平均伸び率9.2%，韓国の高度成長期の年平均伸び率8.5%を上回った。GDPは1989年の3645億元から，2007年には24兆9530億元へと68.5倍になった。1979～2007年の都市住民の1人当たり可処分所得は年平均7.2%増加し，農村住民の1人当たり純所得は年平均7.1%増加した（国家統計局「改革開放30年報告之一：大改革大開放大発展」）。フンとクチンスカス（Hung and Kucinskas 2011, p.1489）によれば，中国の実質総所得の伸び率は1980～85年10.73%，1985～90年4.20%，1990～95年8.63%，1995～2000年3.90%，2000～05年4.30%だった。

再分配と関連して2002年に都市で最低生活保障制度，2003年には農村で新農合（新型農村合作医療制度）を開始し，三農政策を推進して農村の税制改革を行った。2004年には農業税を軽減し，農作物品種・農民・農業資材に対する三つの補助（三項補貼）を推進した。2006年に農業税を全面的に撤廃し，農業総合補助政策を推進した。そして2007年には全国の農村で義務教育の無料化を施行した（張瑞敏2010, p.103）。中国の格差に関連するジニ係数については次章で説明するが，概観すると，1970年代と80年代には農村と都市のジニ係数は0.3以下だった。しかし，90年に入り，格差は0.3前後となった。1980～2001年の農村の貧困率は76%から13%に減少したが，所得ジニ係数は0.25から0.37に増加した（Zhu and Luo 2010, p.191）。

改革は基本的に貧富の二極化と社会の格差を拡大させると人々は考えるようになっ

表1-8 中国における格差（1978～99年）

年度	農村住民のジニ係数	都市住民のジニ係数	全国住民のジニ係数
1978	0.2124	0.16	-
85	0.2267	0.19	-
90	0.3099	0.24	-
95	0.3415	0.28	0.389
96	0.3229	0.28	0.375
97	0.3285	0.29	0.379
98	0.3369	0.30	0.386
99	0.3361	0.30	0.397

出典：国家計委宏視経済研究課題組（2002）

表1-9 改革に対する評価（単位：%）

	工場労働者	商業労働者	専門職	党・行政幹部	個体戸	農民	大学生
とても同意する	15.5	12.5	14.5	11.3	6.4	12.5	14.3
同意する	52.5	55.3	48.8	50.4	42.6	39.6	56.1
普通	11.4	8.7	11.7	10.9	31.9	10.4	10.2
同意できない	14.9	16.1	19.5	21.4	4.3	25.0	13.3
全く同意できない	2.0	2.9	2.3	4.4	4.3	10.4	5.1
無回答	3.7	4.5	3.2	1.6	10.5	2.1	1.0

出典：劉崇順・王鉄（1993）

た。1988年10月に深圳と武漢で1799人を対象に行った調査によれば，工場労働者（68.0%），商業労働者（67.8%），大学生（70.4%）は，専門職（63.3%），党・行政幹部（61.7%），個体戸（49.%），農民（52.1%）など他の階層に比べ，改革によって所得の二極化と格差が拡大したと感じている。

「中国の夢」と習近平

　習近平政権は発足後，世界に向けて中国が強大国になったことを示した。2012年11月29日，習近平主席は「復興の道（復興之路）」展示会を参観し，「中国の夢」という概念を打ち出した。中国共産党創立100周年に小康社会を実現すること，そして新中国建国100周年に強い文明と社会主義の現代国家を建設し，復興の夢を実現するというものだ。習氏は後にこれを論理化し，世界的にもアピールした。中国は「二つの百年（両個百年）」を掲げている。中国共産党が設立された1921年から100年となる2021年までが一つ目の100年である。もう一つの100年は，中華人民共和国が成立した1949年から100年を迎える2049年である。従って，二つの100年は1921年から2049年までを指している。すなわち，21世紀半ばまでに富強国家を建設するという遠大な目標である（連玉明 2014a, p.6）。

　「中国の夢」は習氏によって繰り返し言及され，関連する論文と文章が2002年11月～2007年10月に838件，2007年10月～2012年11月に4万1400件，2012年11月～2013年2月に10万1000件発表された。52%の文章はその背

景，国家戦略，民族復興などに関するもので，41％は中国の夢の定義と含意について，39％は中国の夢の歴史的な経緯を述べている。28％は中国の夢と国際環境を記述している。24％は中国の夢と現在との関係に関する内容である（連玉明・武建忠 2014a, pp.10-12）。

　2014年5月，習主席は河南視察で「ニューノーマル（新常態）」という言葉を初めて使った。習主席は 2014年 11月 9日，APEC【アジア太平洋経済協力会議】の講演の中で「新常態の特徴は，戦略上の平常心を維持することだ」と語った。すなわち新常態では速度を抑える「換擋減速」が必要だという意味だ。1999年から 2012年まで中国の経済成長率は平均 10％に迫る勢いだったが，2013年に 7.7％へ，2014年には 7.4％へと低下した（張麗麗・楊志平 2015, p.70）。2011年に中国の都市化率は 50％に達し，2012年に 52.57％，2013年に 53.37％となった（張麗麗・楊志平 2015, p.71）。中国経済の発展に影響を与えたグローバル化，人口，資源の利点（紅利）が徐々に薄まり，潜在成長率は下落した。中国経済は高度成長から中高度成長に転換すべき時を迎えている（張麗麗・楊志平 2015, p.72）。中国は過去 30年余りの間，ほぼ 10％台の経済成長を続け，2013年に 1人当たり GDP が購買力平価（PPP: purchasing power parity）6000ドルを超えて中所得国の上位につけた（OECD 2015, p.8）。2012年に中国の中間所得世帯（median household）の等価所得（equivalent income）【世帯所得÷√世帯人員。1人当たりの所得を考える際，水道光熱費や耐久消費財のように世帯に共通に消費される財・サービスに要するコストの影響を大きい世帯で小さく，小さい世帯で大きくなるように調整したもの。】は 1633ドルだった。平均世帯所得 4895ドルの 33％に該当する（OECD 2015, p.51）。OECD【Organization for Economic cooperation and Development, 経済協力開発機構】加盟国の中間所得世帯の等価所得は平均 1万 429ドルで，平均世帯の可処分所得 1万 7793ドルの 59％に相当する（OECD 2015, p.51）。一方，中国では失業による福祉喪失（welfare loss）は家計可処分所得の 4.8％にすぎない。OECD 加盟国の 14.4％に比べてはるかに低い（OECD 2015, p.51）。最上位十分位（D10）の平均所得と最下位十分位（D1）の平均所得比率は，2008年ごろ，6から 13に増加した。2013年に最上位十分位の中間（median）の比率は 14％減少し，2002年の水準に戻った（OECD 2015, p.14）。

　では，小康社会はどの程度実現できたのだろうか。地域によって差があり，2010年時点で東部地域で 88.0％，東北地域で 82.3％達成したのに対し，中部地域で

表1-10 4地域の小康社会の実現の程度（2000〜10年，単位：%）

	2000	2001	2002	2003	2004	2005	2006	2007	2008	2009	2010年
東部地区	64.3	66.5	69.0	70.5	72.4	75.1	78.1	81.4	83.5	86.0	88.0
中部地区	55.6	57.9	58.8	60.3	62.1	64.1	67.0	70.6	72.7	75.6	77.7
西部地区	53.2	54.2	55.1	56.1	56.9	59.2	61.0	64.4	66.2	68.9	71.4
東北地区	60.3	62.0	63.9	66.0	67.6	69.2	72.2	74.9	77.5	80.5	82.3

出典：『中国全面建設小康社会進程統計監測報告』(2011) 中国国家統計局

77.7％，西部地域で71.4％となった。

分野ごとの実現比率を見ると，2010年時点で小康社会80.1％，経済発展76.1％，和諧社会82.5％，生活の質と量86.4％，文化教育68.0％，自然環境78.2％であった。

習近平政権が腐心しているのは，中所得国の罠（middle income trap）の回避である。南米のようにラテン化の罠（拉美化陥阱）に陥って成長が止まることを懸念しており，それに対する警戒の声が広がっている（連玉明・武建忠 2014a, p.38-41）。このような罠に陥れば政治的混乱と経済の減速が起きることが懸念される（呉福象・葛和平 2014, p.45）。また，急成長時代に享受した利点，すなわち低賃金労働と技術導入のメリットが消え，新たな成長エンジンを見つけなければならない。1960年代に101あった中所得国家のうち2008年時点で高所得国家になった国は13カ国にすぎない（World Bank and DRC 2013, p.12）。

表1-11 分野ごとの達成度（単位：%）

	2000	2001	2002	2003	2004	2005	2006	2007	2008	2009	2010年
小康社会	59.6	60.7	61.8	63.0	64.8	67.2	69.9	72.8	74.7	77.5	80.1
経済発展	50.3	52.2	54.4	56.3	58.2	60.6	63.4	66.6	69.1	73.1	76.1
和諧社会	57.5	59.6	57.1	56.3	59.9	62.8	67.6	72.1	76.0	77.7	82.5
生活の質と量	58.3	60.7	62.9	65.5	67.7	71.5	75.0	78.4	80.0	83.7	86.4
民主法制	84.8	82.6	82.5	82.4	83.7	85.6	88.4	89.9	91.1	93.1	93.6
文化教育	58.3	59.1	60.9	61.8	62.2	63.0	64.1	65.3	64.6	66.1	68.0
自然環境	65.4	64.6	66.3	67.2	67.7	69.5	70.6	72.6	75.2	76.8	78.2

出典：『中国全面建設小康社会進程統計監測報告』(2011) 中国国家統計局

図 1-2 中所得国の罠

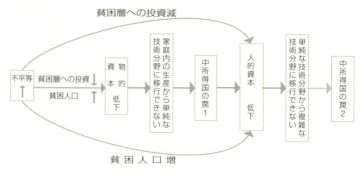

出典：賀大興・姚洋（2014）

図 1-3 今後 10 年間に国民生活と関連して国家が重点的に取り組むべき課題は何か（単位：％）

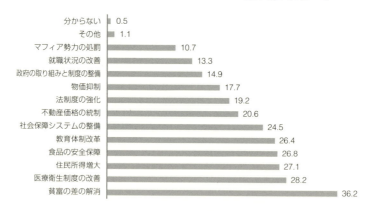

出典：環球輿情調査中心（2014）　複数選択可：回答者数＝ 1503 名

　賀大興・姚洋 (2014, pp.8-9) は中所得国の罠を具体的に説明している。格差が強まれば、貧しい人々が増えるのに対して投資は減る。これは物的資本の減少を意味し、家庭内の生産から単純な技術分野の生産部門への移行が難しくなり、中所得国の罠にはまり始め、人的資本が減少して一層打撃を受ける。そして単純な技術分野から複雑な技術分野に遷移していくことも難しくなり、さらに深い中所得国の罠に陥り、そこから抜け出せなくなる。二つの中所得国の罠は格差の度合いが高いと発生する。結局、中所得国の罠は格差と密接な関係にある。

中国人は今後 10 年間に国民生活と関連して改善が求められる重点課題として貧富の差の解消を挙げた。環球時報の環球世論調査センター(環球興情調査中心)が 2013 年 1 月 27 日～2 月 2 日に全国 7 都市で実施した『中国民意調査』で「今後 10 年間に最も重要な国家課題は何だと思うか」と質問したところ，「人民の生活水準を向上し小康社会を建設すること」が 50.3％,「社会の公平を期して社会の安定を維持すること」が 33.3％であった (環球興情調査中心 2014, p.289)。国民生活と関連して今後 10 年間に国家が重点的に取り組むべき課題としては，36.2％の回答者が貧富の差の解消を挙げた。

　2013 年 11 月 12 日付の長江日報によれば，中国は「二つの百年」で重要な年度は 1978 年，2013 年，2021 年，2049 年だとしている。1978 年は中国が改革開放を始めた年で，第 11 期 3 中全会が開催され，階級闘争を軸としてきた政策を放棄し，社会主義の現代化を図る主張が出された。そして 1984 年の第 12 期 3 中全会では計画的商品経済を持つ社会主義が提示された。1988 年第 14 期 3 中全会では社会主義市場経済体制の基本構想が発表された。2003 年第 16 期 3 中全会では社会主義市場経済体制の完成が掲げられた。2013 年は第 18 期 3 中全会が開かれた年で，小康社会の実現まで残り 7 年，中華民族の復興まで残り 36 年だと強調された。1978 年から 2012 年にかけて都市住民の可処分所得は 343 元から 2 万 4565 元に増加した。住民の消費が増え，温飽から小康に移行した。住民の平均寿命も 1981 年の 67.8 歳から 2010 年の 74.8 歳に伸びた。1 人当たり GDP は 1978 年の 190 ドルから 6000 ドルに増加した。2021 年は経済的に GDP と城郷【都市と農村のこと】住民の 1 人当たり所得が 2010 年の 2 倍となり，国家競争力が増加する年と位置づけられている。その頃には人々の生活は平等になり，和諧社会が実現しているという。二つの 100 年の最終年である 2049 年には，中国は強力かつ民主的，文明的な和諧社会を実現し，先進国と肩を並べるようになり，経済的にも世界の上位国となる (連玉明 2014a, p.26)。偉大な中国の夢が実現するかは今後の行方次第だ。

第2章

中国における経済の格差

格差の概況

　格差は一般的にジニ係数を通じて測定される。中国のジニ係数は0.470〜0.491であり，貧富の差が拡大して国際的に危険なレベルとされる0.45を超えた（焦自高 2015, p.43）。中国国家統計局局長の馬建堂は2013年1月18日に国務院の報告会でジニ係数を発表した。中国はジニ係数を2003年から発表している。2008年は過去最高の0.491に達したが，次第に下降しており，2013年に0.473，2014年に0.469となっている。

　政府発表のジニ係数と民間発表のジニ係数は乖離していることがある（楊国濤・李静・黒亜青 2014, p.54）。政府はジニ係数が危険かどうかの境界である0.4を超えない水準だとしているが，民間の研究所はおおむね0.4を超えていると分析している。西南財経大学の中国家庭金融調査研究センターは2012年に発表した『中国家庭所得格差報告』の中で，2010年のジニ係数を中国家庭金融調査（CHFS）を基に0.61と算出した。都市世帯内のジニ係数は0.58，農村世帯内のジニ係数は0.61と推定した。また，地域間のジニ係数を東部0.60，中部0.56，西部0.54と計算している（中国家庭金融調査与研究中心 2012, p.1）。

　このような調査結果に対する議論は続いている。李実・万海元（2013）は西南財経大学の研究結果の0.61と自分たちの研究結果の0.48は，調整時期の違いを勘案してもギャップが大きく，0.61は高すぎると主張，西南財経大学研究のサンプル数は8000にすぎないが自分たちの研究は2万8000を対象としているとして研究結果に異議を唱えた。サンプルのばらつきと低所得集団を低く抑えたとしてもジニ係数は0.561で，0.478に比べて17％の増加にとどまると反論した（李実・万海元 2013, pp.134-135）。これに対して西南財経大学の研究主管でありジニ係数を0.61と推定した甘犁は，サ

表2-1 政府発表のジニ係数

2003	2004	2005	2006	2007	2008	2009	2010	2011	2012	2013	2014年
0.479	0.473	0.485	0.487	0.484	0.491	0.490	0.481	0.477	0.474	0.473	0.469

出典：『金磚国家連合統計手冊2015』，『中国統計年鑑2015』

ンプル数は問題にならないとし，ジニ係数は 0.61 であると再確認した (甘犂 2013, p.150)。

中国の研究者によるジニ係数は，1981 年に 0.264 〜 0.293 程度と推計されており，1990 年 0.306 〜 0.370，2000 年 0.394 〜 0.428，10 年 0.475 とされている。

中でも李子連 (2013, pp.71-73) は，1978 年 0.289，80 年 0.320，90 年 0.356，2000 年 0.411，10 年 0.475 と推計している。

王培暄 (2012, p.79) は既存の資料をまとめて，1978 年 0.186，80 年 0.195，90 年 0.343，2000 年 0.417，08 年 0.469 と推計している。

表 2-2 研究者によるジニ係数の比較

年度	陳宗勝	向書堅	陳宗勝ほか	周文興	程永宏	尹成遠ほか	許氷ほか	李子連
1981	0.264	0.278	-	0.284	0.293	-	0.283	0.286
82	0.253	0.249	-	0.256	0.277	0.300	0.281	0.273
83	0.287	0.264	-	0.246	0.271	0.284	0.282	0.269
84	0.271	0.268	-	0.239	0.277	0.240	0.287	0.276
85	0.288	0.266	-	0.306	0.307	0.286	0.299	0.305
86	0.288	0.297	-	0.326	0.324	0.282	0.315	0.320
87	0.292	0.305	-	0.326	0.325	0.296	0.327	0.321
88	0.296	0.313	0.350	0.331	0.338	0.329	0.346	0.335
89	-	0.321	0.370	0.335	0.353	0.313	0.365	0.349
90	-	0.306	0.347	0.316	0.359	0.329	0.370	0.356
91	-	0.324	0.369	0.333	-	0.349	0.375	0.374
92	-	0.340	0.377	0.353	0.399	0.352	0.388	0.392
93	-	0.359	0.402	0.366	0.418	0.374	0.403	0.411
94	-	0.362	0.436	0.369	0.430	0.388	0.411	0.421
95	0.365	0.352	0.419	0.373	0.417	0.379	0.411	0.409
96	-	0.335	0.406	0.327	0.395	0.373	0.410	0.386
97	-	0.336	0.403	0.362	0.396	0.360	0.410	0.392
98	-	-	0.403	0.363	0.400	0.392	0.410	0.396
99	-	-	0.413	0.377	0.412	0.404	0.413	0.409
2000	-	-	-	0.394	0.428	0.401	0.418	0.411
01	-	-	-	0.404	0.433	0.434	0.423	0.431
02	-	-	-	-	0.430	0.451	0.432	0.428
03	-	-	-	-	0.443	0.458	0.440	0.442
04	-	-	-	-	0.442	0.470	0.447	0.441
05	-	-	-	-	-	0.483	0.451	0.450
06	-	-	-	-	-	-	0.454	0.447
07	-	-	-	-	-	-	-	0.451
08	-	-	-	-	-	-	-	0.457
09	-	-	-	-	-	-	-	0.469
10	-	-	-	-	-	-	-	0.475

出典：李子連 (2013)

表 2-3　農村・都市のジニ係数の比較

年度	農村ジニ係数	都市ジニ係数	全国ジニ係数	都市・農村間の所得の差(元)	所得の比
1978	0.305	-	0.289	209.8	2.6
79	0.282	-	0.330	226.8	2.4
80	0.259	-	0.320	286.3	2.5
81	0.250	0.171	0.286	268.5	2.2
82	0.252	0.169	0.273	256.5	2.0
83	0.260	0.169	0.269	254.2	1.8
84	0.266	0.172	0.276	295.9	1.8
85	0.281	0.217	0.305	341.5	1.9
86	0.296	0.212	0.320	475.8	2.1
87	0.298	0.221	0.321	539.6	2.2
88	0.311	0.223	0.335	636.5	2.2
89	0.323	0.228	0.349	774.2	2.3
90	0.322	0.232	0.356	823.9	2.2
91	0.322	0.240	0.374	992.0	2.4
92	0.319	0.247	0.392	1242.6	2.6
93	0.340	0.263	0.411	1655.8	2.8
94	0.337	0.285	0.421	2275.2	2.9
95	0.335	0.279	0.409	2705.3	2.7
96	0.297	0.278	0.386	2912.8	2.5
97	0.335	0.286	0.392	3070.2	2.5
98	0.338	0.291	0.396	3263.1	2.5
99	0.347	0.296	0.409	3643.7	2.7
2000	0.326	0.309	0.411	4026.6	2.8
01	0.367	0.312	0.431	4493.6	2.9
02	0.373	0.306	0.428	5227.2	3.1
03	0.379	0.322	0.442	5850.0	3.2
04	0.364	0.326	0.441	6485.2	3.2
05	0.384	0.328	0.450	7238.1	3.2
06	0.376	0.325	0.447	8172.5	3.3
07	0.381	0.321	0.451	9645.4	3.3
08	0.377	0.327	0.457	11020.1	3.1
09	0.387	0.333	0.469	12021.5	3.3
10	0.397	0.340	0.475	13190.4	3.2

出典：李子連（2013）

　カンバーとチャン（Kanbur and Zhang 2005）の推計によれば【図2-1, P.26】，中国におけるジニ係数は，1950年代に増加し，60年代初めに減少して同年代半ばから再び増加し，70年代末まで増加が続いた。改革開放以降は80年代初めまで減少し，その後，現在まで増加傾向を示している。すなわち1952年0.224, 53年0.247, 54年0.232, 55年0.220で56年0.229, 58年0.244, 60年0.322に増加した。そして再びジ

ニ係数は下降し，1961年0.303, 65年0.267, 70年0.270に減少した。1966～76年は文化大革命の期間に当たり，66年の0.266から67年の0.255へと低下し，71年の0.269で再び増加が始まり，文化大革命が終わる76年には0.309に達した。1978～79年，鄧小平の再登板によって改革が実行され，85年に0.258に低下する。市場経済の導入以降は再び格差が増加し，2000年の0.372まで増加傾向が続いた(Kanbur and Zhang 2005, p.93)。

表2-4 ジニ係数と1人当たりGDP，農村人口

年度	全国のジニ係数	1人当たりGDP (元)	農村人口 (%)
1978	0.186	381	82.1
79	0.200	419	81.0
80	0.195	463	80.6
81	0.288	492	79.8
82	0.249	528	78.9
83	0.264	583	78.4
84	0.297	695	77.0
85	0.266	858	76.3
86	0.297	963	75.5
87	0.305	1112	74.7
88	0.382	1366	74.2
89	0.349	1519	73.8
90	0.343	1644	73.6
91	0.324	1893	73.1
92	0.376	2311	72.5
93	0.359	2998	72.0
94	0.436	4044	71.5
95	0.445	5045	71.0
96	0.458	5846	69.5
97	0.403	6420	68.1
98	0.403	6796	66.7
99	0.397	7159	65.2
2000	0.417	7858	63.8
01	0.490	8622	62.3
02	0.454	9398	60.9
03	0.530	10542	59.5
04	0.460	12336	58.2
05	0.470	14185	57.0
06	0.496	16500	56.1
07	0.500	20169	55.1
08	0.469	23708	54.3
09	—	25575	53.4

出典：王培暄（2012）

図 2-1　カンバーとチャン推計のジニ係数の推移

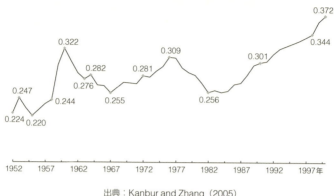

出典：Kanbur and Zhang（2005）

　国際機関である世界銀行の推計によれば，1980年代半ばにジニ係数が減少した後に再び増加し，2000年代以降は0.42前後で横ばいとなっている。1981年の0.291から84年の0.277が最低で，2000年代まで増加が続いたが，そこで増加が止まり減少傾向に転じている。

図 2-2　世界銀行推計のジニ係数の推移

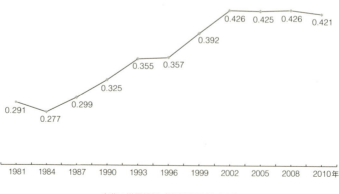

出典：世界銀行（検索日 2016.2.18）

富の格差

　富の格差についても議論が起きている。北京大学の中国社会科学調査センターが発表した『中国民生発展報告2014』によれば，中国で富の格差が急拡大しており，1995年に富のジニ係数は0.45だったが，2002年に0.55，2012年には0.73に達した（林経緯 2014, p.66; 謝宇・靳永愛 2014, p.42）。最上位1％の世帯が中国全体の富の3分の1以上を占めている。下位25％の家庭は富の1％しか持てずにいる。この数値は，中国政府が発表した全国住民所得ジニ係数0.473とは大きな差がある（張翼・林暁珊 2015, p.1）。ボストン・コンサルティング・グループ（BCG）が2007年に発表した「世界の富に関するレポート」によれば，中国では0.1％の富裕層が富の41％を占めている（林経緯 2014, p.66）。都市と農村の格差が財産の格差に及ぼす寄与度は10％以上で，省の違いが財産の格差に及ぼす寄与度は22％に上っている（謝宇・靳永愛 2014, p.42）。

　中国家庭金融調査報告を主管した甘犁の予測によれば，富の格差はとても大きく，資産で上位10％の世帯が全世帯の資産の84.6％を占めている。これは中国の資産のジニ係数が0.8以上であることを物語っている（林経緯 2014, p.66）。

　2012年の中国の世帯当たりの純資産は43.9万元だった。中位世帯の純資産の平均は16.3万元だった。下位25％の世帯が6.3万元の資産を所有し，上位10％は73.6万元，上位5％は117.6万元，上位1％は324.5万元を所有していた。

　中国の資産分布を見ると，下位25％が1.2％の資産を所有しているのに対し，上位10％は61.9％，上位5％は51.2％，上位1％は34.6％の資産を有している。ジニ係数は0.73である。

表2-5　中国の世帯の純資産（2012年，単位：万元）

	平均値	25％	50％（中位）	75％	90％	95％	99％
調整なし	33.9	6.3	16.3	34.6	73.4	115.8	307.1
調整後	43.9	6.3	16.3	34.7	73.6	117.6	324.5

出典：謝宇・靳永愛（2014）

表 2-6　中国の資産分布（2012年，単位：%）

	0〜25%	0〜40%	0〜50%	0〜60%	60〜100%	75〜100%	80〜100%	90〜100%	95〜100%	99〜100%	ジニ係数	90/10比率
全国	1.2	4.2	7.3	11.6	88.4	79.0	74.7	61.9	51.2	34.6	0.73	36.79
都市	1.5	-	10.1	-	-	71.8	-	49.1	35.5	-	-	46.34
農村	2.3	-	12.6	-	-	66.5	-	44.0	31.6	-	-	23.64

出典：謝宇・靳永愛（2014）

表 2-7　所得分布と資産分布の関係（単位：%）

		資産分布				
		0〜25%	25〜50%	50〜75%	75〜100%	合計
所得分布	0〜25%	46.5	29.2	15.7	8.6	100.0
	25〜50%	25.7	29.3	27.6	17.5	100.0
	50〜75%	17.6	26.2	30.7	25.5	100.0
	75〜100%	10.2	15.3	26.0	48.5	100.0

出典：謝宇・靳永愛（2014）

　所得分布と資産分布の関係について見てみよう。所得が少ない下位25%は資産も少なく，46.5%が資産の下位25%に属している。所得分布の上位25%は資産も多く，48.5%が資産の上位25%に属している。つまり，所得が少なければ資産も少なく，反対に所得が多ければ資産も多いといえる。

灰色所得を考慮したジニ係数

　灰色所得【非合法と言い切れないが合法でもない所得】推定を使って中国のジニ係数を算出した胡江霞・羅玉竜・楊孝良（2015）によれば，国家統計局が発表したジニ係数よりも若干高かった。2012年は0.481で，国家統計局の0.474より高い。王小魯の論文「灰色所得と国民所得分配（灰色収入与国民収入分配）」によれば，2008年の住民の「陰性所得」【福利厚生の一環で行われる現物支給】は9.3兆元で，そのうち灰色所得は5.4兆元を占めている。所得最上位10%世帯と最下位10%世帯の1人当たり所得には65倍もの差がある。

表 2-8 灰色所得推定を使用したジニ係数

	2003	2004	2005	2006	2007	2008	2009	2010	2011	2012年
実際のジニ係数	0.479	0.473	0.485	0.487	0.484	0.491	0.490	0.481	0.477	0.474
推定ジニ係数	0.479	0.484	0.484	0.483	0.483	0.482	0.482	0.482	0.481	0.481
絶対残差	0.000	0.011	0.001	0.004	0.001	0.009	0.008	0.001	0.004	0.007

出典：胡江霞・羅玉竜・楊孝良（2015）

五分位倍率で見る格差

ジニ係数の他にも，五分位倍率で格差を測定することができる。最下位 20％の所得が全体所得に占める割合は 2005 年の 5.0％から 2010 年の 4.7％に減少した。最上位 20％が占める割合も 2005 年の 47.9％から 47.1％に若干減少した。一方，第

表 2-9 各五分位が全体所得に占める割合（単位：％）

	2005	2008	2010年
最下位 20％ が全体所得に占める割合	5.0	4.8	4.7
第 2	9.9	9.6	9.7
第 3	15.0	15.0	15.3
第 4	22.2	22.7	23.2
最上位 20％	47.9	47.9	47.1
合計	100.0	100.0	100.0

出典：『金磚国家連合統計手冊 2015』

表 2-10 各五分位の 1 人当たり可処分所得（単位：元）

	全国住民所得五分位 1人当たり可処分所得（2014）	都市住民所得五分位 1人当たり可処分所得（2014）
低所得世帯（20％）	4747.0	11219.3
中低世帯（20％）	10887.0	19650.5
中間世帯（20％）	17631.0	26650.6
中高世帯（20％）	26937.0	35631.2
高所得世帯（20％）	50968.0	61615.0

出典：『中国統計年鑑 2015』

第3五分位と第4五分位は少しずつ増加した。

五分位の可処分所得で見ると，2014年基準で全国の住民の場合，低所得20%の1人当たり可処分所得が4747.0元，高所得世帯が5万968.0元で10.7倍の差が出た。都市住民の場合，低所得世帯が1万1219.3元，高所得世帯が6万1615.0元で5.5倍の差が出た。

1人当たり可処分所得では，高所得世帯と低所得世帯の所得格差が広がっている。2013年時点で高所得世帯が5万6389.5元，低所得世帯は1万1433.7元だった。中高所得世帯3万2415.1元，中間所得世帯2万4518.3元，中低所得世帯1万8482.7元だった。高所得世帯と中高所得世帯の所得格差も広がっている。

十分位倍率を使って格差を推定することもできる。1985年の十分位倍率は2.87だったが1990年3.11，2000年5.00，2010年8.42へと増加した。もちろん五分位倍率は1985年2.29，1990年2.45，2000年3.61，2010年5.35だった。格差が増加してきたことが分かる。最上位10%の平均所得と下位40%の所得の比率を示すリポ (RIPO) 率は，1985年の0.78から2000年の1.22，2010年の1.83へと増加した。

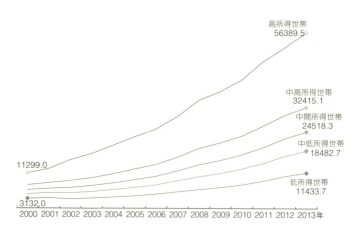

図2-3　都市世帯の1人当たり可処分所得，五分位 (単位：元)

出典：『中国統計年鑑 2014』

表 2-11　中国における所得格差の十分位倍率と五分位倍率（1985〜2011年）

年度	十分位率	五分位率	RIPO率
1985	2.87	2.29	0.78
86	2.98	2.34	0.79
87	2.91	2.32	0.80
88	3.07	2.42	0.83
89	3.20	2.49	0.86
90	3.11	2.45	0.84
91	2.94	2.33	0.80
92	3.25	2.54	0.87
93	3.61	2.77	0.96
94	3.94	2.98	1.02
95	3.78	2.88	0.99
96	3.77	2.87	0.99
97	4.19	3.12	1.06
98	4.40	3.25	1.11
99	4.59	3.38	1.15
2000	5.00	3.61	1.22
01	5.37	3.82	1.30
02	7.99	5.15	1.75
03	8.50	5.39	1.85
04	8.92	5.61	1.94
05	9.25	5.82	1.98
06	9.00	5.66	1.94
07	8.69	5.53	1.89
08	9.11	5.79	1.97
09	8.63	5.54	1.88
10	8.42	5.35	1.83
11	8.24	5.30	1.82

出典：李丙金・李婧・常建新（2013）▶ RIPO率は，最上位10％の平均所得を下位40％の所得で除した数値。RIPOは中国のような発展途上国にとって意味がある。多数の低所得世帯と少数の高所得世帯との比較が可能なため。

パルマ比率

　ここでは，最近注目されているパルマ比率（Palma ratio）を通じて格差を調べる。ホセ・ガブリエル・パルマ（Jose Gabriel Palma）は，テール（tails）すなわち最上位10％（D10）が全体所得に占める比率，最下位40％（D1〜D4）が全体所得に占める比率の合計は，中間（D5〜D9）が全体所得に占める比率と同じだという50／50論理を提示した。こうした比率が当てはまらない国であっても次第に50／50になると主張したこの

論理をアレックス・コブハム (Alex Cobham) とアンディ・サムナー (Andy Sumner) はパルマ比率またはパルマと名づけた。パルマ比率は今や UNDP【United Nations Development Programme, 国連開発計画】など国際機関でも多く使われており，中国のパルマ比率も考察する必要がある。パルマ比率はコブハムとサムナー (Cobham and Sumner 2014, p12) によれば，最上位10%の所得占有割合 (income share) / 最下位40%の所得占有比率 (income share) で示すことができる。ジニ係数は$(0.581 \times S10) - (1.195 \times S1～4) + 0.419$で算出する。パルマ比率はS10とS1～4の比率をいう。このときS10は上位10%の所得占有率，S1～4は下位40%の所得占有率を意味する。

パルマ比率は，2005～13年のポスト社会主義国家の中で中国が2.1で最も高い数値となった。中欧・東欧では，ハンガリー1.0，ポーランド1.3，スロバキア0.9，ブルガリア1.4，ルーマニア0.9で，中央アジアでは，カザフスタン1.0，キルギスタン1.3，タジキスタン1.1，ウズベキスタン1.5であった。また，インド1.4，ロシア1.8，ベトナム1.5でこの国々はパルマ比率が比較的高かった。ブラジルは3.8でとても不公平な状態にあり，米国は2.0だった。五分位倍率でも中国は他のポスト社会主義国家よりずっと高く，ブラジルより低いが米国とほぼ同様の水準だった。

表 2-12　五分位倍率，パルマ比率およびジニ係数 (2005～13年)

	五分位倍率	パルマ比率	ジニ係数
中　国	10.1	2.1	0.370
ロシア	7.3	1.8	0.397
インド	5.0	1.4	0.336
米　国	9.8	2.0	0.411
ブラジル	16.9	3.8	0.527
チェコ	3.9	0.9	0.264
スロバキア	4.1	0.9	0.266
ポーランド	5.2	1.3	0.328
スロベニア	3.6	0.8	0.249
ハンガリー	4.5	1.0	0.289
ルーマニア	4.1	0.9	0.273
ブルガリア	6.4	1.4	0.343
カザフスタン	4.0	1.0	0.286
キルギスタン	5.4	1.3	0.334
タジキスタン	4.7	1.1	0.308
ウズベキスタン	5.8	1.5	0.352
ベトナム	6.1	1.5	0.356

出典：UNDP (2015)

図 2-4 ジニ係数とパルマ比率の関係

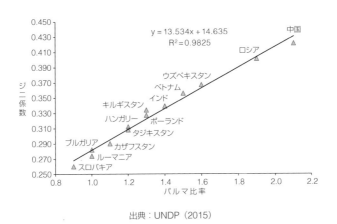

出典：UNDP（2015）

ブラジルを除くポスト社会主義国家のパルマ比率とジニ係数を比較すると，中国のパルマ比率とジニ係数が共に高かった。次にロシア，ベトナム，インドの順で，中央アジアの国々がそれに続き，中欧・東欧諸国は比較的低かった。

賃金所得，経営所得，資産所得，移転所得が分配の格差に及ぼす寄与度

所得分配と関連して，2015年の資料を統計的に見ると，賃金所得が62.87％，移転所得が25.55％を占め，全体の格差に及ぼす寄与度は賃金所得が69.13％で最も高かった。しかし，推定所得で見ると賃金所得や経営所得は全体の格差に及ぼす影響は25～30％で同じような水準だったが，資産所得は40.47％で突出していた。移転所得は5.41％の影響を及ぼした。統計所得で見ると賃金所得の影響が大きいが，推定所得で見ると資産所得が重要となる。

資産の格差において最も重要な要因は不動産（房産）で，不動産がその74.7％を占め，金融資産が10.2％だった。格差に対する寄与率で，不動産が格差に及ぼす寄与率が74.6％であり，都市では78.3％，農村では61.4％であった。上海のような大都市

表 2-13　所得分配の格差と全体の所得分配の格差に対する寄与度

	統計所得			推定所得		
	総所得の割合(%)	ジニ係数	全体の格差に貢献(%)	総所得の割合(%)	ジニ係数	全体の格差に貢献(%)
賃金所得	62.87	0.51	69.13	34.94	0.51	24.66
経営所得	8.50	0.93	10.42	22.45	0.84	29.45
資産所得	3.08	0.92	5.28	28.41	0.79	40.47
移転所得	25.55	0.67	15.18	14.20	0.67	5.41

出典：杜莉（2015）

表 2-14　資産の構成（単位：%）

	全　国	都　市	農　村
土地	7.6	2.5	18.8
不動産	74.7	79.8	63.6
金融資産	10.2	10.5	9.4
生産性固定資産	7.9	7.0	9.9
耐久消費材	5.7	5.6	6.0
不動産負債	-2.2	-2.4	-1.8
不動産以外の負債	-3.9	-3.1	-5.9

出典：謝宇・靳永愛（2014）

ではこの比率が86.8%に達している（謝宇・靳永愛 2014, p.34）。従って中国の資産の格差は主に不動産の格差にあるといえる。

　清華・花旗中国消費金融投資家教育調査研究によれば，2009年の全国の都市世帯総資本のうち不動産が73.44%を占めた。中国の富全体のジニ係数は0.6～0.7だ。2010年の国泰君安マクロ研究グループの報告によれば，不動産価格の上昇を受けて中国の富の格差は40倍を超え，富裕層は一層豊かに，貧困層は一層貧しくなるマタイ効果が現れた（林経緯 2014, p.66）。

機会の格差

　これまで述べてきた所得の格差は結果の格差（inequality of result）だといえるが，同時に機会の格差（inequality of opportunity）も重要である。そこで中国における機会の

格差の程度を考察したい。中国共産党中央宣伝部【以下，中央宣伝部】は分配の格差の問題について「蓮は蓮の根から出て根元を有している（蓮発藕生 必定有根）」と表現している。社会的・歴史的原因があって長期にわたり形成された都市と農村の二重構造，地域間の不均衡な発展が分配の格差をもたらしたと主張する（中国共産党中央宣伝部理論局 2011, p.21）。

馬豔・張建勲・王琳（2015, pp.98-99）は，機会の格差を自然要因，制度要因，家庭背景要因に分けて説明している。自然要因は性別，民族，出生地の違いなどで2002年と07年に自然要因が機会の格差に占める割合はそれぞれ26％と20％としていた。制度要因は戸籍制度とこれに関連する教育・衛生などの制度をいう。家庭背景が機会の格差に占める割合については2002年と07年にそれぞれ74％と80％としていた。家庭背景が機会の格差に及ぼす影響は戸籍制度の影響を含む。戸籍制度が関係する家庭背景は，機会の格差の主な要因となっている。

2002年と07年の所得格差はジニ係数でそれぞれ0.430と0.571だった。機会の格差がもたらした所得格差はそれぞれ0.164と0.245だった。機会の格差が所得格差に及ぼす寄与度の方が比較的高い。25～59歳における2002年と07年の相対的な比率，すなわち機会の格差が所得格差の38.1％と42.8％を説明している。2002年から07年にかけて所得格差は0.14増加した一方，機会の格差は0.08増加しており，機会の格差の増加が所得格差の増加の57.3％を説明している（馬豔・張建勲・王琳 2015, p.98）。機会の格差が所得格差に寄与する比率はドイツ2.07％，英国9.82％，フランス8.85％，イタリア11.63％，スペイン13.30％，ノルウェー3.65％であった。中国の40％超という値はこれらの国々よりはるかに高い（馬豔・張建勲 2015, pp.109-110）。

表2-15　所得の格差に対する機会の格差の相対的比率および寄与度

	2002年	2007年	変化
所得の格差（所得格差ジニ係数）	0.430	0.571	0.140
機会の格差（ジニ係数）	0.164	0.245	0.08
機会の格差の所得格差に対する相対的比率（％）	38.1	42.8	4.7
所得の格差の増加分	-	-	14.04
機会の格差の増加分	-	-	8.05
機会の格差が所得の格差の増加に及ぼす寄与度（％）	-	-	57.3

出典：馬豔・張建勲・王琳（2015）中国家庭収入調査数据（CHIP）2002年および07年資料の1948年～82年生まれ

表 2-16　親の職業，民族，戸籍，親の教育年数，性別による機会の格差を示すジニ係数

	2002年	2007年
父親の職業	0.120	0.139
民　族	0.004	0.000
戸　籍	0.022	0.036
親の平均教育年数	0.036	0.061
性　別	0.017	0.014

出典：馬韜・張建勲・王琳（2015）中国家庭収入調査数据（CHIP）2002年および2007年資料の1948年～82年生まれ

　親の職業が子の所得に及ぼす影響も，機会の格差の重要な要素であり，2002年と2007年の所得格差の73.2％と56.6％を説明している。2002年と2007年を比較すると民族要因と性別要因は相対的に縮小し，親の教育年数が機会の格差に及ぼす相対的影響が増加した（馬韜・張建勲・王琳 2015, p.98）。

　陳東・黄旭鋒（2015）によれば，機会の格差のジニ係数は，1989年の0.22から2009年の0.24に増加した。調査サンプルのジニ係数は1989年の0.38から2009年の0.47に増加し，機会の格差がサンプルの格差に占める割合は1989年の57.5％から2009年の52.7％に減少した。

　江求川・任潔・張克中（2014）によれば，中国における機会の格差は拡大傾向にある。機会全体の格差は1996年の0.078から2002年の0.106，2008年の0.156に増加した。機会の格差の拡大速度は，所得の格差より早いだけでなく，機会の格差の相対値は1996年の25％から2008年の33％に増加した（江求川・任潔・張克中 2014.

表 2-17　実際のジニ係数，調査サンプルのジニ係数と機会の格差のジニ係数の比較（1989～2009年）

年　度	実際の ジニ係数(1)	調査サンプルの ジニ係数(2)	機会の格差の ジニ係数(3)	(3)/(2) (%)	子の平均可処分 所得(元)
1989	0.36	0.38	0.22	57.5	2982.71
91	0.36	0.37	0.17	47.2	3250.79
93	0.39	0.39	0.20	51.1	4219.80
97	0.37	0.41	0.23	56.4	6397.03
2000	0.40	0.43	0.24	55.9	9019.16
04	0.43	0.46	0.26	56.9	10970.40
06	0.49	0.40	0.23	58.8	13743.60
09	0.50	0.47	0.24	52.7	19497.61
平　均	0.41	0.41	0.22	54.6	9220.66

出典：陳東・黄旭鋒（2015）

表 2-18 機会の格差の分解

	1996	2002	2003	2005	2006	2008年
機会全体の格差	0.0780	0.1064	0.1110	0.1480	0.1346	0.1558
パネルA：機会の格差の絶対値						
親の教育	0.0342	0.0218	0.0781	0.0855	0.0711	0.0896
親の職業	0.0216	0.0318	0.0165	0.0267	0.0467	0.0454
性別	0.0556	0.0839	0.0656	0.0900	0.0730	0.0864
パネルB：機会の格差の相対値						
親の教育	0.1111	0.0597	0.1830	0.1902	0.1617	0.1963
親の職業	0.0702	0.0874	0.0387	0.0594	0.1061	0.0994
性別	0.1804	0.2302	0.1538	0.2001	0.1658	0.1892

出典：江求川・任潔・張克中（2014）p.135）。

胡林元・朱禮・陳前恒（2014）が2012年，北京市周辺都市に出てきて工場に勤務する人（進城務工人員）1066人を対象に機会の格差に関して行った調査によれば，機会の格差を感じている回答者の割合は20.9%であった。その中で，第1世代に属する人々の16.4%が機会の格差を感じると答え，農村の第2世代以降（新生代農村進城務工人員）では25.7%だった（胡林元・朱禮・陳前恒 2014. p.96）。若者の方が機会の格差を感じている。

若者は機会の格差と社会の不公平に対して相当な不満を持っていることがうかがえ

表 2-19 社会の格差および社会の公平さに対する認識（単位：%）

	質問内容	20~29歳	30~39歳
格差の程度	この国の所得格差は大きい	91.9	93.1
機会の公平について	大学教育の機会は同じく与えられている	74.4	76.0
	多くの機会はお金と地位を持つ人に与えられる	72.8	73.6
成功と格差の原因	個人の成功はほぼ努力によって決定する	90.9	92.7
	人生の豊かさと貧しさは運命的に決まっている	9.6	11.8
	社会の格差の主因は一部の人の統制・操作によってつくられている	55.9	54.7
政府責任	政府には社会の格差を減少させる道義的責任はない	8.4	8.8
	所得の格差を改善するために政府が富裕税を徴収すべきだ	44.9	53.6

出典：秦広強（2014）CGSS 2006, 2008, 2010資料

る。「所得の格差が大きい」に91％以上が同意し，所得の格差を緩和する責任は政府にあると考えている。社会の格差の主な原因は，一部の人が権力を掌握し，統制と操作を行うためだとしている。

貧困

中国には貧困から抜け出せない人々が多くいる。貧困と関連して1人当たり年間所得1274元とされる貧困標準ラインで見ると，2010年末，農村における貧困人口は2688万人，都市の最低生活保障の対象者は2300万人だった（中国共産党中央宣伝部理論局 2011, p.32）。分配にあたって，中央宣伝部が認めるように集団間格差は拡大している。城郷間の所得格差は1978年の2.36：1から2009年の3.33：1に増加した。2009年，浙江省と貴州省の都市の1人当たり可処分所得はそれぞれ2万4611元，1万2862.53元だが，農村住民1人当たり純所得はそれぞれ1万7元と3000元で差が大きい。中国の絶対貧困人口は4000万人を超え，低所得グループは2億7000万人に上っている（中国共産党中央宣伝部理論局 2010, p.89）。地域的には，2010年時点で全国の貧困人口は4007万であり，中西部地域の割合が高く，94.1％を占めている（中国共産党中央宣伝部理論局 2010, p.4）。OECD【Organization for Economic Cooperation and Development, 経済協力開発機構】は中国における極貧率（extreme poverty rate）が2013年に7％に減少したと評価している（OECD 2015, p.16）。モン，グレゴリー，ワン（Meng, Gregory and Wang 2005 p.727）の研究によれば，所得が10％増加すれば貧困は19～39％減少するため，所得の増加によって貧困が減少したと見ることができる。

中国統計局によれば，農村の貧困率は1978年30.7％，90年9.4％，2000年

表2-20　都市と農村の所得比率

	1978	1990	2000	2012	2013年
都市と農村の所得比率（農村所得=1）	2.57	2.20	2.79	3.10	3.03
ジニ係数	-	-	-	0.474	0.473
農村の貧困発生率（％）	30.7	9.4	3.5	10.2	8.5

出典：中国国家統計局（検索日 2016.3.25）

表 2-21 農村の貧困状況

年度	1978年標準 貧困人口(万人)	1978年標準 貧困発生率(%)	2008年標準 貧困人口(万人)	2008年標準 貧困発生率(%)	2010年標準 貧困人口(万人)	2010年標準 貧困発生率(%)
1978	25000	30.7	-	-	-	-
80	22000	26.8	-	-	-	-
81	15200	18.5	-	-	-	-
82	14500	17.5	-	-	-	-
83	13500	16.2	-	-	-	-
84	12800	15.1	-	-	-	-
85	12500	14.8	-	-	-	-
86	13100	15.5	-	-	-	-
87	12200	14.3	-	-	-	-
88	9600	11.1	-	-	-	-
89	10200	11.6	-	-	-	-
90	8500	9.4	-	-	-	-
91	9400	10.4	-	-	-	-
92	8000	8.8	-	-	-	-
94	7000	7.7	-	-	-	-
95	6540	7.1	-	-	-	-
97	4962	5.4	-	-	-	-
98	4210	4.6	-	-	-	-
99	3412	3.7	-	-	-	-
2000	3209	3.5	9422	10.2	-	-
01	2927	3.2	9029	9.8	-	-
02	2820	3.0	8645	9.2	-	-
03	2900	3.1	8517	9.1	-	-
04	2610	2.8	7587	8.1	-	-
05	2365	2.5	6432	6.8	-	-
06	2148	2.3	5698	6.0	-	-
07	1479	1.6	4320	4.6	-	-
08	-	-	4007	4.2	-	-
09	-	-	3597	3.8	-	-
10	-	-	2688	2.8	16567	17.2
11	-	-	-	-	12238	12.7
12	-	-	-	-	9899	10.2
13	-	-	-	-	8249	8.5
14	-	-	-	-	7017	7.2

出典:『中国統計年鑑 2015』

3.5%、12年 10.2%、13年 8.5%である (www.stats.gov.cn)。農村の貧困層の所得は少なく、2001年の農村世帯の平均純所得は236.4元であり、全人口の13%の純収入は1000元以下だった。5.47%は800〜1000元、3.88%は600〜800元、1.36%は500〜600元だった (張丹 2015, p.262)。

特に農村の貧困率は貧困と見なすしきい値により異なる。経済発展に伴い貧困と見なされる水準が高まるためだ。1978年の基準では1978年30.7%、1980年26.8%、

表 2-22 中国の農村における貧困標準と農村住民1人当たりの純所得（1985～2009年）

年度	農村貧困標準（元）	農民1人当たり純所得（元）	貧困標準が純所得に占める割合（％）
1985	206	397.6	51.8
86	213	423.8	50.3
87	227	462.6	49.1
88	236	544.9	43.3
89	259	601.5	43.1
90	300	686.3	43.7
91	304	708.6	42.9
92	317	784.0	40.4
93	317	921.6	34.4
94	440	1221.0	36.0
95	530	1577.7	33.6
96	530	1926.1	27.5
97	640	2090.1	30.6
98	635	2162.0	29.4
99	625	2210.3	28.3
2000	625	2253.4	27.7
01	630	2366.4	26.6
02	627	2475.6	25.3
03	637	2622.2	24.3
04	668	2936.4	22.8
05	683	3254.9	21.0
06	693	3587.0	19.3
07	785	4140.4	19.0
08	1067	4760.6	22.4
09	1196	5153.2	23.2

出典：李実・頼徳勝・羅楚亮（2013）

1990年9.4％であった。2000年は1978年の基準では3.5％だが，2008年の基準では10.2％が貧困状態となる。2010年は，2008年の基準では2.8％だが，2010年の基準では17.2％が貧困状態にある。2014年は，2010年の基準で7.2％が貧困人口となる。

なお，中国の農村における貧困の標準は1985年206元，1990年300元，2000年625元，2009年1196元だった。

中国の都市の貧困率は支出基準で2000年に3.92～10.19％であり，所得基準で1.71～3.97％となる。都市でも依然として約5％の貧困が存在すると推定できる。

中国における貧困撲滅プログラムは1980年半ばまで存在せず，農業において集産を廃止する政策が取られてから貧困が減少し始めた。1980年代半ばから2000年までの貧困撲滅プログラムは地域関連政策を中心に実施され，87のプログラムで592

表 2-23 中国の都市における貧困率（1986～2000年，単位：%）

年 度	支 出		所 得	
	上 限	下 限	上 限	下 限
1986	5.34	2.40	2.09	1.10
87	5.78	2.85	2.21	1.03
88	6.10	2.92	2.63	1.50
89	7.09	3.32	2.62	1.59
90	6.50	3.05	1.91	0.97
91	6.83	3.41	2.49	1.29
92	10.12	5.12	3.62	1.72
93	14.91	7.50	5.33	2.30
94	12.88	6.94	5.11	2.63
95	13.10	6.71	5.35	2.57
96	12.88	6.20	4.94	2.28
97	13.55	6.03	5.28	2.48
98	13.06	5.50	4.83	1.85
99	12.11	5.04	4.21	1.70
2000	10.19	3.92	3.97	1.71

出典：Meng, Gregory and Wang (2005)

の貧しい村の支援を行った。このうち3分の2は西部地域であった。1994年から2000年にかけて貧しい村に対し，特別貧困移転（special poverty transfers）としてGDPの0.2％に相当する支援が行われ，当初の影響は少なかった。貧しい村では1人当たりGDPが全国平均を超えて0.5ポイント増加し，家計所得は全国平均より3ポイント増加した。2001～10年には相当な効果が現れ始め，貧しい村の1人当たりGDPは平均17％増加した（OECD 2015, p.54）。中国の10％台の成長率が貧困を65％から10％以下に減少させた（World Bank and DRC 2013, p.79）。社会全体の貧困脱出を追求し，「国家87貧困打破計画（国家八七扶貧攻堅計画）」を採択して以降，中国は貧困撲滅を進めてきた。貧しい国民の救済事業として「希望工程」，「春雷計画」，「光彩事業」などを実施した。2009年末の光彩事業は，延べ1万9969件で592.85万人を支援し，1334.9万人が貧困から脱け出すことができた（中国共産党中央宣伝部理論局 2011, p.34）。2000年代末，全国の農村における貧困層の温飽問題は基本的に解決された。

都市と農村の所得格差

都市と農村のジニ係数には差がある。1980年代末と1990年代初め，都市内と農村内のジニ係数はそれぞれ0.23と0.28だった。改革初期に格差の程度は拡大したがそれでも低い水準だった。しかし最近，都市内と農村内のジニ係数は0.4を超えている（李実 2015, p.111）。

胡志軍(2012)によれば，農村のジニ係数は1985年の0.283から2000年の0.371，2009年の0.674へと増加し，都市のジニ係数は1985年の0.166から2000年の0.253，09年の0.334へと増加した。農村の方が都市よりジニ係数が高く，格差が深刻だ。胡志軍・劉宗明・龔志民 (2011) によれば，2008年の農村のジニ係数は0.340で，胡志軍(2012)の調査0.525より低いが，都市のジニ係数は0.3402で，胡志軍(2012)の調査結果の0.3399よりもわずかに高い。

概観すると都市のジニ係数は1978年の0.16から2000年の0.32に倍増し，農村のジニ係数は1978年の0.21から99年0.34に増加した【表 2-25 参照のこと】。

都市と農村の所得格差は増加している。都市住民の1人当たり可処分所得は1978

表2-24　都市と農村のジニ係数 (1)

年度	胡志軍 (2012)		胡志軍・劉宗明・龔志民 (2011)	
	農村ジニ係数	都市ジニ係数	農村ジニ係数	都市ジニ係数
1985	0.283	0.166	0.280	0.167
90	0.310	0.179	0.320	0.180
95	0.351	0.215	0.340	0.216
2000	0.371	0.253	0.345	0.253
01	0.391	0.265	0.350	0.265
02	0.394	0.316	0.352	0.317
03	0.409	0.327	0.358	0.327
04	0.398	0.334	0.342	0.335
05	0.418	0.340	0.337	0.340
06	0.429	0.336	0.335	0.337
07	0.456	0.332	0.335	0.333
08	0.525	0.340	0.340	0.340
09	0.674	0.334	-	-

出典：胡志軍 (2012), 胡志軍・劉宗明・龔志民 (2011)

表 2-25　都市と農村のジニ係数（2）

年　度	都市住民のジニ係数	農村住民のジニ係数
1978	0.16	0.21
80	0.16	0.24
81	0.15	0.24
82	0.15	0.23
83	0.15	0.25
84	0.16	0.24
85	0.19	0.23
86	0.19	0.30
87	0.20	0.30
88	0.23	0.30
89	0.23	0.31
90	0.24	0.31
91	0.23	0.31
92	0.25	0.31
93	0.27	0.33
94	0.30	0.32
95	0.28	0.34
96	0.28	0.32
97	0.29	0.33
98	0.30	0.34
99	0.30	0.34
2000	0.32	-

出典：国家計委宏視経済研究院課題組（2002）

年に343元，2011年には2万1810元へと63倍増加した。農村住民の1人当たり純所得は，1978年に134元，2011年には6977元へと52倍増加した。物価上昇を考慮すれば，都市住民の1人当たり可処分所得は年9.2％増加し，農村住民の1人当たり純所得は年8.1％増加したことになる。都市住民の所得の上昇率の方が農村住民より高く（呉福象・葛和平 2014, p.45），改革開放以降，都市と農村間の所得格差は一層拡大した。2000年時点で都市住民の可処分所得は6280元，農村住民の可処分所得は2253元で，都市住民の所得が農村より2.79倍多かった。2006年時点で都市住民の1人当たり可処分所得は1万1759元，農村住民の1人当たり純所得は3587元で，都市が農村の3.28倍であった。都市と農村の所得格差は絶対金額でほぼ12倍に拡大した（張丹 2015, p.261）。

『中国統計年鑑』によれば，都市と農村の所得比率は農村所得を1とした場合，都市所得は1978年の2.9から1985年の2.2に低下後，再び増加して1995年に3.8

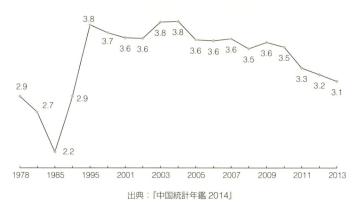

図 2-5　都市と農村間の所得比率（農村＝1）

出典：『中国統計年鑑 2014』

となり，2000年代にはこの水準を維持し，10年から徐々に減少して13年に3.1となった。『中国統計年鑑』とは若干異なる推計を出している馬影 (2014) によると，中国の都市と農村の1人当たり所得の比率は2004年3.21, 05年3.22, 06年3.28, 07年3.33, 08年3.31, 09年3.33, 10年3.23, 11年3.13, 12年3.10, 13年3.03である。つまり2010年以降は2000年代に比べて少しずつ低下している。

『中国統計年鑑』によれば，1978年の都市住民の1人当たり可処分所得が343.4元であったのに対し，農村住民1人当たりの純収入は133.6元で，約2.6倍の開きがある。2014年に都市住民の1人当たり可処分所得は1978年に比べて指数で13倍増の2万9381元で，農村住民の1人当たり純収入は1978年に比べて指数で14倍増の9892元だった。都市住民の1人当たり所得と農村住民の1人当たり所得の比率は，1978年2.6倍，2014年には3.0倍であった。絶対値で見ると1978年には都市住民の1人当たり可処分所得と農村住民の1人当たり純収入との差が209.8元で，2014年には1万9489元だった。同じ割合で増加したため，絶対的な差はさらに拡大したことになる。

中央宣伝部もこうした都市と農村の深刻な所得格差を認めており，1978〜2009年の都市住民の1人当たりの年間可処分所得は343.4元から1万7175元に増加し，農民の1人当たり純所得は133.6元から5153元に増加した（中国共産党中央宣伝部理論局2010, pp.2-3)。また，城【都市】と郷【農村】の差も拡大し，1983年に城と郷の住民1

表 2-26　都市住民可処分所得と農村住民の1人当たり純収入

年度	都市住民1人当たり可処分所得		農村住民1人当たり純収入	
	元	指数（1978＝100）	元	指数（1978＝100）
1978	343.4	100.0	133.6	100.0
80	477.6	127.0	191.3	139.0
85	739.1	160.4	397.6	268.9
90	1510.2	198.1	686.3	311.2
91	1700.6	212.4	708.6	317.4
92	2026.6	232.9	784.0	336.2
93	2577.4	255.1	921.6	346.9
94	3496.2	276.8	1221.0	364.3
95	4283.0	290.3	1577.7	383.6
96	4838.9	301.6	1926.1	418.1
97	5160.3	311.9	2090.1	437.3
98	5425.1	329.9	2162.0	456.1
99	5854.0	360.6	2210.3	473.5
2000	6280.0	383.7	2253.4	483.4
01	6859.6	416.3	2366.4	503.7
02	7702.8	472.1	2475.6	527.9
03	8472.2	514.6	2622.2	550.6
04	9421.6	554.2	2936.4	588.0
05	10493.0	607.4	3254.9	624.5
06	11759.5	670.7	3587.0	670.7
07	13785.8	752.5	4140.4	734.4
08	15780.8	815.7	4760.6	793.2
09	17174.7	895.4	5153.2	860.6
10	19109.4	965.2	5919.0	954.4
11	21809.8	1046.3	6977.3	1063.2
12	24564.7	1146.7	7916.6	1176.9
13	26955.1	1227.0	8895.9	1286.4
14	29381.0	1310.5	9892.0	1404.7

出典：『中国統計年鑑 2015』

人当たり所得の比は 1.82：1 だったが 2009 年には 3.33：1 に拡大した。絶対値で見ると 1978 年に農民の1人当たり純所得と都市住民の1人当たり可処分所得の差は 209.8 元，1992 年に 1242.6 元，2009 年に1万 22 元だった（中国共産党中央宣伝部理論局 2010, p.3）。第 11 次 5 カ年計画の期間に都市住民の1人当たり可処分所得は年 9.7％，農村住民の1人当たり純収入は年 8.9％増加し，2010 年に城と郷の住民の所得の比は 3.23 倍に達した（中国共産党中央宣伝部理論局 2011, p.21）。

国家統計局が 2002 年 10 月に発表した研究報告によれば，都市住民の1人当たり所得は 6860 元，農民は 2366 元で，見かけは 3：1 だが，購買力で見ると農民は月

表 2-27　住民の消費水準

年度	都市・農村総平均(元)	農村住民(元)	都市住民(元)	都市と農村の消費水準比 (農村=1)
1978	184	138	405	2.9
80	238	178	490	2.7
85	440	346	750	2.2
90	831	627	1404	2.2
95	2330	1344	4769	3.5
2000	3721	1917	6999	3.7
01	3987	2032	7324	3.6
02	4301	2157	7745	3.6
03	4606	2292	8104	3.5
04	5138	2521	8880	3.5
05	5771	2784	9832	3.5
06	6416	3066	10739	3.5
07	7572	3538	12480	3.5
08	8707	4065	14061	3.5
09	9514	4402	15127	3.4
10	10919	4941	17104	3.5
11	13134	6187	19912	3.2
12	14699	6964	21861	3.1
13	16190	7773	23609	3.0
14	17806	8744	25449	2.9

出典：『中国統計年鑑 2015』

120元に過ぎず，都市住民と農民の差は5：1に広がる。これに都市住民が受ける福祉，すなわち住居・教育・衛生などを考慮すれば都市住民と農民の差は6：1になり(李毅 2008, pp.150-151)，都市と農村の間には「垣根(藩籬)」が存在している。

では，都市住民と農村住民の消費はどれくらい増加しただろうか。『中国統計年鑑』によれば，農村住民の消費を1とした場合，都市住民の消費，すなわち都市と農村の消費水準は1978年に2.9だったが2000年に3倍超まで増加し，2014年には2.9に回帰した。比率ではほぼ変わらないが，絶対値で見れば1978年の都市住民と農村住民の消費の差は267元だったのが2014年には1万6705元となっている。

都市と農村の格差は，都市の所得が主に賃金であるのに対して農村の所得は経営所得であることに起因する。1978年の改革初期は食糧を主軸とする経済であり，農民の所得は単純だった。1978年の農村住民の純所得のうち66.3％は集体の統一経営所得から得ていた。家庭生産責任制(家庭承包制)を実施するにつれて農家が生産・経営の主体となり，1990年の農村住民の家庭経営所得は純収入の75.6％を占め，

表 2-28　農村住民の所得構造の変化（単位：％）

	1990	1995	2000	2006	2007年
純所得	100.0	100.0	100.0	100.0	100.0
賃金所得	20.2	22.4	31.2	38.3	38.6
経営所得	75.6	71.4	63.3	53.8	53.0
資産所得	0.0	3.6	3.5	5.0	5.4
移転所得	4.2	2.6	2.0	2.8	3.1

出典：『改革開放30年報告之一：大改革大開放大発展』中国国家統計局

表 2-29　都市住民の所得構造の変化（単位：％）

	1990	1995	2000	2005	2006	2007年
合　計	100.0	100.0	100.0	100.0	100.0	100.0
賃金所得	75.8	79.2	71.2	68.9	68.9	68.6
経営所得	1.5	1.7	3.9	6.0	6.4	6.3
資産所得	1.0	2.1	2.0	1.7	1.9	2.3
移転所得	21.7	17.0	22.9	23.4	22.8	22.7

出典：『改革開放30年報告之一：大改革大開放大発展』中国国家統計局

1978年比で48.8ポイント増加した。2007年には53.0％となった。農村住民の1人当たり純収入は1978年に35.79元だったが，2007年には2193.7元へと61.3倍増加した（「改革開放30年報告之一：大改革大開放大発展」，http://www.stats.gov.cn）。

　中国の農村の格差は極まっている。華中師範大学中国農村研究院が農村住民約6000人を対象に3年間の現金所得を調査した「中国の農民の経済状況報告」によれば，所得で最高20％の農家と最低20％の農家の1人当たり所得格差は10倍に達している。農村住民の所得分配の格差の拡大は，中国社会の工農格差，城郷格差が農村にも投影されていることを意味する。最高所得20％のうち賃金所得のある農家（務工農戸）が88.9％を占め，農業のみを営む農家（務農農戸）は11.1％である。最低所得20％の農家のうち賃金所得のある農家は17.5％，農業のみを営む農家は82.5％を占めている（王宗魚 2013, p.12）。

地域間の所得格差

　中国は OECD 諸国に比べて地域格差 (territorial inequality) の度合いが高い。2010年，中国の都市における1人当たり GDP のジニ係数は 0.26 で，OECD の 0.20 より高い (OECD 2015, p.18)。1978年から 90年まで省の間の格差は減少傾向が続き，2005年以降は急激に減少した。改革時期の格差の拡大については，改革以降の 33年間で 1990～93年の 3年間に限り増加した (Li and Gibson 2013, p.26)。地域間の格差は 1980年から 2002年の間，改革期間に減少した短期間を除き，増加傾向にあった。東部，中部，西部地域間の格差が地域内の省の間の格差よりも顕著に表れた (Liu 2006, p.387)。2000年に東部地域の1人当たり所得は西部の 2.26倍，省の間では最高と最低の差が 3倍に達した。2002年まで東部地域の1人当たり所得は西部地域と異なり 1.88倍拡大した (張丹 2015, p.261)。

　リーとギブソン (Li and Gibson 2013, pp.22-24) は，地域間の格差を推計するに当たり，人口を間違って推計すると誤った結果を得ることになると指摘している。改革開放が始まった 1978年から 90年まで中国の都市間の格差は，年平均でタイル指数 (Theil index) が 4.6%，ジニ係数が 0.5% 減少した。このような格差の減少は，農業の集産化の廃止 (decollectivization) の結果であった。改革開放の初期には広東省，福建省，浙江省【開発が先行した省】は上から 3分の 1にも入っていないなど，偶然にも，改革開放期で最も格差の小さい年だった。しかし 1990～2000年代に省の間の格差の増大は，1人当たり GDP を補正せずに計算したところ，ジニ係数で 0.38 と高く示された。補正後の指標で推計すると地方間の格差は 2010年にスタート時点の水準に戻る。1990～2003年の年平均増加率はジニ係数で 0.016 だったが，2003～10年には年平均ジニ係数で 0.023 減少した。2005年以降，省の間の格差が減少したのは，中国が「西部大開発」を推進し，当該地域への投資を増加したことによる。

　地域発展の不均衡について中央宣伝部は幾つかの要因を分析している。自然的要因としては，東部は平地が多く肥沃だが，西部は山と砂漠が多く交通が不便である。歴史的要因としては，中国は唐以降，特に北宋以降に経済の中心が長江の中流・下流と東部の沿海地域に移り，中国の 70%以上の工業と交通が，面積では 12%の東

部沿海地域に集中している。政策的要因としては，政府が先富論に基づいて東部を先に開放して投資の誘致を図ったため，東部と中西部の地域格差が拡大した。体制的要因としては，計画経済時代の価格体系が地域の差を拡大し，強者は一層強くなり，弱者は一層弱くなるマタイ効果が生じたとしている（中国共産党中央宣伝部理論局 2010, pp.5-7）。

特に地域の開発の進展に差が出ている。2010年の地域の格差は，西部地域の経済規模は全国の19.31%に過ぎず，西部の1人当たりGDPの最低の都市と東部の最高の都市の差は10倍に達した（中国共産党中央宣伝部理論局 2011 p.100）。2009年に東部，中部，西部と東北地域のGDPの伸び率は10.7%，11.7%，13.4%と12.5%であった（中国共産党中央宣伝部理論局 2010, p.13）。基本的に中国には，環渤海地域・長江デルタ地域・珠江デルタ地域などの最適化開発地域と，冀中南地域・太原都市群

表2-30　中国における地域発展の差のジニ係数（1997～2011年）

年度	ジニ係数	年度	ジニ係数	年度	ジニ係数
1997	0.362	2002	0.293	2007	0.180
98	0.288	03	0.253	08	0.173
99	0.341	04	0.263	09	0.180
2000	0.318	05	0.207	10	0.195
01	0.321	06	0.195	11	0.215

出典：鐘鳳（2014）

表2-31　地域のジニ係数

年度	ジニ係数	年度	ジニ係数	年度	ジニ係数
2000	0.409	2004	0.439	2008	0.469
01	0.403	05	0.447	09	0.473
02	0.433	06	0.496	10	0.489
03	0.439	07	0.481		

出典：彭定贇（2012）

表2-32　地域間の貧富の差の比率

	2004	2005	2006	2007	2008	2009	2010	2011	2012	2013年
比率	10.34	10.51	10.45	9.79	9.71	8.38	7.86	5.54	4.85	4.43

出典：馬影（2014）

などの重点開発地域、農産物の主要生産拠点と重点生態機能地域として386万km²に及び国土面積の40.2%を占める開発制限地域、1443カ所120万km²に及び国土面積の12.5%を占める開発禁止地域があり (中国共産党中央宣伝部理論局 2011, p.104)，差が出るのは当然ともいえる。鐘鳳 (2014) は中国の地域発展の格差のジニ係数が1997年の0.362から2011年の0.215に減少したと分析している。

彭定贇 (2012) によれば、地域のジニ係数は2000年の0.409から06年の0.496へと増加した後に減少に転じ、2010年に0.489となった。

地域間の所得格差は拡大している。地域間の貧富の差は2004年の10.34倍から13年の4.43倍へと大幅に縮小したが、これはあくまでも率の比較であり、絶対的な格差は大きく増加したと考えられる。

地域別の1人当たり可処分所得では、東部が2万5954元で最も多く、東北の1

表2-33　地域別に見た1人当たり可処分所得（単位：元）

	地域合計	都市住民	農村住民
東部	25954.0	33905.4	13144.6
中部	16000.0	24733.3	10011.1
西部	15376.0	24390.6	8295.0
東北	19604.0	25578.9	10802.1

出典：『中国統計年鑑2015』

図2-6　地域別に見た都市世帯の1人当たり可処分所得（単位：元）

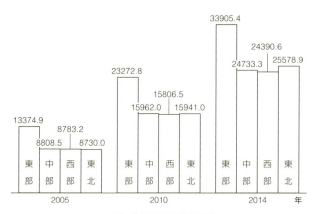

出典：『中国統計年鑑2015』

図 2-7 地域別に見た農村世帯の 1 人当たり総所得（単位：元）

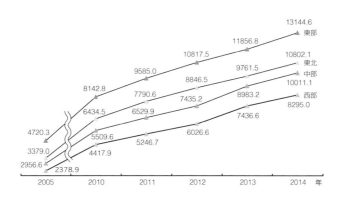

出典：『中国統計年鑑 2015』

万 9604 元がこれに続き，中部が 1 万 6868 元，西部が 1 万 5376 元で最も少ない。

改革開放以降，東部と西部の所得格差は拡大した。1978 年に東部と西部の農村住民の 1 人当たり平均純所得の格差は 44 元だったが，2009 年には 5146 元となった。最高平均賃金は上海が 6 万 6115 元であるのに対して最低水準の黒竜江省は 2 万 7735 元で，その差は 2.38 倍に達した（呉福象・葛和平 2014, p.45）。2009 年に東部の 1 人当たり年間所得は 3 万 8587 元，西部は 1 万 8090 元でその差は約 2 万元だった。省別では，最高の上海市は 1 人当たり年間所得が 7 万 6976 元，最低の貴州省は 9187 元で，その差は 6 万 7789 元だった（中国共産党中央宣伝部理論局 2010, p.4）。

都市世帯の 1 人当たり可処分所得は 2013 年に東部が 3 万 2472 元で最も多く，中部，西部，東北よりも 1 万元ほど高い水準にある。農村世帯の 1 人当たり純所得は，東部が 1 万 2052 元で最も多く，東北 9909 元，中部 8376 元，西部 6833 元であり，東部は西部のほぼ 2 倍となっている。

表 2-34　地域別のジニ係数（2000年と12年の比較）

	ジニ係数（2000年）	ジニ係数（2012年）	ジニ係数の変化率（%）
全　国	0.27	0.22	-18.7
東　部	0.20	0.30	52.1
中　部	0.13	0.10	-23.8
西　部	0.066	0.13	101.2
河　北	0.18	0.21	16.7
山　西	0.24	0.30	25.0
吉　林	0.22	0.12	-45.5
遼　寧	0.32	0.18	-43.8
黒竜江	0.34	0.33	-2.9
陝　西	0.27	0.26	-3.7
甘　粛	0.38	0.37	-2.6
青　海	0.28	0.41	46.4
山　東	0.30	0.24	-20.0
福　建	0.25	0.27	8.0
浙　江	0.19	0.22	15.8
河　南	0.20	0.17	-15.0
湖　北	0.26	0.17	-34.6
湖　南	0.19	0.30	57.9
江　西	0.22	0.25	13.6
江　蘇	0.32	0.23	-28.1
安　徽	0.25	0.33	32.0
広　東	0.49	0.28	-42.9
海　南	0.29	0.17	-41.4
四　川	0.32	0.23	-28.1
貴　州	0.23	0.20	-13.0
雲南省	0.40	0.37	-7.5
内モンゴル	0.24	0.32	33.3
新　疆	0.41	0.40	-2.4
寧　夏	0.35	0.27	-22.9
広　西	0.24	0.22	-8.3
チベット	0.31	0.27	-12.9

出典：王煉・羅守貴（2014）

　各省のジニ係数を見ると，2000年時点で広東省が最も高く0.49だったが12年には0.28だった。一方，青海省は0.28から0.41に増加した。ジニ係数が増加した省は，変化率で見ると河北16.7%，山西25.0%，青海46.4%，湖南57.9%，安徽32.0%，内モンゴル33.3%であった。反面，ジニ係数が減少した省は，同様に，吉林45.5%，遼寧43.8%，山東20.0%，湖北34.6%，江蘇28.1%，広東42.9%，

表 2-35　地域別のジニ係数（2010 年）

東部		中部		西部	
省	ジニ係数	省	ジニ係数	省	ジニ係数
北　京	0.61	山　西	0.47	重　慶	0.46
天　津	0.36	安　徽	0.40	四　川	0.45
河　北	0.38	江　西	0.47	貴　州	0.34
遼　寧	0.46	河　南	0.44	雲　南	0.44
上　海	0.57	湖　北	0.45	チベット	0.28
江　蘇	0.43	湖　南	0.52	陝　西	0.34
浙　江	0.54	内モンゴル	0.44	甘　粛	0.33
福　建	0.53	吉　林	0.35	青　海	0.30
山　東	0.35	黒竜江	0.41	寧　夏	0.33
広　東	0.65			新　疆	0.49
海　南	0.49				
広　西	0.49				

出典：彭定贇（2012）

表 2-36　全国 21 地域のジニ係数（1995年・2001年・10年）

	1995	2001	2010年		1995	2001	2010年
天　津	0.29	0.34	0.36	河　南	0.32	0.37	0.44
山　西	0.37	0.40	0.47	湖　北	0.36	0.36	0.45
内モンゴル	0.25	0.42	0.44	湖　南	0.38	0.40	0.52
遼　寧	0.24	0.28	0.46	広　東	0.37	0.40	0.65
黒竜江	0.25	0.38	0.41	広　西	0.38	0.42	0.49
上　海	0.28	0.31	0.57	重　慶	0.41	0.42	0.46
江　蘇	0.32	0.34	0.43	雲　南	0.40	0.39	0.44
浙　江	0.34	0.37	0.54	陝　西	0.46	0.44	0.34
安　徽	0.34	0.36	0.40	青　海	0.41	0.47	0.30
福　建	0.34	0.37	0.53	新　疆	0.40	0.40	0.49
江　西	0.32	0.36	0.47				

出典：彭定贇（2012）

海南 41.4%，四川 28.1%，寧夏 22.9% であった。

　彭定贇（2012）が『中国統計年鑑』を基に計算した 2010 年の各地域のジニ係数によれば，東部が高く西部は全般的に低い。東部ではジニ係数が広東 0.65，北京 0.61 から山東 0.35 まで分布し，中部は湖南 0.52 から吉林 0.35 まで分布している。西部は新疆 0.49 からチベット 0.28 まで分布している。

表 2-37　中国の各省・市・自治区の最低賃金標準と 1 カ月の最低賃金と平均賃金の比率 (2013 年)

	最低賃金標準施行日	最低月給標準 (元)	最低時給標準 (元)	最低月給と平均月給の比率 (%)
北　京	2013.1.1	1400	15.2	22
天　津	2013.4.1	1500	15.0	32
河　北	2012.12.1	1320	13.0	45
山　西	2013.4.1	1290	14.0	39
内モンゴル	2012.11.1	1200	10.2	35
遼　寧	2013.7.1	1300	13.0	41
吉　林	2013.7.1	1320	11.5	47
黒竜江	2012.12.1	1160	11.0	44
上　海	2013.4.1	1620	14.0	26
江　蘇	2013.7.1	1480	13.0	39
浙　江	2013.1.1	1470	12.0	39
安　徽	2013.7.1	1260	13.0	38
福　建	2013.8.1	1320	14.0	41
江　西	2013.4.1	1230	12.3	44
山　東	2013.3.1	1380	14.5	44
河　南	2013.1.1	1240	11.7	44
湖　北	2013.9.1	1300	14.0	43
湖　南	2012.7.1	1160	11.5	40
広　東	2013.5.1	1550	15.0	41
広　西	2013.2.7	1200	10.5	44
海　南	2012.9.1	1050	9.2	35
重　慶	2012.5.1	1050	10.5	32
四　川	2013.7.1	1200	12.6	39
貴　州	2013.1.1	1030	11.0	34
雲　南	2013.5.1	1265	11.0	45
チベット	2013.1.1	1200	11.0	29
陝　西	2013.1.1	1150	11.5	36
甘　粛	2013.4.1	1200	12.7	45
青　海	2012.12.1	1050	10.6	30
寧　夏	2013.5.1	1300	12.5	37
新　疆	2013.6.1	1520	15.2	48

出典：張波・鄒東濤 (2013)

　では，実際の給与の差はどのくらいだろうか。まず 1 カ月の最低賃金標準はおよそ 1200 〜 1500 元である。1 カ月の最低賃金と平均賃金の比率は 20 〜 50%であった。新疆 48%，吉林 47%，雲南 45%，黒竜江，江西，山東，河南，江西が 44%と高かったのに対し，北京 22%，上海 26%，チベット 29%で低かった。

表 2-38 省・市・自治区別に見た1人当たり可処分所得（2014 年, 単位：元）

	都市住民の1人当たり可処分所得	農村住民の1人当たり可処分所得
全　国	28843.9	10488.9
北　京	48531.8	18867.3
天　津	31506.0	17014.2
河　北	24141.3	10186.1
山　西	24069.4	8809.4
内モンゴル	28349.6	9976.3
遼　寧	29081.7	11191.5
吉　林	23217.8	10780.1
黒竜江	22609.0	10453.2
上　海	48841.4	21191.6
江　蘇	34346.3	14958.4
浙　江	40392.7	19373.3
安　徽	24838.5	9916.4
福　建	30722.4	12650.2
江　西	24309.2	10116.6
山　東	29221.9	11882.3
河　南	23672.1	9966.1
湖　北	24852.3	10849.1
湖　南	26570.2	10060.2
広　東	32148.1	12245.6
広　西	24669.0	8683.2
海　南	24486.5	9912.6
重　慶	25147.2	9489.8
四　川	24234.4	9347.7
貴　州	22548.2	6671.2
雲　南	24299.0	7456.1
チベット	22015.8	7359.2
陝　西	24365.8	7932.2
甘　粛	21803.9	6276.6
青　海	22306.6	7282.7
寧　夏	23284.6	8410.0
新　疆	23214.0	8723.8

出典：『中国統計年鑑 2015』

　各都市の1人当たり可処分所得を見ると，全国的に都市住民の1人当たり可処分所得が2万 8843.9 元であるのに対し，農村住民の1人当たり可処分所得は1万 488.9 元だった。平均以下の都市は，甘粛，チベット，青海，貴州，新疆などである。
　各省における農村と都市の消費水準には 1.5 倍から 3.5 倍の開きがあり，差が大きいのは，チベット自治区や甘粛省などだった。

表 2-39　省・市・自治区別に見た住民の消費水準（2014 年，単位：元）

	全　体	農村住民	都市住民	都市と農村の消費水準 （農村＝1）
北　京	36057.0	20506.0	38515.0	1.9
天　津	28492.0	16949.0	31000.0	1.8
河　北	12171.3	7022.8	17588.7	2.5
山　西	12622.0	7692.0	17189.0	2.2
内モンゴル	19827.0	11070.0	25885.0	2.3
遼　寧	22260.0	12178.0	27282.0	2.2
吉　林	13663.0	7810.0	18549.0	2.4
黒竜江	15215.0	8594.0	20068.0	2.3
上　海	43007.0	22803.0	45352.0	2.0
江　蘇	28316.0	17780.0	34074.0	1.9
浙　江	26885.0	17281.0	32186.0	1.9
安　徽	12944.0	6994.0	19259.0	2.8
福　建	19099.0	11908.0	23642.0	2.0
江　西	12000.0	7420.0	16014.0	2.3
山　東	19184.0	11215.0	25869.0	2.3
河　南	13078.0	7439.0	20111.0	2.7
湖　北	15762.0	8608.0	21854.0	2.5
湖　南	14384.0	7908.0	21227.0	2.7
広　東	24581.7	12674.0	30216.2	2.4
広　西	12944.0	6644.0	20518.0	3.1
海　南	12915.0	8371.0	16823.0	2.0
重　慶	17262.0	7577.0	24000.0	3.2
四　川	13755.0	9092.0	19318.0	2.1
貴　州	11362.0	6620.0	18804.0	2.8
雲　南	12235.0	7116.0	19569.0	2.8
チベット	7204.5	4497.8	15009.2	3.3
陝　西	14812.0	7552.0	21531.0	2.9
甘　粛	10678.0	5661.0	17925.0	3.2
青　海	13534.0	8007.0	19252.0	2.4
寧　夏	15193.0	8454.0	21212.0	2.5
新　疆	12435.0	6859.0	19176.0	2.8

出典：『中国統計年鑑 2015』

業種間の所得格差

　業種間の所得格差も拡大している。この差も深刻である。2009年に労働者の平均賃金は，最高の金融業と最低の農林畜産水産業の間で 4.7 倍の差があった（中国共産

表 2-40　最高水準と最低水準の業種間の所得格差（2003～11年，単位：元）

	2003	2004	2005	2006	2007	2008	2009	2010	2011年
最高所得	32244	34988	40558	44763	49435	61841	70265	80772	91364
最低所得	6969	7611	8309	9430	11086	12958	14911	17345	20393
比　　率	4.63	4.60	4.88	4.75	4.46	4.77	4.71	4.66	4.48

出典：馬影（2014）（2003～06年の最高所得業種は情報通信・ソフトウェアで，2007年は金融業）

党中央宣伝部理論局 2011, p.21)。1978年の最高所得と最低所得の業種間の比率は 2.17：1だったが，2011年には 3.03：1 に上昇した。2012年に平均賃金が最高の金融業は 8万 9743元だったのに対し，最低の農林畜産水産業は 2万 2687元で 3.96：1 となった。世界の国々の 1.5～2倍に比べて差が大きい（呉福象・葛和平 2014, p.45)。

市場を独占している業種（壟断行業）は所得水準が高く，業種間の格差は 25％程度上昇した。独占業種の平均賃金は独占していない業種に比べて 70％高い水準にあり，一方，条件の悪い部門は業種平均の4分の1の水準である。2010年に平均賃金が最も高い業種は金融業，最も低い業種は農林畜産水産業で，差は 4.2倍ある。これに賃金以外の収入を加えると，所得格差は 5～10倍に拡大する（謝治菊 2014, p.77)。私有部門で働く労働者の方が国有企業で働く労働者よりも所得の格差が大きい。私有部門の労働者の時間当たり所得のジニ係数は 0.45 であるのに対し，国有企業の労働者の時間当たり所得のジニ係数は 0.37 である（OECD 2015, p.32)。

本籍地を離れて都市などで生活する流動人口の賃金では，科学研究・技術サービ

表 2-41　流動人口の賃金の業種別順位（上位5位と下位5位）

順位	業種	業種分布（％）	賃金所得（元）
1	科学研究・技術サービス業	1.5	4103
2	金融・保険・不動産	1.2	3889
3	教育文化	1.0	3321
4	卸小売業	17.9	3274
5	党・政府	0.2	2996
11	宿泊・飲食業	10.0	2356
12	衛生	1.2	2320
13	社会サービス業	8.8	2240
14	製造業	39.6	2196
15	農林畜産水産業	1.0	1821

出典：連玉明（2014 c）

ス業の賃金所得が最も高く4103元で、金融・保険・不動産業が3889元、教育文化が3321元だった。一方、最も賃金所得が少ない業種は農林畜産水産業で1821元、製造業が2196元、社会サービス業が2240元だった。最高賃金と最低賃金には約2倍以上の差がある。

民族間の格差

中国には漢族以外に55の少数民族が公式に認められている。実際には、それよりはるかに多くの少数民族が存在する。55のうち28の少数民族の人口は30万人以下で、全て合計しても169.5万人ほどである (黄瑞芹 2015, p.163)。中国の少数民族は歴史的に経済発展に格差があり、1840年以降、帝国の侵略を受けて資本階級が帝国主義に同調する中で植民統治の状態にあった。また改革開放以降は東部地域に投資が集中したため、少数民族地域は取り残された。地理的に少数民族の居住地域はへき地または高地が多いためだ (李華興・徐晶晶・孔令先 2014, p.352)。国家統計局が2010年に発表した農村貧困資料によると、少数民族の貧村の78.2％が山間にある (黄瑞芹

表 2-42　少数民族が分布する主な地域と人口（次頁に続く）

名称	漢字	英語名称	主な居住地域	人口
モンゴル族	蒙古族	Mongolian	内モンゴル、遼寧、吉林、河北、黒竜江、新疆	5,981,840
ホウェイ族	回族	Hui	※（次ページ表下参照）	10,586,087
チベット族	蔵族	Tibetan	チベット、四川、青海、甘粛、雲南	6,282,187
ウイグル族	維吾爾族	Uygur	新疆	10,069,346
ミャオ族	苗族	Miao	貴州、湖南、雲南、広西、重慶、湖北、四川	9,426,007
イ族	彝族	Yi	雲南、四川、貴州	8,714,393
チワン族	壮族	Zhuang	広西、雲南、広東	16,926,381
プイ族	布依族	Bouyei	貴州	2,870,034
朝鮮族	朝鮮族	Korean	吉林、黒竜江、遼寧	1,830,929
満洲族	満族	Manchu	遼寧、河北、黒竜江、吉林、内モンゴル、北京	10,387,958
トン族	侗族	Dong	貴州、湖南、広西	2,879,974
ヤオ族	瑶族	Yao	広西、湖南、雲南、広東	2,796,003
ペー族	白族	Bai	雲南、貴州、湖南	1,933,510
トゥチャ族	土家族	Tujia	湖南、湖北、重慶、貴州	8,353,912
ハニ族	哈尼族	Hani	雲南	1,660,932

第2章 中国における経済の格差

表 2-42 少数民族が分布する主な地域と人口（前頁から続く）

名　称	漢字	英語名称	主な居住地域	人　口
カザフ族	哈薩克族	Kazak	新疆	1,462,588
ダイ族	傣族	Dai	雲南	1,261,311
リー族	黎族	Li	海南	1,463,064
リス族	傈僳族	Lisu	雲南，四川	702,839
ワ族	佤族	Va	雲南	429,709
シェ族	畲族	She	福建，浙江，江西，広東	708,651
カオシャン族	高山族	Gaoshan	台湾，福建	4,009
ラフ族	拉祜族	Lahu	雲南	485,966
スイ族	水族	Shui	貴州，広西	411,847
ドンシャン族	東郷族	Dongxiang	甘粛，新疆	621,500
ナシ族	納西族	Naxi	雲南	326,295
チンポー族	景頗族	Jingpo	雲南	147,828
キルギス族	柯尓克孜族	Kirgiz	新疆	186,708
トゥ族	土族	Tu	青海，甘粛	289,565
ダウール族	達斡尓族	Daur	内モンゴル，黒竜江	131,992
ムーラオ族	仫佬族	Mulam	広西	216,257
チャン族	羌族	Qiang	四川	309,576
プーラン族	布朗族	Blang	雲南	119,639
サラール族	撒拉族	Salar	青海	130,607
マオナン族	毛南族	Maonan	広西	101,192
コーラオ族	仡佬族	Gelao	貴州	550,746
シベ族	錫伯族	Xibe	遼寧，新疆	190,481
アチャン族	阿昌族	Achang	雲南	39,555
プミ族	普米族	Pumi	雲南	42,861
タジク族	塔吉克族	Tajik	新疆	51,069
ヌー族	怒族	Nu	雲南	37,523
ウズベク族	烏孜別克族	Ozbek	新疆	10,569
オロス族	俄羅斯族	Russian	新疆，黒竜江	15,393
エベンキ族	鄂温克族	Ewenki	内モンゴル	30,875
トーアン族	徳昂族	De'ang	雲南	20,556
パオアン族	保安族	Bonan	甘粛	20,074
ユグル族	裕固族	Yugur	甘粛	14,378
ジン族	京族	Jing	広西	28,199
タタール族	塔塔尓族	Tatar	新疆	3,556
トーロン族	独竜族	Drung	雲南	6,930
オロチョン族	鄂倫春族	Orogen	黒竜江，内モンゴル	8,659
ホジェン族	赫哲族	Hezhen	黒竜江	5,354
メンパ族	門巴族	Moinba	チベット	10,561
ローパ族	珞巴族	Lhoba	チベット	3,682
ジーヌオ族	基諾族	Jino	雲南	23,143

出典：『中国統計年鑑 2015』　※寧夏，甘粛，河南，新疆，青海，雲南，河北，山東，安徽，遼寧，北京，内モンゴル，天津，黒竜江，陝西，貴州，吉林，江蘇，四川

表 2-43　各省の少数民族の人口（2013 年）

	地級【日本の県に相当】の自治区	県級【日本の市に相当】の自治区	自治区の人口(万人)	少数民族の人口(万人)	少数民族が自治区の人口に占める割合(%)
全　国	77	705	18315.96	9017.70	49.23
河　北		6	209.10	125.92	60.22
内モンゴル	12	102	2498.00	547.81	21.93
遼　寧		8	331.28	176.18	53.18
吉　林	1	11	326.42	112.75	34.54
黒竜江		1	24.81	5.16	20.80
浙　江		1	17.34	1.94	11.16
湖　北	1	10	465.94	265.05	56.88
湖　南	1	15	524.01	403.98	77.09
広　東		3	49.85	18.52	37.15
広　西	14	110	4719.00	2004.00	42.47
海　南		6	179.66	92.99	51.76
重　慶		4	275.44	205.65	74.66
四　川	3	51	769.55	469.20	60.97
貴　州	3	46	1753.73	951.95	54.28
雲　南	8	78	2271.56	1285.69	56.60
チベット	7	74	312.00	304.04	97.45
甘　粛	2	21	283.73	163.13	57.49
青　海	6	35	371.97	218.95	58.86
寧　夏	5	22	668.57	258.24	38.63
新　疆	14	101	2264.00	1406.57	62.13

出典：『中国統計年鑑 2015』

2015, p.163)。自然資源に恵まれた地域であっても資源の大半は中央が独占し，地元には恩恵が行き渡らない。代表的な例でウイグル族が居住する新疆の場合，石油・ガスなど黒色産業や綿花など白色産業が発展してきたが，その恩恵は地元には還元されず，格差が拡大して対立が激しくなっている。

　中国共産党が統治を始めた頃の中国の少数民族人口は約 3560 万人だった。約 2000 万人の地域は封建領主制度下にあり，約 1000 万人の地域は封建領主制度から抜け出した。約 400 万人の地域は封建農奴制，約 100 万人の地域は奴隷制の社会経済体制，約 70 万人の地域は原始共同体であった（李資源ほか 2014, pp.71-76）。

　中国共産党が権力を握る前は，広西チワン族自治区の場合，農村人口の 50％に当たる小作農が 13％の土地を耕作し，農村人口の 5％に当たる地主が 40％の耕地を保有していた。新疆ウイグル自治区では，農村人口の 8％に当たる地主が 60 〜 70％の土地を保有していた。牧畜地域の人口の 10％にあたる牧畜事業主がその地域の 70

〜80％の家畜を所有していた。内モンゴルでは農村人口の10％に当たる地主が土地の70〜80％を所有し，90％に当たるモンゴル族や漢族の農民は土地の20〜30％を所有していた（李資源ほか 2014, pp.71-72）。封建奴隷制のチベット自治区では，人口の5％未満の官僚，貴族，寺院，上層部の僧侶が土地を全て所有していた。内訳は，官僚が30.9％，貴族29.6％，寺院と上層部の僧侶が39.5％である（李資源ほか 2014, p.72）。中国共産党は少数民族地域に変化をもたらしたが，格差と貧困は依然として続いている。

　1979年の国務院会議は，江西，雲南，チベット，新疆，内モンゴル，寧夏，青海，甘粛の8の少数民族地域に対し，一般の地域の財政と異なり補助金を多く支給することを決定し，1980年から89年まで中央政府が少数民族地域に定額の補助を行い，その額は毎年10％増加した（李資源ほか 2014, p.266）。1979年以降，少数民族地域でも農業生産責任制が施行され，80年までに「包産到戸」【農家単位で生産し，生産量に応じて比例分配を行う】，「包干到戸」【農家単位で生産し，国へ上納した残りを農家の取り分とする】生産責任制に転換された。責任制を施行する生産隊が生産隊全体に占める比率は，寧夏51.9％，内モンゴル40.1％，チベット39.2％，広西35.7％，新疆33.3％であった。1981年末には包産到戸と包干到戸の農家が50％を超えた（李資源ほか 2014, p.268）。『中国統計年鑑』の1989年の記述では，食糧生産量が低い地域が少数民族地域にあり，少数民族の20％は温飽問題を解決できなかった。1988年時点で少数民族は国土の63.8％に及ぶ地域に居住するが，人口は全人口の13.3％にすぎず，工業総生産も全体の4.5％にとどまっていた（盛杰 1994, p.66）。五つの少数民族自治区の1988年の農工業総生産は，内モンゴル354.03億元，寧夏63.66億元，新疆257.55億元，チベット14.20億元，広西440.76億元で，1人当たり所得は内モンゴル701元，寧夏664元，新疆853元，チベット598元，広西519元だった（盛杰 1994, p.67）。

　「2011年中国農村貧困モニタリング報告」によれば，2006〜10年に全国の農村貧困人口に占める少数民族の比率は，2006年44.5％，07年52.2％，08年52.5％，09年54.3％，10年55.1％であった。国家統計局が31の省市で7.4万の農村世帯を対象に行った調査によれば，2013年に少数民族8省の農村貧困人口は2562万人で，農村人口に占める比率，すなわち貧困発生率は17.1％であった。全国の農村貧困人口の31.1％を占めていた。貧困の発生率で見ると，少数民族の8省

が全国より 8.6 ポイント高い。少数民族の多い 8 省の農村貧困人口が全国に占める比率は 31.1％で，郷村人口が全国に占める比率の 15.4％の倍に当たる。特に，広西，貴州，雲南の 3 省が深刻で，3 省の農村貧困人口は 2040 万人，8 の省市の農村貧困人口の 79.6％を占め，全国の農村貧困人口の 4 分の 1 を占めている（竜玉其 2015, p.61）。しかし，2011 〜 13 年に少数民族地域の貧困人口と貧困発生率は減少した。少数民族地域 8 省の貧困人口が全国貧困人口に占める比率は 32.0％から 31.1％に減少し，少数民族地域 8 省の貧困発生率は 2011 年の 26.5％から 13 年の 17.1％へと減少した（竜玉其 2015, p.66）。ただし，少数民族地域と全国の農村を比較すると 2010 年に全国の農村貧困人口は 2688 万人，貧困発生率が 2.8％であったのに対し，少数民族の多い 8 省の農村貧困人口は 1034 万人で全国の 38.5％を占め，貧困発生率は 7％であり（黄瑞芹 2015, p.168），農村においても少数民族地域の貧困発生率が高い。

第3章

中国における
格差の光と影

経済転換時の停滞なき成長

中国は他の社会主義国家とは異なり、経済転換 (transition economy) 時の停滞を経験していない。この点は大きな違いだ。転換時の停滞とは、自由化や私有化への移行期に経済が長期間低迷する現象である。中欧・東欧諸国や独立国家共同体 (CIS)【ソ連崩壊により独立した15カ国のうちバルト三国を除く12カ国のゆるやかな連合体】諸国は転換の過程で経済が停滞して GDP【Gross Domestic Product, 国民総生産】が下落し、移行前の水準を回復するのに 5 年から 20 年かかっている。転換が始まった 1989 年を 100 としたとき、停滞以降、その水準を回復するまでにハンガリーは 11 年、ポーランドは 7 年かかった。中央アジア諸国は 2000 年代に入りようやく本来の水準を取り戻した。1989 年あるいは 90 年の GDP を 100 としたときに、2003 年に中国とベトナムの GDP は増加し中国が 455.6、ベトナムが 325.4 だったが、中欧 5 カ国は 122.3、東欧 15 カ国が 108.1、独立国家共同体 11 カ国は 74.5 だった。

中国とベトナムの場合、改革を進めるに当たり衝撃を回避して漸進的方法を取ったため、移行期の停滞をまぬがれたと評価できる。すなわち、下からの改革というより上からの改革を進めたため、急進的な方法を選んだ他の国々とは異なり、停滞なき経済

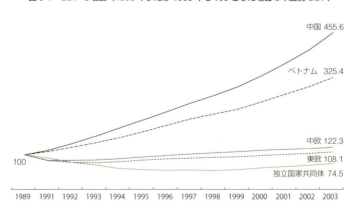

図 3-1　GDP の増加（1990 年または 1989 年を 100 とした場合の年度別 GDP）

出典：UNECE（2004）ベトナムと中国は 1990 年、その他の地域は 1989 年基準

成長を続けることができた。

中国は1978年のGNI【Gross National Income, 国民総所得】とGDPを100とした場合, 2013年にGNIが2596.1, GDPが2608.6だった。GNIやGDPが約26倍に増加したことになり, 1人当たりGDPは1978年を100とした場合, 2013年に1837.5

表3-1 指数化した中国のGDP・GNI（1978年＝100）

	GNI	GDP	第1次産業	第2次産業	第3次産業	1人当たりGDP
1978	100.0	100.0	100.0	100.0	100.0	100.0
79	107.6	107.6	106.1	108.2	107.9	106.1
80	116.0	116.0	104.6	122.9	114.3	113.0
81	122.0	122.1	111.9	125.2	126.2	117.5
82	133.3	133.1	124.8	132.1	142.6	126.2
83	148.2	147.6	135.1	145.8	164.3	137.9
84	170.8	170.0	152.6	166.9	196.0	156.8
85	193.4	192.9	155.4	197.9	231.7	175.5
86	209.9	210.0	160.5	218.2	259.6	188.2
87	234.1	234.3	168.1	248.1	296.8	206.6
88	260.6	260.7	172.3	284.1	335.9	226.3
89	271.4	271.3	177.6	294.8	353.9	231.9
90	282.5	281.7	190.7	304.1	362.1	237.3
91	308.2	307.6	195.2	346.3	394.3	255.6
92	351.5	351.4	204.4	419.5	443.3	288.4
93	399.6	400.4	214.0	502.8	497.4	324.9
94	452.0	452.8	222.6	595.2	552.5	363.3
95	494.2	502.3	233.7	677.7	606.9	398.6
96	544.5	552.6	245.6	759.8	664.1	433.9
97	596.9	603.9	254.2	839.4	735.3	469.4
98	640.6	651.2	263.1	914.2	796.8	501.4
99	691.5	700.9	270.5	988.6	871.2	534.9
2000	750.6	759.9	277.0	1081.8	956.1	575.5
01	811.1	823.0	284.8	1173.1	1054.2	618.7
02	888.5	897.8	293.0	1288.4	1164.2	670.4
03	981.6	987.8	300.3	1451.7	1274.9	733.1
04	1084.5	1087.4	319.3	1613.0	1403.1	802.2
05	1201.7	1210.4	336.0	1807.9	1574.7	887.7
06	1361.2	1363.8	352.8	2050.0	1797.3	994.7
07	1560.5	1557.0	366.0	2358.8	2084.6	1129.6
08	1717.8	1707.0	385.6	2591.8	2301.4	1232.1
09	1861.1	1864.3	401.8	2849.4	2521.5	1339.0
10	2050.0	2059.0	418.9	3198.4	2767.5	1471.7
11	2228.9	2250.5	436.8	3527.4	3028.0	1600.9
12	2416.9	2422.7	456.6	3806.6	3272.0	1715.1
13	2596.1	2608.6	474.9	4105.3	3542.6	1837.5

出典：中国国家統計局

表 3-2 中国の GDP 成長率（単位：％）

年度	GDP 成長率	年度	GDP 成長率	年度	GDP 成長率	年度	GDP 成長率
1995	9.4	2000	8.6	2005	10.9	2010	10.3
96	10.1	01	8.1	06	13.3	11	8.9
97	9.6	02	9.5	07	14.7	12	8.5
98	7.3	03	10.5	08	10.1	13	7.1
99	7.9	04	10.5	09	8.4	14	7.8

出典：中国国家統計局（検索日 2015.1.16）

へと約 18 倍に増加した。特に第 2 次産業と第 3 次産業の成長が目立つ。1978 年の第 2 次産業と第 3 次産業を 100 とした場合，2013 年にそれぞれ 4105.3，3542.6 となり，ほぼ 35 〜 40 倍に増加した。一方，第 1 次産業は 2013 年に 474.9 で，4.7 倍の増加にとどまった。

中国は高い経済成長率を示したという点で他の国と異なる。中国は 1995 〜 2010 年の間，年 GDP 成長率が 9.9％を記録した。GDP 成長率は 1995 年 9.4％，2000 年 8.6％，05 年 10.9％，10 年 10.3％，14 年 7.8％であった。

このように高い経済成長率は，他のポスト社会主義国家が改革初期にマイナス成長となったこととは対照的だ。スロバキア −14.6％ (1991)，ポーランド −11.6％ (1990)，チェコ −11.5％ (1991)，ハンガリー −11.9％ (1991)，カザフスタン −12.6％ (1994)，キルギスタン −20.0％ (1994)，タジキスタン −29.0％ (1992)，トルクメニスタン −26.1％ (1997)，ウズベキスタン −11.0％ (1992) であった (Gabrisch and Hölscher 2006, p.14)。一方，中国はほぼ 10％台の成長率を記録している。ただし，GDP 成長率は 2011 〜 15 年の 8.6％から 2026 〜 30 年には 5％に減少するとの見通しもある (World Bank and DRC 2013, p.8)。消費が経済成長を牽引することから，中国の人口社会的要因が重要となる。

人口の強み

中国の人口は 2014 年に 13.7 億人に達した。最近まで中国は産児制限政策を推進し，食糧消費人口を減らす政策を進めてきた。マルサスの罠（Malthusian trap）の論理のように人口は幾何級数的に増加するのに対して食糧は算術級数的に増加するため，

人口を増やさない方向で政策を推進したのである。現代のアフリカ社会でも飢饉や自然災害に直面した際に，働けなくなった高齢者を魔女扱いして口減らしをする事態が起きた。タンザニアでは，1970～88年に魔女とされた3072人が死んだが，そのうち80％は女性で，年齢は50～60歳で平均寿命の51歳より上だった (Miguel 2005, p.1157; 李養浩 2013, p.187)。こうした事件は過去の欧州の魔女狩りや韓国にあったうば捨てと同じ流れで，口減らしをして残りの人々を飢えから逃れさせるという社会経済的な要請に基づく現象である。しかし，中国では最近，子どもを二人まで認めるなど人口減少を抑制する政策を取り始めており，隔世の感がある。

人口の増加は，マルサスの理論が示すように食糧問題を発生させるが，それを解決できれば急速な経済成長を達成できる。そのため，経済成長の主要な要因でもある。人口が増加して労働生産性が増加すれば貯蓄率と購買力が高まり，消費水準が向上し，企業が活性化し，国の税収は増加する。新華社通信が2005年7月に使用した図に「水道水1滴×13億の人口＝貯水池（水庫）」というものがあった。水道口から落ちる水はたった1滴でも13億の人口を掛ければ貯水池ほどの大きさになるように，1人当たり生産性に13億の人口を掛ければ大きな経済規模になるという論理だ。もちろんこの論理を分配の観点から見れば，貯水池ほどの大量の水も13億の人口に分配すれば1滴ずつにしかならないという逆の論理も可能だ (李養浩 2005, p.40)。

実際，中国は鄧小平の改革によって1980年代初めに食糧問題を基本的に解決したことが基盤となり，郷鎮企業などを通じて労働力を農業から工業に移動させた。全般的に安価な労働力が大きな役割を果たした。特にグローバル化以降の国際競争においてそれが強みとなり，中国経済が発展することができた。特に15～64歳の人口が1980年代の約60％から2000年代には約70％に増加し，高い経済成長率を牽引した。世界銀行は中国の発展をキャッチアップ局面 (catch-up phase) と人口ボーナス (demographic dividend) によるものと分析している。

中国は膨大な人口にもかかわらず，働き手不足と就職難が続いている点を中央宣伝部は認識している。求人が難しい「招工難」は，賃金の安い仕事を避ける就職難の裏返しでもある。予測によれば第12次5カ年計画の期間に中国の労働年齢人口は過去最高の9.97億人に達した。都市には就職を希望する労働力が毎年平均2500万人いるが，毎年1300万以上が働き口を見つけられない。さらに，農村には1億人近

表 3-3 年齢別人口割合と従属人口比率

年度	総人口(億人)	0-14歳(%)	15-64歳(%)	65歳以上(%)	従属人口比率(%)	小児(%)	老人(%)
1982	10.1654	33.6	61.5	4.9	62.6	54.6	8.0
87	10.9300	28.7	65.9	5.4	51.8	43.5	8.3
90	11.4333	27.7	66.7	5.6	49.8	41.5	8.3
91	11.5823	27.7	66.3	6.0	50.8	41.8	9.0
92	11.7171	27.6	66.2	6.2	51.0	41.7	9.3
93	11.8517	27.2	66.7	6.2	49.9	40.7	9.2
94	11.9850	27.0	66.6	6.4	50.1	40.5	9.5
95	12.1121	26.6	67.2	6.2	48.8	39.6	9.2
96	12.2389	26.4	67.2	6.4	48.8	39.3	9.5
97	12.3626	26.0	67.5	6.5	48.1	38.5	9.7
98	12.4761	25.7	67.6	6.7	47.9	38.0	9.9
99	12.5786	25.4	67.7	6.9	47.7	37.5	10.2
2000	12.6743	22.9	70.1	7.0	42.6	32.6	9.9
01	12.7627	22.5	70.4	7.1	42.0	32.0	10.1
02	12.8453	22.4	70.3	7.3	42.2	31.9	10.4
03	12.9227	22.1	70.4	7.5	42.0	31.4	10.7
04	12.9988	21.5	70.9	7.6	41.0	30.3	10.7
05	13.0756	20.3	72.0	7.7	38.8	28.1	10.7
06	13.1448	19.8	72.3	7.9	38.3	27.3	11.0
07	13.2129	19.4	72.5	8.1	37.9	26.8	11.1
08	13.2802	19.0	72.7	8.3	37.4	26.0	11.3
09	13.3450	18.5	73.0	8.5	36.9	25.3	11.6
10	13.4091	16.6	74.5	8.9	34.2	22.3	11.9
11	13.4735	16.5	74.4	9.1	34.4	22.1	12.3
12	13.5404	16.5	74.1	9.4	34.9	22.2	12.7
13	13.6072	16.4	73.9	9.7	35.3	22.2	13.1
14	13.6782	16.5	73.4	10.1	36.2	22.5	13.7

出典:『中国統計年鑑 2015』

い余剰労働力があり,毎年 800～900 万人が就職口を必要としており,就業圧力が長期的に存在している (中国共産党中央宣伝部理論局 2011, p.55)。もし経済が正常に成長するという条件下であれば毎年 1200 万人が就職することができる。しかし労働力の供給が需要よりも大きい上,新たに供給される労働力もあり,2010 年に人的資源市場の新たな労働力は 1500 万人に達する。中学校・高校の卒業生は 630 万人を超えている (中国共産党中央宣伝部理論局 2010, p.21)。一方,2億人の農民工【農村出身の出稼ぎ労働者】は多くの工作単位【職場に相当。都市住民の労働力や社会福祉など,生活の一切を提供する】で不安定な状況にある (中国共産党中央宣伝部理論局 2010, p.21)。

このように労働力は過剰だが,働き口はたくさんある。第 11 次 5 カ年計画の間,

都市では新たに5700万人が就職し、都市で登録された失業率は4.3％以内であった。第12次5カ年計画の時期には第11次に比べて新たな労働力が毎年100万人必要とされた（中国共産党中央宣伝部理論局 2011, p.57）。一方で、高い技術を持つ人材が必要な職場に、単純な能力しか持たない人が就職することは難しい。特に中国で就職が難しいのは、「4050人員」、高齢者、障害者、最低生活保障対象者だ。「4050人員」とは、失業者として登録された人のうち満40歳以上の女性または満50歳以上の男性で、本人は就職を切に希望しているが特別な技術がないため労働市場での競争力が低く、就職が困難な労働者を意味している。失業者の28.7％を占める全国の「4050」は300万人ほどいる（中国共産党中央宣伝部理論局 2010, p.33）。単純労働しかできないにもかかわらず、低賃金の仕事には就こうとしないため、求人が多いのに失業も残存するという現象が起きている。

さらに、労働人口の成長率も次第に低下し、労働生産性の伸び率も次第に低下すると予想されている。今後中国が人口をどのように維持するかによって中国の成長がどのように続くのかが決まるだろう。

問題は中国が豊かになる前に老いることだ。今後20年間で高齢者の従属人口比率 (dependency rate) は2倍に増加する。中国の従属人口比率は、現在、ノルウェーやオランダの水準に達している（World Bank and DRC 2013, p.16）。

中国のGDP成長率は、2011～15年の8.5％から2026～30年の5％へと低下

表3-4　中国の成長パターン

指標	1995～2010	2011～15	2016～20	2021～25	2026～30
GDP成長率（年％）	9.9	8.6	7.0	5.9	5.0
労働成長率（％）	0.9	0.3	−0.2	−0.2	−0.4
労働生産性の伸び（％）	8.9	8.3	7.1	6.2	5.5
経済構造（年末, ％）					
投資/GDP比率	49.0	42.0	38.0	36.0	34.0
消費/GDP比率	47.0	56.0	60.0	63.0	66.0
産業/GDP比率	46.7	43.8	41.0	38.0	34.6
サービス/GDP比率	43.1	47.6	51.6	56.1	61.1
農業雇用シェア	36.7	30.0	23.7	18.2	12.5
サービス雇用シェア	34.6	42.0	47.6	52.9	59.0

出典：World Bank and DRC (2013)

すると予想されている (World Bank and DRC 2013, p.8)。また，所得の格差は過去 20 年間拡大してきたが，拡大が止まって縮小が始まると予想される。都市と農村，内陸と沿岸部の格差も縮小に向かう見通しで，都市と農村については 2010 年の 3.2：1 から 2030 年の 2.4：1 へと減少すると予想している (World Bank and DRC 2013, pp.8-9)。

しかし現在は，人口は多いものの消費性向が低いので，まだ希望が持てる。途上国の世帯の消費性向は平均 80％で，インドの世帯では 60％に達するのに対し，中国では 40％未満である。従って消費が拡大する余地が残されている。計量分析によれば，中国の消費性向が 1％上昇するたびに GDP は 1.5～2.7％引き上げられる。貯蓄大国，投資大国から消費大国に転換することが求められる。それが中国の健全な発展の推進力になるだろう (楊瑞竜 2014, p.52)。

都市化

中国の経済成長を導いたのは都市化であり，これからも都市化が中国経済の成否を握るといっても過言ではない。都市化率とは全人口のうち，都市で生活する人口の割合をいう。都市化には城鎮化と城市化がある。城鎮化は中小都市における都市化，城市化は大都市における都市化を意味する (Wallace 2014, p.215)。ここでは「都市化」という用語を共通して使用する。発展途上国と先進国の都市化率の差はおよそ 30～40％に達する。発展途上国ではおよそ 30～40％の人口が都市で生活するのに対し，先進国では 70～80％の人口が都市で生活する。発展途上国が先進国に成長すれば，都市化率も上昇する。

中国の都市の数は 1949 年に 79 だったが 1979 年に 216，2013 年に 658 へと増加した。戸籍人口が 100 万人を超える都市は 1952 年に 9，1979 に 16，2012 年に 235 へと増加した (王小魯 2014a, p.112)。地級以上の都市は 2014 年に 292 を数え，400 万人以上が 17 都市，200～400 万人が 35 都市，100～200 万人が 91 都市，50～100 万人が 98 都市，20～50 万人が 47 都市，20 万人以下が 4 都市となった (『中国統計年鑑』)。

都市化率は 1978 年の 17.9％から 2007 年の 45.9％へと増加し，27.0 ポイント増

表 3-5　中国の総人口と都市・農村人口の割合（単位：人，%）

年度	総人口	都市	農村	年度	総人口	都市	農村
1949	5億4167万	10.64	89.36	1990	11億4333万	26.41	73.59
50	5億5196万	11.18	88.82	91	11億5823万	26.94	73.06
51	5億6300万	11.78	88.22	92	11億7171万	27.46	72.54
55	6億1465万	13.48	86.52	93	11億8517万	27.99	72.01
60	6億6207万	19.75	80.25	94	11億9850万	28.51	71.49
65	7億2538万	17.98	82.02	95	12億1121万	29.04	70.96
70	8億2992万	17.38	82.62	96	12億2389万	30.48	69.52
71	8億5229万	17.26	82.74	97	12億3626万	31.91	68.09
72	8億7177万	17.13	82.87	98	12億4761万	33.35	66.65
73	8億9211万	17.20	82.80	99	12億5786万	34.78	65.22
74	9億0859万	17.16	82.84	2000	12億6743万	36.22	63.78
75	9億2420万	17.34	82.66	01	12億7627万	37.66	62.34
76	9億3717万	17.44	82.56	02	12億8453万	39.09	60.91
77	9億4974万	17.55	82.45	03	12億9227万	40.53	59.47
78	9億6259万	17.92	82.08	04	12億9988万	41.76	58.24
79	9億7542万	18.96	81.04	05	13億0756万	42.99	57.01
80	9億8705万	19.39	80.61	06	13億1448万	44.34	55.66
81	10億0072万	20.16	79.84	07	13億2129万	45.89	54.11
82	10億1654万	21.13	78.87	08	13億2802万	46.99	53.01
83	10億3008万	21.62	78.38	09	13億3450万	48.34	51.66
84	10億4357万	23.01	76.99	10	13億4091万	49.95	50.05
85	10億5851万	23.71	76.29	11	13億4735万	51.27	48.73
86	10億7507万	24.52	75.48	12	13億5404万	52.57	47.43
87	10億9300万	25.32	74.68	13	13億6072万	53.73	46.27
88	11億1026万	25.81	74.19	14	13億6782万	54.77	45.23
89	11億2704万	26.21	73.79				

出典：『中国統計年鑑 2015』

加した。年平均 0.9 ポイント増加したことになる。都市化に工業化が重なり，都市の就業者数が増して 1978 ～ 2007 年に都市就業人口は 1978 年の 23.7% から 2007 年には 38.1% へと増加した。一方，農村の労働力が都市に移動するにつれて農村の就業人口の割合は 1978 年の 76.3% から 2007 年の 61.9% へと低下した（国家統計局「改革開放 30 年報告之一：大改革大開放大発展」）。

　中国はもともと農業社会で，1949 年の都市人口は全人口の 10.6% にすぎなかった。1978 年に改革開放を始めた頃の都市人口は 17.9% にすぎなかった。それが 1990 年に 26.4%，2000 年に 36.2%，14 年に 54.7% へと増加した。

　都市化は経済成長を牽引する。王思睿（2001, pp.73-74; 李養浩 2005, pp.41-42）によれば，9 億人の農業人口の 1 人当たり生産額を 4000 元，3 億人の都市住民の 1 人当

表 3-6　新しい都市化の主な目標

	指標	2012 年 (%)	2020 年 (%)
都市化水準	常住人口に基づく都市化率	52.6	60.0
	戸籍人口に基づく都市化率	35.3	45.0
	農民工の子が義務教育を受ける割合	≧99	≧99
公共サービス	城鎮【小都市】常住人口の基本養老保険カバー率	66.9	≧90
	城鎮常住人口の基本医療保険カバー率	95.0	98.0
	城鎮常住人口の保障性住宅カバー率	12.5	≧23
	城鎮の公共水道の普及率	81.7	90.0
基礎施設	城市【大都市】の汚水処理率	87.3	95.0
	城市の生活ごみの無害化処理率	84.8	95.0
	城市の総合サービスカバー率	72.5	100.0
	城市の1人当たり建設用地 (㎡)	≦100	≦100
	城市の再生エネルギー消費率	8.7	13.0
自然環境	城鎮のエコ建築が新規建築に占める割合	2.0	50.0
	城市の緑地率	35.7	38.9
	地級以上の城市における大気の質の国際標準適合率	40.9	60.0

出典：連玉明（2014c）

たり生産額を2万元とした場合、総生産額は9.6兆元となるが、農民の1人当たり生産性が2％増加し、都市住民の1人当たり生産性が10％増加すれば、総生産は10.272兆元となる。労働生産性は年7％増加することになる。都市化率が2％増加し、農民と都市住民の生産がそれぞれ2％、9％増加すると仮定すれば、総生産額は10.318兆元となり、労働生産性は年7.48％増加する。もし都市と農村共に1人当たり生産性が増加しないと仮定した場合には、都市化レベルが0.5％増加すれば総生産と労働生産性は1％増加する。このような王思睿の論理に基づけば、都市化は依然として経済成長を牽引することができる。

　基本的に農村で働くときの労働生産性と都市で働くときの労働生産性を比較してみれば、都市にいる方が少なくとも2～3倍、労働生産性が増加する。従って発展途上国の場合、先進国との差である30～40％の人口が都市に移住すると仮定し、労働生産性に人口を掛ければ経済規模は大きく拡大すると考えられる。現在の中国の都市化率は約55％である。先進国水準の70～80％に近づくならば、今後、全人口の15～20％が都市人口に加わるだろう。

　都市化は経済成長を牽引し、地域間の格差を抑制してきた側面がある。しかし依然

として戸籍制度が自由な移動を阻んでいる。

グローバル化

　グローバル化と格差の関係について，フリードマン（Thomas Friedman）は著書『フラット化する世界（The World is Flat）』の中で，グローバル化によって国家がなくなり世界はフラットになる，つまり格差が解消するだろうと述べた。一方，ロドリック（Dani Rodrik）は，『グローバリゼーション・パラドクス（The Globalization Paradox）』の中でグローバル化はむしろ不公平な社会をもたらすと主張している（李養浩 2013, pp.58-59）。

　グローバル化と関連し，ストルパー・サミュエルソン定理（Stolper-Samuelson theorem）によれば，グローバル化は先進国では格差を増加させ，発展途上国では格差を減少させるという。2つの国家間で関税率下落によって自由貿易が増加すれば，単純労働者の多い発展途上国では単純労働者の賃金が上昇し，先進国の高技能労働者の賃金が減少するため格差は減少する（IMF 2007, p.142; 李養浩 2013, pp.69-70）。

　多くの研究者はグローバル化の中で1980年代以降，大半の国家で国家内（within-country）の格差が増加したと見ており，中国など中央計画経済から市場経済に転換した国において格差が急増したのはグローバル化の代表的なトレンドだとの見方もある（Hung and Kucinskas 2011, p.1479）。

　グローバル化が格差をもたらすのは，市場自体に格差の芽が潜在しており，各国の経済力に差があるためだ。また，発展途上国は経済のグローバル化の需要を満たすことができない構造を持っているためだ（段会娟・劉卓林 2002, p.90）。

　中国は2001年WTO【World Trade Organization, 世界貿易機関】に加入し，世界的な強大国の基礎を固めた。世界経済に仲間入りし，世界経済の第2位に発展するきっかけをつくった。

　所得格差の要因の一つがまさにグローバル化である。グローバル化の恩恵は国家間で公平に配分されるのではない。世界はグローバル化の中で5つのグローバルな「流れ（flows）」によって相互に連携する。情報技術，貿易，投資金融，生産，移住である（Keeley 2015, p.43）。

キーリー (Keeley 2015, pp.43-44) によれば，ラッダイト活動家 (Luddites) が認めたように，技術進歩が起きるたびに勝者と敗者をつくりだす。1970年代に法律家グループが数カ月かけて600万件の書類を220万ドルの費用で処理していたが，33年後の2000年代には専用のソフトウェアが同じ作業を10万ドルの費用で150万件処理することができるようになった。技術は発展するが教育がついていけず，低い程度の教育しか受けられなかった人々の職業は技術に取って代わられるが，高度な技術を持つ人々は新技術を開発し使用する立場にあり，教育に対する収益率は高い。また，貿易と関連し，労働者を解雇しやすい国家では，収入が増加すれば所得の格差が拡がる。また，労働に振り向ける収益と資本に振り向ける収益の比率の変化が起きてきた。1990年代初めのOECD諸国における労働分配率は約3分の2で66.1％だったが，2000年代末には61.7％となった (Keeley 2015, p.48)。OECD諸国に関するILO【International

表3-7 中国の貿易開放度，関税率およびFDI【対外直接投資】がGDPに占める割合（1985～2011年，単位：％）

年度	貿易開放度	関税率	FDI/GDP
1985	22.92	16.54	0.64
86	25.11	10.23	0.75
87	25.58	8.87	0.71
88	25.41	7.53	0.79
89	24.46	8.15	0.75
90	29.78	6.23	0.89
91	33.17	5.52	1.07
92	33.87	4.79	2.25
93	31.90	4.28	4.49
94	42.29	2.74	6.04
95	38.66	2.65	5.15
96	33.91	2.61	4.87
97	34.15	2.71	4.75
98	31.81	2.70	4.46
99	33.34	4.10	3.72
2000	39.58	4.03	3.40
01	38.47	4.17	3.54
02	42.70	2.88	3.63
03	51.89	2.70	3.26
04	59.76	2.25	3.14
05	63.22	1.97	2.67
06	65.17	1.81	2.32
07	62.78	1.97	2.14
08	57.29	2.25	2.04
09	44.19	2.16	1.80
10	50.24	2.15	1.78
11	49.99	2.27	1.58

出典：李丙金・李婧・常建新（2013）

Labour Organization, 国際労働機関】の報告によれば，労働分配率が1％減少するごとに，課税および移転前の（before taxes and transfers）市場所得の格差は0.1〜0.2％増加する（Keeley 2015, p.49）。

中国のグローバル化と関連して，改革開放以降の輸出入の貿易総額を見ると，1978年の206億ドルから2011年の3兆6419億ドルへと，33年間で177倍増加した。このうち，輸出は98億ドルから1兆8984億ドルに194倍増加し，収入は109億ドルから1兆7435億ドルに160倍増加した。外資導入も拡大し，FDI【Foreign Direct Investment, 対外直接投資】は1983年の9億ドルから2011年の1160億ドルへと28年間で129倍増加した（李丙金・李婧・常建新 2013, p.75）。

中国の貿易開放度は1985年の22.92％から2011年の49.99％へと増加した。関税率は1985年の16.54％から2011年の2.27％へと減少した。FDIがGDPに占める割合は1985年の0.64％から2011年の1.58％へと増加した。

中央と地方の関係

中国では改革を通じて中央政府と地方政府が分権化されてきた。モクとウ（Mok and Wu 2013, p.64）は，経済改革および行政改革という変数と垂直的な分権化および水平的な分権化という変数を使って4象限を提示した。「地域の自給自足（local autarky）」は経済的に分権化され，地域の経済主体が自主的に相互に競争する体制だ。地域のプレーヤーは新たなビジネス階級で資本家であり，彼らは中央政府に対抗するため新たな資源の基盤を独占する。「非集中（de-concentration）」は行政の権限を含め行政権力を委譲すること，「私有化（privatization）社会化（socialization）」は資産の売却や生産・配分の統制権を営利または非営利私有部門に譲ること，「細胞化（cellularization）」は政

表3-8 分権化と改革モデル

	垂直的分権化	水平的分権化
経済改革	地域の自給自足	私有化と社会化
行政改革	非集中	細胞化

出典：Mok and Wu（2013）

表 3-9 分権化と政治経済的な帰結

	政府間の権力分権	国家−市場間の権力分権
政治	中央−地方	国家−社会
結果	地方または基層民主 「事実上の連邦制」 限られた個人の権利 政府統制の非政府組織	民主化 人民主権と個人の権利 政治参加 非政府組織・公民社会など
経済	中央−地方	国家−社会
結果	地方政府の財産権 地区間競争 限定的な市場化 地方政府の干渉 地方保護主義	私有財産権 私有化 市場化 企業自由競争，政府の干渉は少ない

出典：鄭永年（2010）

府の機能が準国家（para-state）プレーヤーらに細分化されることをそれぞれ意味する。

鄭永年（2010）によれば，政府間の分権化の結果として事実上の連邦制が現れ，国家と市場間の分権は民主化として現れる。政治レベルの中央と地方間の分権は，下からの民主主義を発展させ，国家と市場間の権力分権は民主化をもたらし，政治参加を拡大させる。経済的レベルでの中央と地方の間の分権は地域間競争を促して地方保護主義を誘発し，国家と市場間の分権は私有化を促して政府の干渉を減少させるという。

地方レベルの支出は 1980 年代の経済改革前に 45%だったが現在は 70%に達し，分権化は垂直的に国家内で権力を分権化させるだけでなく，水平的に権力を国家から

表 3-10 財政分権率※（単位：%）

年度	財政分権率	年度	財政分権率	年度	財政分権率
1985	60.32	1994	69.71	2003	69.90
86	62.07	95	70.76	04	72.29
87	62.62	96	72.90	05	74.14
88	66.08	97	72.57	06	75.28
89	68.53	98	71.05	07	77.02
90	67.43	99	68.51	08	78.68
91	67.79	2000	65.25	09	80.01
92	68.72	01	69.49	10	82.21
93	71.74	02	69.29	11	84.88

出典：李丙金・李婧・常建新（2013）　※財政分権率は地方財政支出を政府財政総支出で除した数値

分散させるものだった (Mok and Wu 2013, p.64)。中央の権力を「下放」し，経済資源に対する統制権は縮小した。1984年に中央の財政収入が全国の財政収入に占める比率は40.5%だったが，1994年には22%へと減少した。中央財政の支出が支出全体に占めた比率も52.5%から28.3%へと減少した (鄭永年 2010, p.146)。

また，省と国際的な相互依存が高まる一方で，省間の相互依存は減少した。1990年代初めに各省間の貿易はGDPの22%を占めたが，欧州連合の内部貿易の28%や旧ソ連の各共和国間の27%の水準には及ばなかった (鄭永年 2010, p.147)。財政分権率は1985年の60.32%から2000年の65.25%，2011年の84.88%へと大きく増加した。

基本的に省の間には財政力の格差 (財力差異) が存在する。1999～2004年27省・

表3-11 各省の財政力の格差についてのジニ係数

	1999	2000	2001	2002	2003	2004年
江　蘇	0.19	0.28	0.30	0.41	0.37	0.40
浙　江	0.25	0.27	0.26	0.31	0.34	0.32
山　東	0.24	0.27	0.29	0.31	0.33	0.34
福　建	0.22	0.24	0.25	0.28	0.34	0.38
広　東	0.38	0.38	0.37	0.43	0.42	0.42
遼　寧	0.33	0.38	0.38	0.40	0.36	0.35
河　北	0.18	0.19	0.17	0.18	0.19	0.21
山　西	0.13	0.14	0.09	0.12	0.14	0.13
吉　林	0.21	0.21	0.17	0.19	0.18	0.19
黒竜江	0.15	0.21	0.17	0.18	0.20	0.24
安　徽	0.13	0.17	0.14	0.16	0.17	0.18
江　西	0.19	0.13	0.13	0.13	0.14	0.16
河　南	0.17	0.19	0.18	0.17	0.18	0.19
湖　北	0.17	0.19	0.18	0.19	0.16	0.16
湖　南	0.20	0.22	0.20	0.19	0.21	0.22
海　南	0.18	0.20	0.13	0.20	0.24	0.14
四　川	0.21	0.25	0.23	0.21	0.21	0.21
貴　州	0.19	0.20	0.19	0.19	0.15	0.15
雲　南	0.28	0.29	0.19	0.24	0.21	0.21
チベット	0.15	0.17	0.12	0.10	0.13	0.10
陝　西	0.16	0.19	0.15	0.17	0.20	0.21
甘　粛	0.20	0.20	0.12	0.15	0.15	0.17
青　海	0.11	0.11	0.10	0.08	0.11	0.13
寧　夏	0.16	0.25	0.12	0.19	0.18	0.19
新　疆	0.30	0.31	0.14	0.18	0.20	0.19
広　西	0.18	0.22	0.19	0.21	0.21	0.23
内モンゴル	0.22	0.22	0.19	0.18	0.21	0.22

出典：周美多・顔学勇（2010）

表 3-12　各省の県別に見た最終財政力のジニ係数分解（2004 年）

省	仮処分財力	移転支払い	税収返還	純体制補助	別の移転支払い	特別な上納	法律による移転の支払い	決算補助	その他補助	ジニ係数
江　蘇	0.99	0.01	0.33	-0.08	0.02	-0.34	0.03	0.05	0.01	0.40
浙　江	0.79	0.21	0.32	-0.20	0.04	-0.08	0.04	0.03	0.06	0.32
山　東	0.80	0.20	0.24	-0.10	0.05	-0.01	0.01	0.02	-0.01	0.34
福　建	0.78	0.22	0.28	-0.16	0.02	-0.01	0.06	0.03	0.00	0.38
広　東	0.57	0.43	0.22	-0.03	0.18	-0.02	0.04	0.00	0.03	0.42
遼　寧	0.68	0.32	0.26	-0.01	0.07	-0.01	0.03	-0.02	0.00	0.35
河　北	0.85	0.15	0.20	-0.05	0.09	-0.22	0.01	0.11	0.01	0.21
山　西	0.90	0.10	0.32	-0.22	0.16	0.00	-0.13	-0.04	0.01	0.13
吉　林	0.36	0.64	0.21	0.00	0.45	0.00	-0.02	0.03	-0.03	0.19
黒竜江	0.62	0.38	0.17	-0.01	0.08	-0.05	0.12	0.06	0.00	0.24
安　徽	0.59	0.41	0.14	0.01	0.20	0.00	0.00	0.00	0.07	0.18
江　西	0.66	0.34	0.15	-0.08	0.15	-0.06	0.05	0.13	0.00	0.16
河　南	0.94	0.06	0.22	0.00	0.13	-0.20	-0.15	0.05	0.01	0.19
湖　北	0.75	0.25	0.28	-0.08	0.09	-0.03	-0.05	-0.01	0.05	0.16
湖　南	0.71	0.29	0.14	-0.02	0.16	-0.03	-0.03	0.06	0.01	0.22
海　南	0.34	0.66	0.25	0.22	0.13	0.00	0.05	0.04	-0.02	0.14
四　川	0.53	0.47	0.16	0.02	0.24	-0.02	-0.01	0.08	0.00	0.21
貴　州	0.63	0.37	0.12	0.00	0.12	0.00	0.10	0.02	0.01	0.15
雲　南	0.64	0.36	0.20	-0.01	0.15	-0.10	0.08	0.03	0.00	0.21
チベット	0.24	0.76	0.15	0.11	0.33	0.00	0.13	0.00	0.04	0.10
陝　西	1.36	-0.36	0.21	-0.05	0.05	-0.59	-0.18	0.19	0.00	0.21
甘　粛	0.38	0.62	0.23	-0.09	0.28	-0.05	0.11	0.14	0.01	0.17
青　海	0.64	0.36	0.04	0.04	0.17	0.00	0.19	-0.09	0.01	0.13
寧　夏	0.52	0.48	0.14	0.05	0.19	-0.03	-0.02	0.00	0.14	0.19
新　疆	0.98	0.02	0.23	-0.18	0.00	-0.09	-0.05	0.05	0.01	0.19
広　西	0.72	0.28	0.17	-0.07	0.08	-0.10	0.10	0.02	0.08	0.23
内モンゴル	0.75	0.25	0.06	0.01	0.25	-0.14	0.04	0.02	0.01	0.22
最小値	0.24	-0.36	0.04	-0.22	0.02	-0.59	-0.18	-0.09	-0.03	0.10
最大値	1.36	0.76	0.33	0.22	0.45	0.00	0.19	0.19	0.14	0.42

出典：周美多・顔学勇（2010）

自治区の県級資料を基に各省・自治区内にある県の財政力のジニ係数を見ると，江蘇が 0.40，広東が 0.42 と高い一方，チベット 0.10，山西 0.13，海南 0.14，貴州 0.15 などが低かった．

陳建東・蒲氷怡・程樹磊（2014）によれば，2012 年に各省の 1 人当たり財政収入の移転前のジニ係数は 0.278，移転後のジニ係数は 0.167 で 0.111 の差が出た．1 人当たり財政収入の格差を弱める効果は 40.14％ だった．

中国の地方政府は全国の公共財政支出の 70％以上を占め，教育，健康，社会サービスが全体予算支出の 90％以上を占めている（Grewal, Cheng and Rasmussen 2015, p.359）．こうした支出のために地方政府は財源をつくらなければならず，このことが格差

表 3-13　移転支払の前後における各省 1 人当たり財政収入のジニ係数（2004 〜 12 年）

	2004	2005	2006	2007	2008	2009	2010	2011	2012年
移転前のジニ係数	0.354	0.359	0.351	0.347	0.336	0.328	0.310	0.296	0.278
移転後のジニ係数	0.244	0.236	0.219	0.206	0.192	0.184	0.178	0.176	0.167
均等化の効果(%)	31.1	34.23	37.53	40.62	42.76	43.71	42.52	40.65	40.14

出典：陳建東・蒲氷怡・程樹磊（2014）

を悪化させることがある。

　実際には，地方官僚は農村の土地を商業や産業発展の名目で徴発しつつ補償金は少額に抑え収益を生み，あるいは土地の有償使用という形で財政を手当てしてきた。財政収入では，土地の有償使用収入が1998年の507億元から2007年の1兆2150億元へと増加した。土地の有償使用収入は2007年に一般予算収入の約23.5％に達し，1998年の約5.0％に比べて大きく増加している。

　また，地方政府は税制支援がなくても収入を得る手段として社会保険を用い，主に貯蓄指向のプログラムを促進してきた。その代表例が年金である（Mok and Wu 2013, p.66）。地方政府の官僚は経済成長を促進するために自由になる財源を確保しようと必死になり，経済成長を目的に公共インフラに投資し「トップへの競争（race to the top）」をするが，社会政策においては「ボトムへの競争（race to the bottom）」となり，結果的に地域の格差を拡大させてきた（Mok and Wu 2013, p.66）。

　しかしこのような財政手当てだけでは十分ではない。次第に地方政府は借金を増やし債務が積み上がってきた。負債の多い地方は負債の少ない地方に比べ状況が悪化

表 3-14　財政収入の推移（1998 〜 2007 年，単位：億元）

年度	一般予算収入	特別会計収入	予算外収入	土地有償使用収入	社保納付収入	財政総収入	キャッシュフロー表に基づく収入	両者の差
1998	10209	1854	3082	507	1602	17254	16606	648
99	11734	2112	3385	522	2042	19795	18076	1719
2000	13674	2214	3826	626	2346	22686	20778	1908
01	16686	1865	4300	1318	2759	26928	24688	2240
02	19163	1896	4479	2454	3531	31524	28106	3418
03	21942	2139	4567	5421	4353	38421	32416	6005
04	26614	2512	4699	6412	5166	45404	34525	10879
05	31843	2936	5544	5884	6324	52531	43188	9343
06	38940	3496	6408	7677	7672	64194	53811	10383
07	51599	3681	6820	12150	9537	83788	68389	15399

出典：李善同・劉云中（2011）

し，負債が問題となっている。もちろん負債によって経済成長が促進される面もあるが，経済成長の障害にもなり得る。呂健 (2015, p.29) は，毎年の新たな負債が GDP の 6％未満であれば負債は成長のための効果的な財政手段になり得ると分析した。地方債務は経済の流動性を高め，投資を拡大し，経済成長を促進するという論理だ。そうだとしても，やはり負債は負担であり，地方間の格差を引き起こす要因だと考えられる。

　国家会計局 (国家審計署) の資料によれば，2010 年末の地方政府の債務規模は 10 兆 7000 億元に上っている。1997～2013 年に地方政府の債務は年平均 27.38％増加し，地方の国内総生産，地方財政収入などの伸び率より高かった (洪源・秦玉奇・王群群 2015, p.162)。少なくとも，地方政府は職員に給料を支払うためにも財政収入が必要だ。県郷レベルの「財政供養人員」【財政で養われる公務員など】は約 3000 万人で，全国の財政供養人員の 70％に相当するが，県郷政府の財政収入は全国の財政収入の 17.5％にしかならない。そのため，中央が財政移転を通じて地方の赤字を埋めるほかない (李暁玉 2015, p.168)。もちろん税制改革を行って地方政府の財政状況を改善しようという声もある。中国社会科学院農村発展研究所の馮興元によれば，省政府と省級以下の政府の財政収入を区分した上で，省政府の収入は営業税を中心に 15％の比率とし，県政府は不動産税を中心に 30％の比率とするよう提案した。また，省と省級以下の政府の複雑な税収を簡素化して付加価値税 (増値税) の分離を明確にし，県級政府の配分比率を 25％以上にする前提で財政移転をやめ，徐々にその弊害をなくすべきだと主張した (李暁玉 2015, p.169)。

　税収や中央から地方政府への財政移転が足りない場合には，地方政府は借金をせざるを得なくなる。1994 年の予算法では，中国の地方政府が借入を行う際には国務院の許可を得る必要があった。にもかかわらず，2011 年国家会計局の報告によれば，1996 年末時点で全ての省政府，90％の県政府，86％の郷政府が借入を増やしており，2010 年末には 2779 の郷政府のうち 54 の郷のみが無借金だった (Grewal, Cheng and Rasmussen 2015, p.363)。地方政府の負債は 1998 年に GDP の 6％だったがその後 4 年間で 12％に増加した，2010 年には GDP の 27％，2012 年には 35％に達した (Grewal, Cheng and Rasmussen 2015, p.363)。国家会計局によれば，下級政府の負債は GDP の 26％に達している (World Bank and DRC 2013, p.98)。2014 年の予算法では，中国の地方政府は自らの名義で借りることが許可された (Grewal, Cheng and Rasmussen

2015, p.369)。

　地方政府の債務規模を見ると，インフラ整備への補助金を含む債務は4兆3393億7100万元で24%，担保付き債務は2兆6655億7700万元で15%，その他の債務は10兆8859億1700万元で61%を占めている(劉亭亭 2015, p.59)。中国のほとんどの

表3-15　省別負債の内訳

	占有率 (%)			比　率
	直接負債 Direct debt	偶発債務負債 Contingent liability debt	間接保証負債 Indirect guarantee debt	財政ギャップ/収入 (2013)
A. 高い負債	直接負債の54.6%			低い財政ギャップ
江　蘇	7.21	3.77	14.50	18.7
広　東	6.54	3.94	5.21	18.8
四　川	6.17	6.36	2.47	123.4
北　京	6.14	0.59	2.11	14.0
遼　寧	5.35	4.85	1.58	55.4
上　海	4.90	2.05	6.43	10.2
湖　北	4.86	3.00	4.13	99.5
浙　江	4.80	1.26	3.56	24.6
貴　州	4.36	3.75	1.71	155.5
山　東	4.25	4.70	3.27	46.7
B. 中程度の負債	直接負債の35.2%			中程度の財政ギャップ
河　北	3.74	3.66	6.13	92.1
雲　南	3.61	1.69	3.98	154.2
重　慶	3.38	8.87	3.50	80.9
河　南	3.33	1.05	4.10	131.1
湖　南	3.28	2.83	8.31	131.0
内モンゴル	3.20	3.34	0.67	114.2
安　徽	2.91	2.32	3.81	109.6
陝　西	2.58	3.65	5.69	109.6
吉　林	2.44	3.74	1.64	137.2
福　建	2.32	0.94	3.97	44.8
天　津	2.14	5.71	2.57	22.6
江　西	2.29	3.21	1.59	114.1
C. 低い負債	直接負債の10.2%			高い財政ギャップ
広　西	1.96	4.75	2.42	143.5
黒竜江	1.93	4.05	1.17	163.8
新　疆	1.55	3.11	0.70	171.8
山　西	1.44	9.00	0.76	78.1
甘　粛	1.15	1.63	3.10	280.3
海　南	0.99	0.87	0.32	110.2
青　海	0.70	0.62	0.36	448.6
寧　夏	0.47	0.70	0.25	199.2
チベット	N.A	N.A	N.A	N.A
合　計	100	100	100	73.5

出典：Grewal, Cheng and Rasmussen（2015）

行政組織はある程度，地方政府債務を抱えており，そのうち短期債務が債務全体に占める割合が最も高く41％に達し，省級は29％，県級は28％，郷鎮級は最も少なく2％を占めている(劉亭亭 2015, p.59)。2013年6月末に全国の政府債務は約30兆3000億元でGDPの53.2％を占めていた。ただし，国際的に認められる政府債務水準の60〜80％に比べると低い方だ(劉亭亭 2015, p.60)。

2013年6月に中国の地方政府の直接債務は10兆5900億元で，このうち省政府の債務が8416億元 (8.0%)，県政府の債務が4兆6000億元 (43.8%)，郷政府の債務が4兆8000億元 (45.0%)，鎮の債務が3000億元 (2.8%) だった。

従って約89％の直接債務は県郷レベルの負債で (Grewal, Cheng and Rasmussen 2015, p.364)，つまり地方の下級政府の負債が多い状況である。

新規の債務はどれくらいだろうか。新たに加わった債務は2000年に3068億元だったが，2014年には4兆4210億元となり，10倍以上に増えている。

表3-16 地方政府の新規債務の総額（2000〜14年，単位：億元）

年度	新たに増加した債務	年度	新たに増加した債務	年度	新たに増加した債務
2000	3068	2005	13581	2010	23156
01	4488	06	13370	11	21571
02	4280	07	11944	12	28608
03	7903	08	15675	13	34542
04	12661	09	22632	14	44210

出典：呂健（2015）

表3-17 各省の新規債務のGDPシェア（単位：％）

	シェア		シェア		シェア
上 海	1.4264	河 北	5.3482	重 慶	8.6074
北 京	1.8998	福 建	5.6069	甘 粛	9.5061
江 蘇	3.0092	海 南	5.7768	陝 西	10.0447
広 東	3.3367	吉 林	5.9260	貴 州	10.1487
山 東	3.8975	湖 南	6.0352	雲 南	10.6709
浙 江	3.9887	江 西	6.6512	青 海	11.5452
黒竜江	4.5270	新 疆	6.8600	寧 夏	12.0814
河 南	4.8099	湖 北	7.1021	内モンゴル	12.3130
安 徽	4.8884	広 西	7.6274	チベット	15.4871
遼 寧	4.9181	山 西	7.8458	全 国	6.9381
天 津	5.2678	四 川	7.9274		

出典：呂健（2015）

表 3-18　家計債務の債務水準による区分（2004 ～ 12 年，単位：億元）

高負債の省・自治区		低負債の省・自治区			
	平均値		平均値		平均値
広　東	7766.082	遼　寧	1571.922	黒竜江	563.467
浙　江	5287.458	重　慶	1422.733	貴　州	537.867
江　蘇	4301.257	河　北	1266.011	内モンゴル	513.789
上　海	4055.826	安　徽	1232.722	吉　林	486.539
北　京	3149.896	湖　北	1214.056	新　疆	351.861
山　東	2720.177	河　南	1072.944	山　西	271.978
福　建	2286.326	広　西	1071.278	甘　粛	209.267
四　川	2095.578	湖　南	942.193	海　南	182.944
		雲　南	933.700	寧　夏	141.080
		陝　西	889.989	チベット	46.256
		天　津	851.011	青　海	34.894
		江　西	838.133		

出典：郭新華・楚思（2015）

　省を，毎年の新規債務が GDP に占める割合について，6％未満という低負債，また 6％超という高負債で区分する。このように区分するのは，地方債務の平均期限が 5 年であり，償還期限前に債務を返済しないという前提で毎年新規に増加する債務は GDP の 6％であり，5 年で GDP の 25 ～ 30％となるためだ（呂健 2015, pp.22-23）。全国的には毎年の新規の負債が GDP の 6.9％を占めており，チベット，内モンゴル，寧夏などは約 12 ～ 15％で高い方だ。一方，上海，北京などは 2％未満である。

　地方の家計の負債も問題になり得る。2004 ～ 12 年の家計債務の平均値を見ると，2000 億元を基準に高負債地域と低負債地域に分けることができる（郭新華・楚思 2015, p.40）。高負債の地域は広東や浙江などで，低負債の地域は青海，チベット，寧夏，海南などだ。

社会階層の固定化

　中国の社会階層は富と所得の偏りで見ると「逆 T 字形」である。一方，中国社会の富の構造は「逆ピラミッド型」である。最上層の少数が 40％以上の富を所有し，絶対多数は社会の下層で労働を通じて生計を立てる構造だ。中国社会の貧富の格差

の根本原因は労働ではなく，資本にある(呉福象・葛和平 2014, p.46)。人口の割合で見ると，2010 年の中間所得層は 21.25%，低所得層は 72.26%でピラミッド型を示した(周雲波・陳岑・張亜雨 2013, p.203)。

　李毅によれば，1980 年代の社会構造に変化があった。農民は 1979 年の 2 億 8600 万人から 1993 年の 3 億 4000 万人へと増加した。しかし，農業に携わる農民は減り，1 億 4500 万人が農民から農民工となった。1984 年に人民公社が解体されて農民は自由になり，後年郷鎮企業と名称を変えた私営企業が現れ，都市では非公有制企業が急速に発展し，1993 年に農民の 3 分の 1 に当たる 1 億 4500 万人が労働者階級になったのである。1988 年，政府は私営企業を活性化するとともに憲法を改正して合法化した。

　政府統計では 1993 年に 51 万人の私営企業主がいるとされたが，実際には 200 〜 500 万人に達した(李毅 2008, pp.90-92)。1993 年から労働者階級が急速に増加する。1996 年の改革で国有企業の労働者は 7200 万人から 2900 万人へと減少し，都市の大きな集体企業の労働者は 3400 万人から 1000 万人へと減少した。農民の数は 1993 年の 3 億 4000 万人から 2003 年の 3 億 1200 万人へと減少した。一方，農民工は 1 億 4500 万人から 1 億 7600 万人へと増加した。政府統計では資産階級が 1993 年の 50 万人から 2003 年の 700 万人へと増加したとされているが，実際には 2003 年には 1000 万〜 1500 万人に増加したと推定される (李毅 2008, p.119)。

　肉体労働者と頭脳労働者の関係が完全に逆転し，「肉体労働者の賃金が頭脳労働者の賃金より高い現象 (体脳倒掛)」は基本的になくなった。何建章・呉軍・朱慶芳 (1989, p.227) が『中国の社会指標理論と実践』で指摘しているように，1985 年に肉体労働者は 4 億 6000 万人で 92.3%，頭脳労働者は 3821 万人で 7.7%を占めていた。しかし賃金は 1986 年に肉体労働者が 1433 元，頭脳労働者が 1396 元だった。頭脳労働者と肉体労働者の賃金の格差は 1978 年の 0.87：1 から 1986 年には 0.91：1 へと若干減少した。それが完全に逆転して頭脳労働者の賃金が肉体労働者より高くなったのだ。

　中国の社会階級・階層を見ると，中央・地方の官僚・党幹部が 1952 年の 0.5%から 2006 年の 2.3%へと増加し，私営企業主も 0.2%から 1.3%へと増加した。一方，商業・サービス業の従事者は 3.1%から 10.1%へと増加し，単純労働者も 6.4%から

表 3-19　中国の社会階級・階層構造の変遷（単位：%）

	1952	1978	2001	2006
中央・地方の官僚・党幹部	0.5	1.0	2.1	2.3
私営企業主	0.2	-	1.0	1.3
マネジャー	0.1	0.2	1.6	2.6
エンジニア	0.9	3.5	4.6	6.3
事務職	0.5	1.3	7.2	7.0
個体工商戸	4.1	-	7.1	9.5
商業・サービス業従事者	3.1	2.2	11.2	10.1
単純労働者	6.4	19.8	17.5	14.7
農業労働者	84.2	67.4	42.9	40.3
無職・失業・半失業者	-	4.6	4.8	5.9
合　計	100.0	100.0	100.0	100.0

出典：陸学芸（2010）

14.7％へと増加した。農業労働者は84.2％から40.3％へと大幅に減少した。

　楊継縄の分類に従って中国の社会階級を5段階に分けると，上流階層は1.5％，中上流階層3.2％，中流階層13.3％，中下流階層68.0％，下流階層14.0％であった。富，権力，徳の加重値（加権）総合指数で7.5以上を上流階層とし，6〜7.5を中上流階層，4.5〜6を中流階層，2〜4.5を中下流階層，2以下を下流階層として区分している（楊継縄 2013, p.350）。

　各種の幹部は上流階級だといえる。1981年から93年に党政機関【共産党・政府】の幹部は幹部全体の18％を占め，党政機関の幹部数は350万人から670万人に増加した（李毅 2008, p.102）。同じ期間に国有企業の幹部は幹部総数の約40％を占め，その数は1981年の770万人から1993年の1500万人へと増加した（李毅 2008, p.104）。私営企業主は中上層に属すると考えられる。城郷（都市と農村）の私営企業主の開業前の職業分布では，都市の場合，1992年末ごろに，労働者25.2％，中央・地方の官僚・党幹部22.1％，農民17.2％であった。農村の場合は，農民53.5％，各級幹部17.0％，労働者11.6％であった。下流階級の農民の中には土地からは解放されたが故郷を離れることができない在農村工場労働者（「離土不離郷」的農村工人），土地からも故郷からも離れた農民工（「離土又離郷」的農民工）がある。その他にも個体工商戸，私営企業主など新たな階層が現れた。

　所得により階層を分類することもできる。都市の場合，1987年時点で低所得世帯は4.2％，中間所得世帯は25.1％，高所得世帯は70.7％であった。農村の場合，

表 3-20　21 世紀の最初の 10 年における中国の社会階層モデル表

社会階層		富の等級 (加重値 0.36)	権力等級 (加重値 0.38)	徳の等級 (加重値 0.26)	加重値 総合等級	全国の経済活動 人口の割合(%)
上流 階層	高級官僚	7	10	9	8.66	1.5
	国有銀行・国有大手事業単位責任者	8	9	8	8.38	
	大企業経営者	9	8	7	8.10	
	大手私営企業主	10	7	6	7.82	
中上流 階層	高級知識人(科学思想文芸)	7	6	10	7.40	3.2
	中高レベル幹部	6	8	7	7.02	
	中堅企業事業部長	7	5	7	6.24	
	中堅私営企業主	8	5	6	6.34	
	外資企業ホワイトカラー	9	4	6	6.32	
	国家独占部門中層企業マネジャー	7	5	7	6.24	
中流 階層	一般工程エンジニア	5	5	7	5.52	13.3
	一般弁護士	5	6	7	5.90	
	大学中学教師	5	5	7	5.52	
	一般小説家	6	5	7	5.88	
	一般新聞記者	6	5	7	5.88	
	一般機関幹部	4	6	7	5.54	
	一般企業中下層マネジャー	4	5	5	4.64	
	小規模私営企業主	7	4	5	5.34	
	個体工商戸	6	4	5	4.98	
中下流 階層	生産現場労働者	4	2	4	3.24	68.0
	農民工	3	1	3	2.24	
	農民	2	1	4	2.14	
下流 階層	都市の就職待機者	2	1	2	1.62	14.0
	農村の貧困世帯	1	1	1	1.00	

出典：楊継縄（2013）

表 3-21　都市企業家・農村企業家の開業前の職業（単位：%）

	専業技術者	地方幹部	労働者	商業サービス	軍人	農民	個体工商戸	その他	合計
都市企業家	12.1	22.1	25.2	7.6	1.2	17.2	9.2	5.5	100
農村企業家	4.1	17.0	11.6	2.7	0.7	53.5	6.1	4.1	100

出典：楊継縄（2013）

　1987 年時点で低所得世帯は 8.3%，中間所得世帯 56.0%，高所得世帯 35.7% であった。

　安定した社会には中産階級の多い社会構造が必要である。アジア開発銀行（ADB）によれば，中国の中産階級の規模は 1 億 4000 万人で，総人口の 11% を占めている。

第 3 章　中国における格差の光と影

表 3-22　都市住民の 1 人当たり月間所得の格差の変化（単位：%）

		1964	1981	1984	1985	1987年
合　計		100.0	100.0	100.0	100.0	100.0
低所得世帯	35 元以下 （うち 25 元以下）	92.9 76.9	39.3 7.5	12.2 1.7	11.1 0.9	4.2 2.5
中間所得世帯	35-60 元 （うち 35-50 元） （50-60 元）	- 5.8 1.3	54.2 42.3 11.9	61.6 38.9 22.7	44.3 24.8 19.5	25.1 11.7 13.4
高所得世帯	60 元以上	-	6.5	26.3	44.6	70.7
サンプル調査世帯数（世帯）		3537	8715	12500	24338	32855

出典：何建章・呉軍・朱慶芳（1989）

表 3-23　1 人当たり年間純所得の階層別シェアの変化（単位：%）

		1978	1981	1984	1985	1987年
合　計		100.0	100.0	100.0	100.0	100.0
低所得世帯	200 元以下 （うち 150 元以下）	82.6 65.0	42.6 19.6	14.0 4.6	12.3 4.4	8.3 3.3
中間所得世帯	200-500 元 （うち 200-300 元） （300-400 元） （400-500/ 元）	- 15.0 - 2.4	54.2 34.8 14.4 5.0	67.8 29.2 24.5 14.1	65.4 25.6 24.0 15.8	56.0 17.5 21.3 17.2
高所得世帯	500 元以上 （うち 1000 元以上）	- -	3.2 -	18.2 -	22.3 2.3	35.7 5.4
調査世帯数（世帯）		6095	18529	31375	66642	66912

出典：何建章・呉軍・朱慶芳（1989）

総人口の4分の3を占めている西欧諸国の中産階級とは差が大きい（程杰 2014, p.65）。しかし，中央宣伝部は中間所得階層が増加しており，上と下がすぼまって真ん中が大きいオリーブ型構造だと主張している（中国共産党中央宣伝部理論局 2011, p.26）。このような中国の社会構造は，ピケティ（Thomas Piketty）の格差モデルのどこに属するだろうか。ピケティは上位1％または0.1％が全体所得に占める割合を重視し，労働所得と資本所有を合わせた所得の格差（inégalité des revenus）について格差の程度を基準に四つに分類している。格差が小さい場合はジニ係数が約0.26，上位10％が所得全体に占める比率は25％，下位50％が占める比率は30％であり，中程度の格差の場合はジニ係数が0.36，上位10％が全体所得の35％，下位50％が25％を占めている。一方，格差が大きい場合はジニ係数が0.49，上位10％が全体所得の50％，下位50％

表 3-24 ピケティの所得格差モデル

各階級が所得全体に占める割合	弱い格差 (1970-80年代のスカンジナビア)	中程度の格差 (2010年の欧州)	強い格差 (2010年の米国, 1910年の欧州)	とても強い格差 (2030年の米国)
上位層10%（上流階級）	25%	35%	50%	60%
最上位1%（支配階級）	(7%)	(10%)	(20%)	(25%)
残りの9%（富裕階級）	(18%)	(25%)	(30%)	(35%)
中位層40%（中流階級）	45%	40%	30%	25%
下位層50%（下流階級）	30%	25%	20%	15%
ジニ係数	0.26	0.36	0.49	0.58

出典：Piketty（2013） 本表の所得は勤労所得と資本所得を足し合わせている

が20%を占めており，格差が深刻な場合はジニ係数が0.58，上位10%が全体所得の60%，下位50%が15%を占めている。中国では最上位10%が世帯所得全体の42.8%を占めており，2010年のジニ係数が0.475だとしたときに2010年の米国や1910年の欧州と同様に強い格差モデルに属すると考えられる。

問題は社会階層が機会の格差によって固定化されつつあることだ。中国に「卑しい出身が貴人になるのは難しい(寒門難出貴子)」という言葉がある(李春玲 2014a, p.67)。都市と農村の格差，東西間の格差，業種間の格差などに見られる所得と機会の格差が問題である(呉福象・葛和平 2014, p.46)。改革開放以前は，家庭背景が教育の機会に及ぼす影響は小さく，労働者である農民の子が教育を受ける機会は多かった(李春玲 2014a, p.67)。

しかし，徐々に機会の格差が拡大し，階層間の移動はほぼ不可能になった。これに「拼爹現象」，すなわち貧富の格差がますます顕著になり，子女の間で貧富の意識が先鋭化する現象が起きている。

社会階層の固定化は，格差が次の世代に連鎖することを意味する。世代をまたいで移転（代際転移）する格差と関連して，世帯可処分所得，出生地と戸籍は子世代の収入に影響を及ぼす。例えば世帯可処分所得が10%増加すれば，子女の収入は3.68%増加する。沿海部の経済が発達した省の子女の収入は，内陸中西部の省の子女に比べて12.26%高い。都市戸籍を持つ世帯の子女の所得は，農業戸籍を持つ子女の収入より9.87%高い。ジニ係数では，機会の格差として現れる所得格差は平均で54.61%に達する。子女の所得の格差は，機会の格差に起因し，父母の要因が大きい(陳

東・黄旭鋒 2015, p.14)。

　郭叢斌と関維方の計算によれば，2004 年に都市住民の世代間の所得流動に対して教育の仲介作用は 13.1％に達する。この研究は世代間の所得流動のみならず，流動の過程で親世代の政治的地位，教育地位，特殊な戸籍背景が子女の所得に及ぼす影響を考察している（周金燕 2015, p.12）。高等教育の機会は，家庭の経済状況の良い学生が家庭の経済状況の悪い学生の 3.90 倍多い。都市の小学生が高等教育を受ける機会は農村の小学生より 3.17 倍多く，都市の中学生が高等教育を受ける機会は農村の中学生の 2.44 倍に達する。都市の高校生が高等教育を受ける機会は農村の高校生の 1.26 倍に達する（馬宇航・楊東平 2015. p.12）。

　特に教育と関連して，世代をまたぐ階層の固定化（社会階層固化）現象が顕著になっている。梁晨と李中清（2012）は中国の一流大学の学生の出身地を分析した結果，農村出身の学生と自工農（労働者農民）家庭の学生の割合がいったん高まった後に横ばいになったという「声なき革命（无声的革命）」を主張した。しかしメディアはこの資料の重要な数値は引用せず，1997 年時点で幹部の子女が北京大学生に占める比率が 39.76％に達したと大きく報じた。メディアは一流大学が特権階層によって独占されている側面を強調した（李春玲 2014a, p.66）。

　都市労働者の場合，親が教育を受けた年数が 1 年増えれば教育収益率（教育回報率）は 0.15％増加する。親の教育年数を平均 9.2 年だとすれば，教育年数係数は 4％増加し，都市労働者の平均教育収益率は 5.4％となる（叶光 2015, p.29）。マネジャー層と専門職層は教育を受ける機会が多く，農民階層は劣悪な状態にある。1980 年代生まれのうち，2％の不就学者と 11％の小学校教育のみの履修者は，社会の下層階級に属している（李春玲 2014a, p.71）。改革開放の最初の 10 年の間に市場経済が発展し，初中等教育の学費が増加して農民階層への負担が増加した。最近の 10 年ほどは政府が 9 年の義務教育制を実施して大学教育を拡大し，初中等教育の学費を減免して教育の公平な機会を拡大しているが，教育機会の格差はあまり改善しておらず，都市と農村の教育格差は一層顕著になった。1980 年代生まれのうち，都市住民が大学に入る機会は農村住民の 4 倍であり，都市住民が高級中等教育を受ける機会は農村住民の 4.7 倍であった（李春玲 2014a, p.76）。

教育の格差

　1950年代，中国の農村人口は全体人口の80%を超え，農民は就業人口の約85%を占めており，ホワイトカラーは2%（マネジャー0.5%）だった。現在は農村人口が約49%，農民が就業人口に占める比率は約40%で，ホワイトカラーが約30%である。1950年代に100人の適齢人口のうち1～2人のみ大学に進学したが，今では100人中26人が大学に進学する（李春玲 2014a, p.67）。改革開放以前は肉体労働者の賃金が頭脳労働者よりも高く，大きな問題にならなかったが，改革開放以降は知識が重視され，経済社会でのニーズが高まるにつれて教育の重要性が増している。

　1999年，教育部は「21世紀教育振興行動計画」を発表し，高等教育の募集規模を拡大し始めた。2000年から2010年にかけて高等教育の比率が4.87%増加し，10年間で倍増したことになる。女性が130%増加し，男性が90%増加した（張航空・姫飛霞 2013, p.3）。中国の平均教育年数は，過去30年間で順調に伸びている。平均教育年数は，1982年5.45年，1990年6.38年，2000年7.55年，2010年8.81

表3-25　中国の各教育レベルの就学者人口（単位：%）

	性別	1982	1990	2000	2010年
不就学	全体	27.97	18.71	8.14	5.00
	男性	16.64	10.87	4.87	2.76
	女性	40.12	27.02	12.08	7.33
小学校	全体	41.81	43.28	32.84	28.75
	男性	46.52	44.06	29.69	26.58
	女性	36.77	42.46	36.64	30.01
中学校	全体	20.97	27.13	41.70	41.70
	男性	25.48	31.92	45.92	44.06
	女性	16.13	22.04	36.64	39.25
高校	全体	7.87	9.26	9.03	15.02
	男性	9.32	10.95	10.62	16.42
	女性	6.23	7.46	7.10	13.56
大学・専門学校以上	全体	0.71	1.62	4.66	9.53
	男性	1.02	2.20	5.35	10.18
	女性	0.38	1.01	3.84	8.85

出典：張航空・姫飛霞（2013）

年で，10年ごとに約1.2年ずつ増加した (張航空・姫飛霞 2013, p.2)。全般的に改革開放から30年がたち，都市・農村で教育費を免除する義務教育が実施され，高・中段階教育の入学率は1949年の1.5%から79.2%へと増加した。高等教育の規模も世界的水準になり，入学率は24.2%に上っている。15歳以上人口の平均教育年数は1949年の1.6年から8.7年へと増加した (中国共産党中央宣伝部理論局 2010, p.53)。2010年に大学・専門学校以上の高学歴は約10%を占め，未就学が約5%，小学校が約30%となっている。

就学前教育では，第12次5カ年計画の時期に幼稚園の入学率は85%に達し，2020年までに就学1年前，2年前，3年前の入園率はそれぞれ95%，80%，70%に達する見込みだ。中国に幼稚園は3000万カ所あり，幼稚園教諭は130万人いる (中国共産党中央宣伝部理論局 2011, p.93)。2010年の中学・高校の入学率は80%に達した。高等教育の入学率は2010年に26.5%に達した (中国共産党中央宣伝部理論局 2011, p.84)。李春玲 (2014a) と中国社会科学院社会学研究所が実施した3回の全国サンプル調査データ (2006年，2008年，2011年) を通じて「1980年代生まれ (80后)」の教育機会の格差について分析した結果，2858人の1980年代生まれのうち98.2%が学校に進学した。小学校教育を受けた2807人のうち88.9%が中学校に進学，中学校教育を受けた2493人のうち52.7%が高等学校または職業学校に進学した。高校教育を受けた1315人のうち50.6%が大学に進学した。中学校教育は普遍的になった一方，高校と大学への進学率は比較的低く，2858人の半数の46%が高校教育を受け，23.3%が大学教育を受けている (李春玲 2014a, p.68)。

小学校から中学校に進学しなかった学生の93.1%は大半が農村地域の学生だった。そのうち57.4%は家庭の経済状況が現地の平均水準以下で，2.6%は現地の平均水準またはそれ以上だった。中学校から高等学校に進学しなかった学生の78.6%は農村の学生で，やはり農村地域の学生が大多数であった。そのうち46.8%は家庭の経済状況が現地の平均水準以下で，53.2%は現地の平均水準またはそれ以上だった。高等学校から大学に進学しなかった学生の57.4%は農村の学生で，そのうち40.3%は家庭の経済状況が現地の平均水準以下であり，59.7%は現地の平均水準またはそれ以上だった。家庭の経済状況が及ぼす影響が，先に指摘した二つの段階よりも相対的に減少していることが分かる (馬宇航・楊東平 2015,

表3-26 生年別の入学比率（単位：％）

	小学校入学	小学校卒 中学入学	中学卒 高校入学	高校卒 大学入学	大　学 総入学率
1940～49年生まれ	78.1	48.3	33.4	31.3	3.9
1950～59年生まれ	82.3	64.4	35.4	22.5	4.2
1960～69年生まれ	92.3	70.0	34.2	30.6	6.8
1970～79年生まれ	95.0	75.2	39.6	46.7	13.2
1980～89年生まれ	98.2	88.9	53.6	50.8	23.8
全　体	89.6	70.5	39.5	38.7	-

出典：李春玲（2014b）　2010年中国の高校の総入学率は26.5%である。総入学率（gross enrolment ratio）＝総段階教育在学生数/全国の学齢人口総数×100%　これは国の教育発展レベルを評価する重要指標となっている。（中国共産党中央宣伝部理論局 2011, p.84）

表3-27　最終教育歴別の家庭の純資産（単位：万元）

不就学	小学校	中学校	高　校	大学・専門学校卒	大卒以上
11.8	15.7	23.9	33.5	52.4	61.9

出典：謝宇・靳永愛（2014）

表3-28　教育の格差（次頁に続く）

年度	教育のジニ係数 （姚継軍 2009）	教育のジニ係数 （張長征・郇志堅・李懐祖 2006）	教育のジニ係数 （孫百才 2009）	平均教育年数 （孫百才 2009）
1949	0.902	-	-	-
50	0.888	-	-	-
51	0.874	-	-	-
52	0.852	-	-	-
53	0.931	-	-	-
54	0.815	-	-	-
55	0.797	-	-	-
56	0.777	-	-	-
57	0.751	-	-	-
58	0.732	-	-	-
59	0.692	-	-	-
1960	0.669	-	-	-
61	0.642	-	-	-
62	0.624	-	-	-
63	0.609	-	-	-
64	0.594	-	-	-
65	0.567	-	-	-
66	0.562	-	-	-
67	0.542	-	-	-
68	0.541	-	-	-

表 3-28　教育の格差（前頁より続く）

年度	教育のジニ係数 （姚継軍 2009）	教育のジニ係数 （張長征・郁志堅・李懐祖 2006）	教育のジニ係数 （孫百才 2009）	平均教育年数 （孫百才 2009）
1969	0.538	-	-	-
70	0.534	-	-	-
71	0.531	-	-	-
72	0.536	-	-	-
73	0.516	-	-	-
74	0.498	-	-	-
75	0.481	-	-	-
76	0.467	-	-	-
77	0.459	-	-	-
78	0.450	0.568	-	-
79	0.441	0.542	-	-
80	0.432	0.518	-	-
81	0.423	0.495	-	-
82	0.415	0.478	0.481	4.6
83	0.400	0.452	-	-
84	0.386	0.437	-	-
85	0.374	0.423	-	-
86	0.362	-	0.482	4.6
87	0.352	0.395	0.351	5.9
88	0.344	0.381	-	-
89	0.337	0.370	-	-
90	0.307	0.357	0.406	5.5
91	0.301	0.349	-	-
92	0.295	0.343	-	-
93	0.289	0.337	0.318	6.5
94	0.281	0.335	0.333	6.7
95	0.274	-	0.354	6.1
96	0.283	0.308	0.283	6.8
97	0.274	0.301	0.274	7.0
98	0.270	0.292	0.270	7.1
99	0.268	0.279	0.268	7.2
2000	0.248	0.269	0.289	7.1
01	0.246	0.272	0.242	8.5
02	0.246	0.270	0.246	7.7
03	0.244	0.267	0.244	7.9
04	0.238	-	0.238	8.0
05	0.238	-	0.249	7.8
06	0.237	-	0.237	8.0

出典：姚継軍（2009）；張長征・郁志堅・李懐祖（2006）；孫百才（2009）

pp.11-12）。農村地域ほど進学が困難で，進学できない学生のうち農村学生が占める割合は，中学校進学，高校進学，大学進学でそれぞれ93.1％，78.6％，57.4％だった。

教育を長く受けるほど財産も多くなる。不就学者は家庭の純資産が11万8000元であるのに対し，大学または専門大学出身者は52万4000元，大卒以上は61万

表 3-29 各地域の平均教育年数と教育のジニ係数

	1982年		1990年		1995年		2000年		2005年	
	(1)	(2)	(1)	(2)	(1)	(2)	(1)	(2)	(1)	(2)
北　京	7.085	0.352	7.869	0.328	8.706	0.286	9.586	0.243	10.686	0.202
天　津	6.376	0.369	7.078	0.338	7.674	0.298	8.558	0.258	9.513	0.215
河　北	4.754	0.461	5.475	0.401	6.176	0.322	7.260	0.264	8.169	0.206
山　西	5.284	0.409	6.054	0.358	6.709	0.320	7.344	0.272	8.417	0.195
内モンゴル	4.688	0.486	5.739	0.403	6.405	0.343	7.260	0.297	8.223	0.256
遼　寧	5.909	0.371	6.692	0.322	7.087	0.291	7.967	0.251	8.746	0.200
吉　林	5.470	0.420	6.356	0.357	7.200	0.301	7.825	0.253	8.468	0.211
黒竜江	5.364	0.422	6.356	0.355	6.954	0.303	7.804	0.252	8.460	0.210
上　海	7.032	0.354	7.594	0.330	8.378	0.281	8.961	0.250	10.026	0.213
江　蘇	4.700	0.484	5.742	0.392	6.619	0.325	7.438	0.273	8.134	0.249
浙　江	4.661	0.455	5.716	0.368	6.245	0.322	6.999	0.292	7.614	0.264
安　徽	3.577	0.584	4.624	0.478	5.498	0.391	6.473	0.317	7.039	0.294
福　建	4.096	0.524	5.146	0.415	5.492	0.380	7.080	0.276	7.543	0.265
江　西	4.245	0.499	5.146	0.421	5.657	0.362	6.914	0.283	7.531	0.237
山　東	4.863	0.454	5.455	0.403	6.189	0.342	7.118	0.290	7.722	0.254
河　南	4.406	0.509	5.457	0.405	6.105	0.340	7.169	0.270	7.986	0.218
湖　北	4.824	0.465	5.549	0.412	6.004	0.360	7.348	0.276	7.822	0.251
湖　南	4.995	0.418	5.699	0.369	6.167	0.318	7.312	0.254	7.991	0.225
広　東	5.015	0.428	5.786	0.373	6.252	0.338	7.406	0.271	8.365	0.211
広　西	4.587	0.470	5.368	0.381	5.967	0.321	6.970	0.266	7.659	0.223
海　南	-	-	5.543	0.419	6.169	0.359	6.995	0.305	8.109	0.231
重　慶	-	-	-	-	-	-	6.730	0.287	7.392	0.254
四　川	4.424	0.462	5.379	0.378	5.757	0.352	6.525	0.300	6.837	0.281
貴　州	3.171	0.620	4.154	0.507	4.963	0.431	5.438	0.388	6.418	0.312
雲　南	3.066	0.626	4.136	0.508	4.786	0.431	5.707	0.364	6.378	0.306
チベット	1.526	0.809	1.809	0.782	2.208	0.733	2.998	0.643	3.738	0.513
陝　西	4.783	0.483	5.438	0.438	6.127	0.369	7.188	0.295	8.062	0.243
甘　粛	3.600	0.602	4.380	0.536	4.857	0.492	5.978	0.385	6.860	0.321
青　海	3.541	0.612	4.419	0.546	4.628	0.532	5.586	0.449	6.758	0.369
寧　夏	3.681	0.597	4.805	0.500	5.446	0.449	6.311	0.380	7.375	0.308
新　疆	4.478	0.499	5.585	0.418	6.186	0.375	7.028	0.316	8.203	0.243

出典：孫百才（2009）　(1)：平均教育年数　(2)：教育ジニ係数

9000元だった。最低学歴と最高学歴の間の純資産の差は約5.2倍である。

　では，教育自体は平等といえるだろうか。中国で教育のジニ係数は減少してきた。1949年に0.902に上昇した教育ジニ係数は2009年に0.237に減少した。教育年数では1982年の4.6年から2006年の8.0年へと増加した。

　代表的な各地区の平均教育年数と教育ジニ係数を見てみよう。北京では教育のジニ係数は1982年の0.352から2005年の0.202へと減少し，平均教育年数は7.1年から10.7年へと伸びた。どの地区でも教育の格差は減少し，教育年数は伸びた。

　性別と都市・農村間，年齢別の教育ジニ係数を見ると，2010年に性別では0.194，都市・農村間では0.194，年齢別では0.280だった。張航空・姫飛霞（2013）によれば，

性別でグループ分けして計算した教育ジニ係数は，1982年の0.384から2010年の0.194へと低下した。グループ内（同性間）のジニ係数は，1982年の0.183から2010年の0.096へと0.087低下した。グループ同士（男女間）のジニ係数は，1982年の0.089から2010年の0.020へと0.069低下した。これは，同性間，異性間を問わず，教育水準の差がどちらも徐々に減少していることを意味する（張航空・姫飛霞 2013, p.3)。性別が教育のジニ係数に及ぼす影響は，1982年の23.13%から2010年の10.47%へと12.66ポイント低下した。これは男女の教育年数の差が顕著に減少したことを意味する（張航空・姫飛霞 2013, p.3)。都市と農村の教育のジニ係数は，1982年から2011年にかけてそれぞれ0.326，0.288，0.240，0.194へと低下が続いた。下落幅は約0.04である。都市間，農村間のジニ係数は，1982年の0.1860から2010年の0.0662へと0.1198低下し，下落幅が比較的大きい。都市間，農村間の教育資源分布の公平性が比較的大きく改善したことが分かる。都市と農村の間のジニ係数は1982年の0.0917から2010年の0.0701へと0.0216低下したが，下落幅は比較的小さかった。これは都市と農村の教育資源の公平性の改善が進んでいないことを意味する。一方，都市と農村の差が教育のジニ係数に及ぼす影響は上昇し続けた。1982年の0.2816から2010年の0.3613へと0.0797ポイント上昇した（張航空・姫飛霞 2013, p.4)。

中国の城市【大都市】，城鎮【小都市】，郷村【農村】を比較すると，2009年時点で平均教育年数は城市10.367年，城鎮8.443年，郷村7.375年だった。城鎮が郷村より1.068年長い。教育のジニ係数の場合，城市0.197，城鎮0.207，郷村0.215で，郷村が都市よりも教育格差が大きい。地域別では，東部地域が西部地域よりも平均教育年数が長く，教育のジニ係数が低い。

表3-30 中国での性別，都市と農村，年齢グループ別に見た教育のジニ係数（2010年）

	性別の 教育ジニ係数分解	都市・農村の 教育ジニ係数分解	年齢の 教育ジニ係数分解
ジニ係数	0.194	0.194	0.280
同一属性内	0.096	0.066	0.015
同一属性外	0.020	0.070	0.042
余剰部分	0.077	0.058	0.227

出典：張航空・姫飛霞（2013）

表 3-31　市・鎮・郷の平均教育年数と教育のジニ係数（2006〜09 年）

		2006	2007	2008	2009年
全 国	平均教育年数	8.0	8.2	8.3	8.4
	教育ジニ係数	0.237	0.230	0.226	0.223
城 市	平均教育年数	10.2	10.3	10.3	10.4
	教育ジニ係数	0.203	0.199	0.198	0.197
城 鎮	平均教育年数	8.3	8.4	8.4	8.4
	教育ジニ係数	0.222	0.215	0.211	0.207
郷 村	平均教育年数	7.0	7.2	7.3	7.4
	教育ジニ係数	0.231	0.223	0.217	0.215

出典：張文・郭苑（2011）

表 3-32　東部・中部・西部地区の市・鎮・郷の平均教育年数と教育のジニ係数（2009 年）

		東部地区	中部地区	西部地区
城 市	平均教育年数	10.5	10.4	9.8
	教育ジニ係数	0.195	0.190	0.236
城 鎮	平均教育年数	8.7	8.7	7.9
	教育ジニ係数	0.200	0.199	0.251
郷 村	平均教育年数	7.8	7.6	6.6
	教育ジニ係数	0.206	0.199	0.261

出典：張文・郭苑（2011）

　　教育発展の差が各省の間で存在する。2008 年に上海市の小中学生の教育予算は1人当たり1万 5473.62 元だったが，貴州省は 2310.83 元で，約 6.7 倍の差があった。地域間の教育の格差は多くの場合，経済・社会の発展の格差と関連がある（中国共産党中央宣伝部理論局 2010, p.56）。また，教育支出が問題となり得る。就学前の教育支出は，全国の教育支出の 1.2〜1.3％を占めているが，世界平均の 3.8％よりも少ない（中国共産党中央宣伝部理論局 2011, p.94）。中央財政は 2011 年に 30 億元を投じて中西部地域と少数民族地域の農村における就学前教育を支援した（中国共産党中央宣伝部理論局 2011, p.94）。義務教育と関連して，学生に学費と雑費を免除し，農村の学生には書籍代を免除した。中等職業教育の段階では，中央と地方の財政から 180 億元を確保して 1200 万人の学生を支援し，農村の貧しい学生，省・市の最低生活保障対象者の学費を免除した。中学高校の段階では貧しい学生を対象に1人当たり毎年 1500 元を支援し，それは全体の約 20％を占めた。高等教育段階では奨学金を設け，2010

年に延べ 499 万人に奨学金を支給した (中国共産党中央宣伝部理論局 2011, p.95)。西部地域の 1 人当たり教育支出は，東部地域の 73.5％に相当する (中国共産党中央宣伝部理論局 2010, p.4)。2010 年の秋学期から高校の国家支援金標準を平均 2000 元から 3000 元に引き上げた。中西部地域の農村の義務教育段階では貧しい寄宿舎生に生活費補助標準を 1 人当たり毎日 1 元引き上げた (中国共産党中央宣伝部理論局 2011, p.96)。また貧しい学生には資金の支援 (資助) を行っており，2010 年に資金の支援を受けた学生は 1.8 億人で，資金支援にかけた経費は 510 億元だった (中国共産党中央宣伝部理論局 2011, p.84)。中国の教育支援はこのように「奨」「助」「減」「免」「貸」に要約することができる。奨学金を出し，勤労学生 (勤工助学) の学費を助け，または学費を減免し，「二つの免除と一つの補助 (両免一補)」つまり学費と書籍代を免除して寄宿舎費を補助する，あるいは学費を貸す，という方法である (中国共産党中央宣伝部理論局 2011, p.95)。

権威主義的な政治と J カーブそして格差

　一般的に民主主義が定着するほど格差は少なくなると言われ，政治と格差は密接に関連している。経済的要因は格差に影響を及ぼすが，政治制度的要因も格差に重要な役割を果たす。政治が民主化すれば，人々に機会の平等を保障する経済制度が構築されるが，もし富と所得が偏重していると効率的な民主主義の出現は遅れる (Savoia, Easaw and McKay 2010, pp.142-143; 李養浩 2013, p.92)。

　民主主義国家では大多数の貧しい人々が再分配を進める政党に投票する可能性が高いため，格差を減らすことができる。一方，富裕層は再分配に反対する政党に投票する可能性が高い。このような理論は，メルツァー・リチャード (Meltzer-Richard) モデル，ルプ・ポントゥソン (Lupu-Pontusson) モデル，ミラノビッチ (Milanovic) モデルにおいて提示されている (李養浩 2013, p.97)。メルツァー・リチャード (Meltzer and Richard 1981, p.924) は中位投票者 (median voter) の役割を重視し，中位投票者の所得より低い所得の投票者は高い税率と再分配を指向する政党・候補を選択すると主張した。反対に，ルプとポントゥソン (Lupu and Pontusson 2011, p.332) は，中位投票者は上位層と連合することもでき，下位層と連合することもできるという論理を提示した。両方を批判したミラノ

ビッチ (Milanovic 2011, pp.69-70) は，中位投票者が再分配に投票するとは考えられない，なぜならば中位投票者が再分配で利益を得ることはないからだと指摘する。

また，政党の二極化，政治の二極化が格差にどのような影響を及ぼすのかに対する研究もある。マッカーティ・プール・ローゼンタール (McCarty-Poole-Rosenthal) のダンス (dance) モデル，ピアソン・モデル，フィンセラス・モデルなどが議論になっている (李養浩 2013, pp.104-106)。マッカーティ・プール・ローゼンタールの理論によれば，二極化した政党は格差を増加させる政策を生み出す (McCarty, Poole and Rosenthal 2006, pp.2-3)。ピアソン (Pierson 1996, p151) は，選挙を通じて支持が増えて福祉制度が充実し，再び福祉に対する期待が高まり，さらに福祉が充実して格差が減少するが，福祉政策と連携する利益集団の力が重要だと指摘する。フィンセラス (Finseraas 2010, p.284) は，非経済的領域で政党の二極化が強まれば，所得と政治的傾向との関係は弱まると主張する。

資本主義体制で論争になるこうした理論は社会主義国家である中国に適用できるのだろうか。中国は社会主義を維持し，今も一党独裁の続く国家であり，権威主義体制を取っている。従って，有権者が他の政党を選択することができない。他の政党組織はあるが事実上の衛星政党であり，共産党に関連する有識者など特定の集団で構成されている。

権威主義体制では権力者が再分配の圧力に屈する必要がないので格差が大きく減少することはない (Savoia, Easaw and McKay 2010, 147; 李養浩 2013, p.95)。むしろ状況が歪曲(わいきょく)され，格差が大きくて発展途上の社会としては累進税が好ましいとしても，実際には最小限の再分配が行われるだけだ。リンダート (Lindert 2000, p.209) が発展途上国の格差について述べた「ロビン・フッドの逆説 (Robin Hood paradox)」やクォン・ヒョクヨン (2007, p.224) が福祉国家について述べた「再分配のパラドックス (paradox of redistribution)」はこうした現象を指している (李養浩 2013, p.102)。

中国の場合，他の社会主義国家のように1980年代以降に改革開放という大きな変化があった。特に格差と関連しては平均主義を打破し，私有化と自由化を推進してきた。バードサルとネリス (Birdsall and Nellis 2003, pp.1621-1625) が指摘するように，私有化は富の分配を悪化させ，富を一部の階層に偏らせるため，発展途上国ではうまく運用できるとは限らない。私有化が可能になってもチロシ (Chilosi 1996, p.88) が指摘す

るように，労働者が受け取った持ち分を処分することで格差は再び悪循環に陥る。私有化や変革・改革は，社会にある程度のショックを与える。そして，そのショックが波及し，それで得をする人と損をする人が生じる。社会主義国家やポスト社会主義国家における改革で出現する，得をする「勝者 (winners)」と損をする「敗者 (losers)」に対する理論を最もよく説明しているのがＪカーブ理論である。改革によって勝者と敗者に分かれるため，改革を成功させるには敗者にもインセンティブを与えて改革が挫折しないようにすべきだという仮定から出発する。

　ジェンセン (Jensen 2003, p.1092) は，プシェボルスキ (Adam Przeworski) が提示したＪカーブ理論について，改革により短期的に損をする経済的弱者 (economically disadvantaged) が改革を妨害することを十分説明する理論という。Ｊカーブ理論支持者は，所得の格差と貧困の増加が，改革に反対する勢力を糾合して台頭し，エリートによる経済改革を後退させるとしている。一方，国家捕獲 (state capture)【政府や政治家に影響を及ぼし，自らに都合よく法律や規制を変えられるようにすること】を主張する学者は，格差の増大と貧困はエリート連合がつくり出した部分的改革の結果だと主張する。二つの立場は相反している。Ｊカーブ理論支持者は所得の格差と貧困が部分的改革となってしまう原因と見ているのに対し，国家捕獲理論支持者は部分的改革の結果だと見ている (Jensen 2003, p.1093)。

　ジェンセンは，Ｊカーブで見るように所得が改革の初期に減少するなら，貧困ラインの貧しい人々にとって致命的で，直ちに彼らは改革に反対するだろうと指摘する。特に中欧・東欧と旧ソ連地域における転換前の所得の格差と貧困水準で経済改革の経路を説明することができるとしている。人口の大半が貧困ラインに近づけば，改革は失敗する。このような社会では「中位投票者」も貧困に陥る危険があるという (Jensen 2003, pp.1098-1099)。

　プシェボルスキは急進的戦略と穏健な戦略について，急進戦略は「苦い薬 (bitter bill)」で消費水準の急落は避けられないが早く回復することができ，反対に穏健な戦略は消費水準は急落しないが回復に時間がかかるとしている。また，費用の面でも急進的戦略は社会的費用が大きいが，反対に穏健な戦略は費用が少なくて済む (Przeworski 1991, pp.162-163)。問題は，漸進的な改革が公正に進行するとき，富裕層はより急進的な方法を好むが，貧困層は漸進的な改革を好むということだ。反対に，

急進的改革が公正に進行し、むしろ漸進的改革が格差を増加させるようなら、富裕層は漸進的改革を好み、貧困層は急進的改革を好むようになる。民主主義体制のような多数決制度であれば中位投票者の役割が重要である (Przeworski 1991, pp.174-175)。

プシェボルスキの論理の核心は、改革の分配を伴う結果は全体の費用の問題と関係なく、政治的ダイナミクスと関係があるということだ。プシェボルスキが示した図にある通り、急進的改革は消費水準の急落をもたらすが回復は早く、穏健的改革は消費水準は急落しないが相当な期間が過ぎてから本来の消費水準が回復する。

ミトラ (Pradeep Mitra) とセロウスキー (Marcelo Selowsky) は、世界銀行の研究で計画経済体制から市場経済体制に転換した国家における「部分改革のパラドックス (partial reform paradox)」を主張し、敗者と勝者に関するJカーブを提示した (World Bank 2002, p.94)。計画経済から市場経済に転換する過程で勝者と敗者が現れ、特にこの敗者に「改革によって利益を得られる」と思わせる必要があるが、実際には財産権などの制度の不備によって内部支配者 (insider managers) が会社の資産などを横取りする。改革前の時点で一定の利益を得ている典型的な利益を得る集団は三つあり、国営企業労働者、潜在的な新規参入者、内部支配者・寡頭支配者 (oligarch) である。

国営企業労働者は国有企業に属し技術を持たずに競争市場に参入する人々、潜在

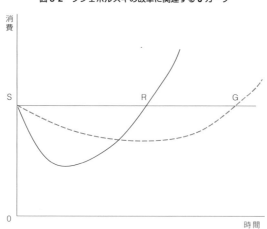

図3-2 プシェボルスキの改革に関連するJカーブ

出典：Przeworski (1991)　ここでGは「穏健改革」、Rは「急進改革」、Sは「改革前」を意味する。

的な新規参入者はもともと国有企業労働者だったが企業家として技術を持って競争市場に参入する人々，内部支配者・寡頭支配者は国家資産を実際に統制し，移行体制で地位を受け継いだ政治エリートと密接なつながりを持つ階層である (World Bank 2002, p.92)。勝者はこうして得た経済的利益を政治的影響力として行使し，経済的利益を引き続き得るために市場経済的な競争を阻害して歪曲する。この三つの集団は，転換にあたり問題に直面することになるが，国営企業労働者は改革の進行に伴って国営部門が縮小し，所得が減少するのに対して，潜在的な新規参入者は改革初期には国営企業から抜け出て新規の仕事に就くので調整費用は高いが，市場経済的改革によって利益が増えるのでJカーブを描いていく。一方，寡頭支配者と内部支配者は改革が進むとある時点から利益が徐々に減少し，逆U字型，すなわち∩カーブを描くようになる (World Bank 2002, p.93)。急進的な改革を行えば，国営企業労働者と新規参入者は適応するための費用 (adjustment cost) が大きくなり損をする可能性があるが，寡頭支配者・内部支配者は損をしない。反対に，穏健な改革を行えば国営部門は維持されるため国営企業労働者だけでなく潜在的参入者には初期の適応費用がほとんど発生しない (World Bank 2002, pp.93-94)。寡頭支配者・内部支配者が国家を捕獲 (capture) することができるようであれば，急進的改革は行われず，国営企業労働者や潜在的な新規

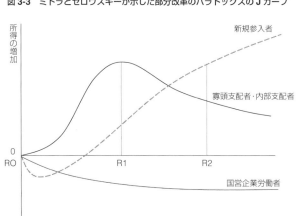

図3-3 ミトラとセロウスキーが示した部分改革のパラドックスのJカーブ

出典：World Bank（2002） R0は改革前，R1は寡頭支配者と内部支配者の所得が最大化する時点，R2は新規参入者がその他の所得を上回り，政治的圧力を行使して寡頭支配者・内部支配者の抵抗を弱める時点を意味する。

参入者も改革の過程で生じる調整費用を減らすために部分的な改革を選択するという論理である。

中国における改革は漸進的なプロセスをたどった。当初，改革に対する抵抗は保守主義者から出てきた。しかし中国は強固な壁を徐々に動かしていく底力を見せた。シャーク (Shirk 1993) によれば，障壁 (stone wall) を押し倒すというより，障壁に緩みが生じて押せるようなら押し，障壁が固くて抵抗が激しければいったん中断して再び押すというように改革を推進した (李養浩 2005, p.335)。また，抵抗が弱い地域および部門から先に改革を推進した。その地域が中国南部で，部門は農業だった。こうした部門から改革に着手し，ある意味で改革は，中国の指導部と農民が連合して中間の保守的な反改革勢力を牽制する過程だったといえる。ケリハー (Kelliher 1992; 李養浩 2005, p.254) によれば，私有化と改革は権力層に衝撃をもたらしただけでなく，集体や貧困農民にも衝撃を与えたため，中国共産党は新しい同盟者を模索したが，その同盟者というのが農村の富農と企業家だった。結局，農業改革に成功して食の問題を解決することでその後の改革に弾みがついた。

中国の改革では農民と新規参入者は改革によって利益を得て，寡頭支配者・内部支配者も漸進的な改革により利益を得ることができた。従ってプシェボルスキ・モデルやミトラ・スロウスキー・モデルのJカーブが現れることなく，全ての階層の利益が最初から増加したと評価することができる。

加えて，近年の中国における重要課題は，量主導モデル (quantity-led growth model) から質主導モデル (quality-focused growth model) に転換し，持続可能な発展を遂げることにある。しかし地方政府指導者の任期が政策の実現を妨げる恐れがある。なぜなら地域指導者が上位政府の指導者の目に留まろうと急速な経済成長を推進する傾向が強いためだ (Xiong 2012, p.284)。このような傾向は急成長をもたらしたが，中所得国の罠に陥れば問題となり得る。

重要なことは，Jカーブにおける敗者に中国はある程度関心を持ち，一方で寡頭支配者や内部支配者の不正腐敗に目をつぶったことだ。そのためミトラ・スロウスキー・モデルで指摘する部分的改革のパラドックスが中国では起きなかった。中国では，改革や市場競争の導入により損をするはずだった寡頭支配者や内部支配者がむしろ得をしたので，一層改革が加速化したと考えられる。中国の不正腐敗には「官倒」【役人が

地位を利用して物資の横流しをすること】「仕途」【キャリアを金で売ること】「穿牆」【売り手・買い手を仲介しコミッションを取ること】「対縫」【貿易等に投機すること】などと呼ばれ，権力とつながる中で不正が起き，地下経済とも関係が深い。地下経済の規模はGDPの25〜45％とも推定される。2004年の地代は4兆6787億元でGDPの29.3％であり，その大半は灰色所得に転換された（林経緯 2014, p.65）。王小魯の「灰色所得と国民所得分配」という研究報告によれば，2005〜08年の3年間に統計数値で捉えることのできない陰性所得が91％増えたという。また，所得ピラミッドの上位20％が富の80％以上を保有し，金と権力，利益独占などと深く関わる灰色所得が5兆4000億元に達している。都市と農村の最高所得世帯と最低所得世帯の実際の1人当たり所得格差は65倍に上っている。一般的に高所得グループが比較的高い陰性所得と灰色所得を持っており，中低所得グループの陰性所得と灰色所得は比較的少ない（邵文綱 2015, pp.32-33）。個人の陰性所得は，城郷戸籍調査資料と資金循環統計データ（資金流量表数拠）を比較して得た数値だ。2011年の城郷戸籍調査によれば，全国の住民収入は19兆6000億元である。資金循環統計データによれば全国で28兆6000億元である。この二つの資料から規模を推定すると34兆7000億元になる。戸籍調査数値よりも15兆1000億元多く，資金循環統計データよりも6兆2000億元多い。つまり，6兆2000億元は灰色所得ということになる。この所得は高所得住民の所得である（王小魯 2015, pp.205-206）。

　王小魯が示した2008年の世帯所得の推計と所得統計の差を見ると，世帯所得が高いほど陰性所得の比率も明らかに上昇している（杜莉 2015, p.39）。

　王小魯（2015, p.206）によれば，陰性所得を考慮して都市住民の最高10％世帯と最低10％世帯を比較すると，2011年の都市住民の所得格差は統計数値上の8.6倍から20.9倍へと拡大する。都市と農村の最高と最低のそれぞれ10％世帯の1人当たり所得の比率は，統計数値上の23.6倍から47倍に増加する（林経緯 2014, p.65）。私営

表3-33　陰性所得を含む世帯所得の推計と所得統計上の倍数（2008年）

世帯所得水準	最低	低	中低	中間	中高	高	最高	世帯合計
比較値	1.125	1.009	1.174	1.280	1.431	2.091	3.187	1.904

出典：杜莉（2015）

表3-34 　J省の40の村における腐敗類型の調査統計表

腐敗の類型	「名目を盾にする」型	「政策投機」型	「資源を押さえる」型	「財産横領」型
行政村の数	15	23	7	9
パーセント(%)	37.50%	57.50%	17.50%	22.50%

出典：尹利民・穆冬梅（2015）

表3-35 　J省の40の村における行動傾向の調査統計表（N=763）

村幹部の腐敗行為に対する態度	まったく同意できない	どちらかというと同意できない	普通	どちらかというと同意する	とても同意する
村民はなすすべがなく不満がたまるだけ	11.3%	10.6%	18.1%	44.6%	15.4%
関連官庁に知らせる	7.9%	10.3%	24.2%	36.3%	21.3%
村の運営を公開するように要求する	3.1%	5.3%	10.2%	36.2%	45.2%
請願して反映する	9.0%	18.6%	36.5%	23.6%	12.3%

出典：尹利民・穆冬梅（2015）

　企業主は二重帳簿を作って脱税することもあるため高所得階層の所得を把握することは難しい。2010年に，人口8000万人の江蘇省で個人所得税を納付した納税者のうち，月間所得2万〜4万元の集団が約7000人，4万〜6万元の層が1916人にすぎなかった（林経緯 2014, pp.67-68）。

　近年，不正腐敗に対する大々的な根絶運動が広がっているのも事実だ。統計によれば，2010年全国規律監察機関は13万9621件を摘発して14万6517人に党規律処分を下し，そのうちの5373人の容疑者は司法処理機関に移された（中国共産党中央宣伝部理論局 2011, p.115）。国家統計局の意識調査によれば，2003〜10年の間に反腐敗に対する人民の満足度は51.9%から70.6%に増加した。消極的な腐敗行動を抑制する効果は68.1%から83.3%に増加した（中国共産党中央宣伝部理論局 2011, p.113）。

　『人民論壇』のアンケート調査によれば，地方自治における「小官貪腐」【低位の公務員の汚職】の場合，区や県の役所の幹部（区県基層干部）が39.26%，村幹部が34.90%，郷鎮幹部が25.84%であった（周慶智 2015, p.25）。

　中国は一党独裁国家であるので,中国共産党党員の数を知る必要がある。李毅(2008, p.202)によれば7000万人の党員がいて，そのうち約1600万人が幹部である。およそ500万人の党員準幹部がいる。400万〜600万人の党員は私営企業主である。そうすると7000 − 1600 − 500 − 400 = 4500。つまり，4500万人の党員は都市

労働者と農民となる。2003年に67万8600の行政村があり,小さい行政村当たり15〜25人の党員がいて,大きい行政村には30〜40人の党員がいる。従って行政村の党員を中間の25人とすれば678,600×25＝16,965,000。約1700万人の農民党員がいることになる。4500−1700＝2800。およそ2800万人の都市の労働者党員がいる計算だ。中国では40年間,幹部と党員の比率は1：2.5で,幹部は党員の40％を占めている (李毅 2008, p.202)。都市労働者の党員の比率では,2003年に2億5600万人の都市労働者がいて,ここから4000万人の幹部と1300万人の準幹部を除けば2億300万人の都市労働者がいる。2800/20300＝約14％＝約1：7。都市労働者のうち党員は7分の1だった。農民に占める党員の比率を見ると,2003年に4億8800万人の農民・農民工のうち1700万人の農民党員がいる。1700/48800＝約3.485％＝約1：28。農民のうち党員の比率は28分の1だった。中国共産党の場合,1978年から2006年まで労働者党員の比率は18.7％から11.1％へと減少し,農民党員の比率は46.9％から31.7％へと減少した。

解放軍党員は6.9％から2.2％へと減少した。反対に社会団体党員が増加し,ホワイトカラー党員 (マネジャーとエンジニアを含む) が21.4％で,5.1％の党員は私有経済を謳歌していた (鄭永年 2010, p.179)。これらの党員たちはある意味中国では恵まれた人々といえる。

中国では皆が平等な選挙権と政治参加と政治代表権を持っているのは建前に過ぎず,現実には政治権力に格差があり,これに付随して経済の格差も出てくる。

中国で差別を受ける集団は,農民,女性や子供,少数民族,障害者,立ち遅れた地域の住民などで,労働や就職,政治参加,社会保障,大学入試,権益保護,利益確保において不利な立場に立たされ,経済生活でも格差のある立場にある。これが,反発,憎悪,報復といった心理につながり,社会の矛盾をもたらす。格差から生じた社会矛盾は貧しい人々を刺激して犯罪を誘発し (謝治菊 2014, p.76),格差の悪循環が起きる。

中国でも選挙制度に対する変化があったが,再分配が大きく増加したことはなかった。中国における再分配率は1990年代初めに4％,2000年代末に6％にすぎなかった。これは中央・東欧諸国の20〜30％よりもはるかに低い (UNDP 2013, pp.104-107)。このように再分配がほとんどなされていない理由は,政治体制が権威主義的であるた

めだ。しかし，民主主義国家における多党制ではなくても，有権者が投票権を行使することで，ある程度影響力を及ぼす可能性が少しずつ出てきた。全国人民代表大会や省級の人民代表大会では間接選挙を行っているが，1979年以降に県級までは直接選挙ができるようになり，1990年代半ば以降幾つかの省の郷鎮で選挙対象を副郷長から郷長まで拡大した (鄭永年 2010, p.157)。

また，中国の複数候補制は資本主義国家のような完全な複数候補制ではないが，少しずつ変化の兆しがある。中国では「差額選挙」という名称で候補者の人数は選出すべき人数の 1.5 〜 2 倍と定めている。差額率が 2 であれば 1 人を選出するのに候補を 2 人まで立てることができ，10 人選出する場合には候補を 20 人まで立てることが可能だ。まだ有権者にとっては選択に制限があるが，しかし，たとえ差額選挙でも最近は村民委員会選挙などで候補者間で競争が過熱しているところもある。従って先進国で議論になるメルツァー・リチャード・モデルに向かう可能性が出てきている。

戸籍制度と移住そして土地

中国の戸籍制度は都市化を阻むだけでなく，格差を引き起こし，持続させる役割を果たした。市場経済は拡大しようとする傾向を持っている一方，国家は移住を統制しようとする意図を持っている。このような矛盾は対立をもたらす (Lu and Wang 2013, p.1444)。北京の都市住民と農村住民を対象比較 (pairwise comparison) したリュウ (Liu 2005, p.155) の研究によれば，都市と農村間の所得格差は，農村住民に対して都市での生活，教育，雇用を認めない戸籍制度に原因がある。農村住民にとって都市戸籍の価値を推定すると 2741 〜 4 万 5654 元とされる。

戸籍制度は旧ソ連にはなかった制度で，中国で 1950 年代から 1960 年代初めにかけて一括購入一括販売 (統購統銷) を実施するために導入され，大躍進運動で起きた飢餓を解決する狙いもあった。さらに 1965 年から 1985 年の間，外敵の侵入に備えて三つの軍事戦線を設定する「三線建設」を行う目的で戸籍制度を定着させた。1985 年以降に食糧問題が解決され，外敵侵入の可能性も消えたが，都市の安定のために戸籍制度は存続されてきた (李毅 2008, p.148)。

戸籍制度は1951年に社会の安定と秩序を維持するため始まり，都市と農村地域を区分し，農民の都市流入を遮断し，農村・都市間の人口移動を抑制するためにつくられた。これは，計画経済を採用していることから，人的資源を業種別だけでなく地理的にも統制を容易にする目的があった (Liu 2005, p.135)。問題は戸籍制度と配給制度を連携させたことだ。1955年に配給制度が導入され，食糧，肉類，油，砂糖，綿花は国営店舗で配給証を通じて配給されるようになった。農村住民は配給制から除外され，食糧は自給自足するものと見なされた (Liu 2005, p.136)。

　しかし1980年代以降，戸籍制度の改革が始まった。戸籍登録において暫定許可証と，ブルーカードに当たる青色戸籍（藍印戸口）が発行され，臨時滞在証があれば滞在できるようになった。許可証と戸籍は中央政府でなく地方政府が発行した。ブルーカードを保有する者は，都市戸籍と同じように見なされ，配給だけでなく賃金，教育などにおいて都市の恩典と権利を享受することができた。都市戸籍を購入することも可能になり，1990～94年に地方政府は財政収入を目的に1枚当たり8300元で300万の都市戸籍を売却した (Liu 2005, p.137)。

　戸籍は出生時に母親の地位に従って付与されるが，母親と父親の地位は常に同じではない。2008年に結婚の5%は異なる地位の男女の間で成立した。多くは都市戸籍の男性と農業戸籍の女性だった (Treiman 2012, p.34)。農業戸籍から都市戸籍に変更するのは非常に困難だった。

　改革開放以前は農民が集団化と戸籍制によって土地にしばられていた (Zhu and Luo 2010, p.192)。しかし私有化，自由化の流れを受けて農民は次第に土地から解放されるようになった。1970年代末まで地理的移動 (mobility) が制限されていたが，改革開放によって移住する農民たちが現れるようになった (Lu and Wang 2013, p.1444)。1990年代半ば以降，多くの国有企業が私有化され，2000年代半ばには国有企業の被雇用者の割合が半数以上減少した。私営企業に対する政府の規制が緩和され，2002年に理論的には私営企業は国有企業と同じ地位を保証された。私営企業主は富を蓄えたが，この中には都市住民だけでなく移住者も含まれていた。非国有部門の移住賃金労働者が自営に転換して所得を向上させた (Lu and Wang 2013, p.1445)。

　2010年のセンサスによれば，2億2000万人が過去30年の間に故郷を離れて他の地域に移住した。多くの都市で人口の30～40%は農村から来た移住者で構成さ

表 3-36　流動人口推移（単位：億人）

年度	「人戸分離」【戸籍地から離れる】人口	流動人口
2000	1.44	1.21
05	-	1.47
10	2.61	2.21
11	2.71	2.30
12	2.79	2.36
13	2.89	2.45
14	2.98	2.53

出典：『中国統計年鑑 2015』

れていた (Lu and Wang 2013, p.1445)。2014年の『中国統計年鑑』によれば，2億5300万人がいわゆる流動人口とされている。

世界銀行の研究によれば，労働力の1%が農村から都市に移動すれば，全体の経済は0.5%増加する。労働力の流出が5%, 10%に達すれば, GDPはそれぞれ2.5%, 5%増加する(Zhu and Luo 2010, p.192)。流動人口によってGDPは増加するがこれに伴って格差も増加する。ジュウとルォ (Zhu and Luo 2010, p.192) によれば，改革開放以降に農村での格差が増加した理由は，非農業所得分配が農業所得分配よりも格差が大きい上，富裕な農家ほど移住や非農業への転換の機会が多く，さらに高所得農家ほど非農業活動に参加し，所得に占める非農業所得の割合が高かったためだ。

全般的に移住者の都市在留期間は2012年の平均で9年に達する。これは，6〜15歳の移住者の子女に教育を提供する地域当局が定めた要件でもある (OECD 2015, p.12)。上海の場合，移住者は1981年に26万人だったが，2010年700万人へと増加し，移住者が上海住民の約40%を占めている (Lu and Wang 2013, p.1455)。2014年には都市住民と農村住民間の区別がなくなった。しかし大規模な市では依然として移住者に対する差別が存在する (OECD 2015, p.21)。世界銀行と国務院発展研究センターの2013年の報告によれば，2010年に60%以上の農民工が非正規職だった。非正規職の多い部門は2012年には大手国有商業銀行で，派遣職員の比率が最も高かった。興業銀行の派遣職員の数は職員全体の33.5%を占めている。中国銀行の派遣職員は約6万人に上っている (鄭春栄 2015, p.100)。北京市の1025の農村で実施された，都市から移住した労働者 (進城務工人員) に対する調査では，機会の格差と幸福感について機会の格差が大きいほど幸福感が低いという負の相関関係があった。都市

と農村の二元的戸籍制度が都市と農村間の機会の格差の最も重要な要因と考えられる（陳前恒，胡林元，朱礼 2014, p.51）。

　戸籍制と移民の問題と関連して土地の問題がある。農業をやめて農業以外に従事することで土地を離れる農民が増えたのだ。2004 年，中国の非農業所得は農村所得全体の 46％に達し，アフリカの 42％，南米の 40％，アジアの 32％よりも高い（Zhu and Luo 2010, p.191）。これは全般的に土地の市場化と密接な関係がある。農村の土地はもともと集体所有で，使用権のみを農民に認めていた。当初は土地の使用契約期間は 1 年だったが 1983 年に 3 年，1984 年に 15 年に延長し，1993 年には 30 年間使用できるようになった。

　企業が誕生して郷鎮企業が農村地域に増えるにつれ非農業人口が増え，土地を耕作しない住民が増えた。土地使用権は天賦の権利とされたため土地の調整が必要で，毎年の調整には測量などに多額の費用がかかるので，使用期間を延長することになった。これは一つの農家に問題が生じれば全体の土地配分を再度しなければならないという問題，すなわち「一戸が病気になれば全体が薬を飲まざるを得ない（一戸有病 全体喫薬）」（李養浩 2005, p.249）。結果として，土地を耕作しない場合には使用権を賃貸できるようにし，土地の転譲【集体が使用権の契約を別の借り手と結び直すこと】や売買が起こるようになった。

　土地市場において 2001 年に全国の土地の出譲【人民政府からの使用権の貸出】所得は 1296 億元で，GDP の 1.2％だった。2013 年に全国の国有地の出譲所得は 4 兆 1200 億元で，GDP の 7.2％，公共財政収入の 32％，地方政府財政収入の 60％以上を占めていた。土地出譲面積は 2001 年の 9 万ヘクタールから 2013 年の 20 万ヘクタールへ 1.2 倍になり，建設用地の 27.4％を占めていた。国有建設用地の実際

表 3-37　土地出譲収入の変化（2001〜13 年）

項目	2001 年	2013 年	倍数（倍）
土地出譲収入（億元）	1296	41250	31.8
土地出譲面積（億㎡）	9	20	2.2
土地出譲平均価格（元/㎡）	144	2062	14
土地出譲収入（対GDP比）	1.20％	7.25％	6

出典：王小魯（2014b）

の供給総量は73万ヘクタールだった (王小魯 2014b, p.36)。2011年の地方政府収入の26％は農民から回収した土地を売って得たものだ (Salidjanova 2013, p.6)。土地使用権の売買は大きな所得を生み，2013年にGDPの7.3％に達した (OECD 2015, p.65)。近年の土地財政は，地方政府が土地使用権を売って収入を上げている。2009年に沿海地域の某市の場合，土地売却収入は1200億元を超え，地方財政収入520.79億元の2.3倍に達した。土地の「招拍掛」，すなわち土地の入札（招標），競売（拍売），開業（掛牌）が流行している (中国共産党中央宣伝部理論局 2010, p.73)。1畝当たりの耕地の農業年間所得を200元，5％の投資利回りを仮定すれば，1畝当たりの土地価格は4000元になる (王小魯 2014b, p.36)。2001～13年の13年間に土地出譲収入は31.8倍，出譲面積は2.2倍，平均出譲価格は14.0倍，土地出譲収入がGDPに占める割合は6倍に増加した。

問題は，農民が土地から利益を得ることができないという点だ。土地管理法は地方当局が農民に土地に対して補償するものだが，市場価格に基づく補償になっていない。2011年1800の村に対する調査で，土地を失った住民は1畝当たり平均1万8739元を受け取った。地方政府は1畝当たり77万8000元を受け取っているのにもかかわらず，農民に渡るのはそのわずか2.4％である。2000年代末，土地の賃貸料は政府予算に含まれていないが，地方政府収入の50％に達している。集団暴動が増加するのも当然である。集団暴動は増加の一途をたどり，2005年の8万7000件から2010年の18万7000件へと増加し，暴動事件の大半は農民が自らの土地を失ったために起きている (Cui et al. 2015, pp.92-93)。2010年には土地に関する紛争が中国の農村で起きる暴動の65％を占めている (Salidjanova 2013, p.5)。

第4章

再分配と社会保障

再分配

　格差は国家と市場によってつくられる。労働市場の格差は市場経済の特徴的現象であり，二元的な労働市場の構造や賃金の構造も格差をもたらす。市場が，制度的にどのように構造化されるかによって，格差が深刻かどうかが決まる。国家が政策を通じて市場の失敗にどう介入するかによって，機会の再分配の構造を変えることができる（Lu and Wang 2013, p.1444）。再分配は市場に現れた格差を抑制し，市場の格差を軽減する。すなわち課税，または補助金の支給により，国家が直接介入することが難しい市場において発生する格差を解消し，緩和させる。

　民主主義国家では，メルツァー・リチャード効果（Meltzer-Richard effect）が作用し，中位投票者の役割を通じて政党が再分配的政策を取るよう促し，政策にも反映される。格差が大きくなれば再分配への圧力が生じ，また，政治権力が経済権力よりも平等に配分されているので，有権者の大多数が再分配を促すために投票する力とインセンティブを持つようになる。再分配がうまくいくかどうかによって，格差の改善の程度が決ま

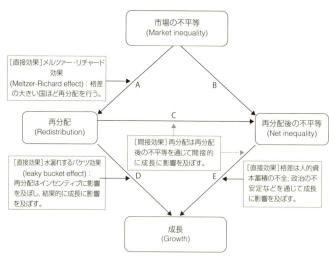

図 4-1　格差，再分配，成長の間の相互関係

出典：Ostry, Berg and Tsangarides (2014)

り，また，再分配は間接効果によって経済成長に影響を及ぼす。再分配は水漏れするバケツのように，稼ぐことへのインセンティブと成長に直接影響を及ぼす。すなわち，高い税率と移転は富裕層が稼いで投資するインセンティブを減少させるため，再分配は成長を阻害する恐れがある。しかし一方で，再分配によって富裕層に有利な節税や脱税を抑えることもできるので，必ずしも成長を阻害するものではないとの見方もある (Ostry, Berg and Tsangarides 2014, p.9)。

先に述べたように，基本的に一党独裁体制の社会主義国家では，選挙が完全な複数候補制でなく「差額選挙」として行われ，多党制が認められていないため，有権者による再分配政党支持や投票によるメルツァー・リチャード効果を期待することは難しい。それでも改革が進む中で「赤い資本主義 (red capitalism)」が定着し始め，選挙に利権が関わることで競争が過熱しているため，次第に資本主義国家と同じ論理が適用されることになるだろう。中国でも再分配をめぐる論争が続いており，中国共産党も再分配政策を推進していることから，一党独裁の権威主義体制下でも再分配の効果が現れる可能性はある。

中央宣伝部は社会分配メカニズムを三つの段階に分けている。第1次分配，第2次分配，第3次分配である。第1次分配は各生産要素が国民所得に貢献した程度に応じて，主に市場メカニズムを通じてなされる。第2次分配は第1次分配を基礎として，国民の収入の一部を税収と社会保険システムを経由して分配することをいい，主に政府の調整メカニズムが働く。第3次分配は社会の力を借りる，救済活動を行う民間寄付，慈善事業，ボランティア参加などさまざまな形式の制度とメカニズムを意味している (中国共産党中央宣伝部理論局 2011, p.21)。

再分配と関連して，中央宣伝部は「余裕分を抽出して不足分を埋めること (抽肥補痩)」や「富者の財産を取り上げて貧者を救済すること (劫富済貧)」ではなく，さらに「富者と貧者を平等にすること (均貧富)」でもないということを明確にしている (中国共産党中央宣伝部理論局 2010, p.99)。また，2011年に国家税務総局は「高所得者の個人所得税の徴収と管理に関する通知」を発表し，高所得者の脱税に厳しく対処する方針を打ち出した (中国共産党中央宣伝部理論局 2011, p.31)。脱税とは税金の「偸【中国語で「盗む」の意】」「逃」「漏」「避」などの行為をいう。しかし，腐敗が蔓延した社会で脱税を防ぐことは容易ではない。

問題は中国で「法律の空洞化」現象が起きている点だ。中国では法律が0.9%，政策が99.1%で，法律と政策が1：110の関係にあるといわれる(劇宇宏 2013, p.24-25)。従って法律よりも政府の政策や指示が優先すると見なされる。加えて，中国には「上に政策あれば下に対策あり (上有政策下有対策)」という言葉があるように，中央と地方，そして個人の間での駆け引きが展開している。

税引き前と税引き後のジニ係数で見る再分配

欧州や先進国では再分配によって格差が大きく減少した。しかし中国の場合，第1次所得分配ジニ係数と第2次所得分配ジニ係数の間にはほとんど差がない。2000年代末に中国の再分配率は6%にすぎなかった。これは欧州の先進諸国の40～50%に比べると非常に低い。また，中・東欧のポスト社会主義国家の10～40%よりもだいぶ低い。中央アジアのポスト社会主義国家の2～8%に近く，社会主義を維持するベトナムの2%よりは高い。

OECD諸国の場合，2000年代末に税引き前のジニ係数は0.457であるのに対し，税引き後のジニ係数は0.314で，0.143減少している (李養浩 2013, p.81)。2012年のOECD諸国の税引き前後のジニ係数の差は，税引き前0.469，税引き後0.308で，約0.161減少しており，OECD諸国ではほとんどで税引き前と後のジニ係数に大きな差が生じている。もちろん韓国やトルコなど非西欧国家ではまだ大きな差はない。米国は税引き前のジニ係数は0.513，税引き後は0.390だった。フランスは税引き前のジニ係数が0.518，税引き後は0.306だった。ドイツは税引き前が0.518，税引き後が0.289だった。これらの国では再分配を通じて格差が大きく改善した。一方，韓国は税引き前が0.338で税引き後が0.307，トルコは税引き前が0.424で税引き後が0.402だった。格差がほとんど改善していないことが分かる。

先進国では再分配による格差の改善幅が大きいが，発展途上国や非西欧国家の場合は格差の改善幅がとても小さい。スウェーデン，ドイツ，米国など13の先進国では，1980～2000年に社会保障と税収がジニ係数を40%程度減少させた。そのうち，社会保障がジニ係数減少に貢献する割合は74.6%で，税収が貢献する割合は

第4章 再分配と社会保障

表 4-1 第 1 次所得分配ジニ係数，第 2 次所得分配ジニ係数および再分配率

	第1次所得分配ジニ係数		第2次所得分配ジニ係数		再分配率	
	1990年代初め のジニ係数	2000年代末 のジニ係数	1990年代初め のジニ係数	2000年代末 のジニ係数	1990年代初め の再分配率	2000年代末 の再分配率
中国	35.0	42.4	33.5	39.7	4%	6%
日本	36.0	37.0	29.1	30.5	19%	18%
フィンランド	36.6	47.1	21.0	25.5	43%	46%
ノルウェー	41.6	40.4	23.2	22.2	44%	45%
スウェーデン	45.6	44.9	21.0	21.9	54%	51%
フランス	41.1	50.4	27.0	28.9	34%	43%
ドイツ	45.1	55.5	26.5	30.3	41%	45%
英国	46.7	51.7	32.8	36.5	30%	29%
イタリア	43.7	43.6	30.7	32.6	30%	25%
スペイン	37.2	39.4	30.3	32.7	19%	17%
米国	43.2	46.2	33.6	36.0	22%	22%
インド	33.0	35.7	31.4	34.0	5%	5%
ブラジル	58.3	51.1	51.8	46.7	11%	9%
ハンガリー	40.0	37.8	26.8	26.0	33%	31%
チェコ	29.7	39.5	20.5	25.6	31%	35%
スロベニア	31.6	41.8	18.6	24.2	41%	42%
ポーランド	34.0	40.3	25.3	29.7	26%	26%
ブルガリア	26.5	40.1	25.8	35.8	3%	11%
ルーマニア	32.9	49.3	22.8	32.6	31%	34%
ロシア	31.9	49.2	33.1	45.2	-4%	8%
カザフスタン	29.4	37.8	26.8	36.9	9%	2%
キルギスタン	27.8	46.3	29.1	36.5	-5%	21%
タジキスタン	33.7	36.0	28.9	33.1	14%	8%
トルクメニスタン	30.7	43.8	26.4	40.7	14%	7%
ウズベキスタン	31.9	42.7	27.5	37.0	14%	13%
ベトナム	35.8	39.0	35.3	38.2	2%	2%

出典：UNDP (2013) 再分配は絶対的な再分配と相対的な再分配に区分できる。絶対的な再分配は市場所得ジニ係数と純所得ジニ係数との差を意味し，相対的再分配はこの差を市場所得ジニ係数で除して100を掛けた数値(Solt 2014)。

25.4％であった。フランス，スウェーデン，スイスにおいて社会保障が所得格差の減少に貢献する割合は80％以上である (高文書 2012, p.62)。

熊月茜 (2015) によれば，2011年に税引き前のジニ係数0.317と税引き後のジニ係数0.315の差である再分配効果は0.00279しかない。

黄鳳羽・劉暢 (2014, p.33) によれば，中国では2011年に税引き前のジニ係数が0.413，税引き後のジニ係数が0.389で差は0.0235にすぎず，格差はわずかな減少にとどまっている。城鎮では2011年の税引き前ジニ係数は0.325，税引き後のジニ係数は0.326で差は0.0014増加し，むしろ格差が若干強まった。農村でも2011

表 4-2　OECD 加盟国における税引き前と税引き後のジニ係数（2012 年）

	税引き前の総所得ジニ係数	税引き前および移転前の市場所得ジニ係数	税引き後および移転後可処分所得のジニ係数
オーストラリア	0.485	0.463	0.326
オーストリア	0.323	0.495	0.276
ベルギー	0.313	0.488	0.268
チェコ	0.290	0.455	0.256
デンマーク	0.290	0.436	0.249
エストニア	0.363	0.489	0.338
フィンランド	0.304	0.488	0.260
フランス	0.343	0.518	0.306
ドイツ	0.345	0.501	0.289
ギリシャ	0.376	0.569	0.340
ハンガリー	-	0.485	0.289
アイスランド	0.294	0.399	0.257
アイルランド	0.379	0.582	0.304
イスラエル	0.419	0.481	0.371
イタリア	0.365	0.509	0.327
韓国	-	0.338	0.307
ルクセンブルク	0.336	0.502	0.302
メキシコ	-	0.472	0.457
オランダ	0.331	0.402	0.281
ニュージーランド	0.360	0.461	0.333
ノルウェー	0.297	0.410	0.253
ポーランド	0.312	0.465	0.298
ポルトガル	0.388	0.536	0.338
スロバキア	0.260	0.412	0.250
スロベニア	0.304	0.466	0.250
スペイン	0.372	0.511	0.335
スウェーデン	0.304	0.431	0.274
スイス	0.285	0.368	0.285
トルコ	-	0.424	0.402
英国	0.392	-	0.351
米国	0.487	0.513	0.390

出典：経済協力開発機構（検索日 2016.2.1）

年に税引き前のジニ係数が 0.376，税引き後のジニ係数が 0.377 で差は 0.0003 増加し，格差がわずかに強まった。

　再分配においても都市と農村で格差が見られる。財産と富の移転において，人口の 20％を占める都市住民が 89％の社会保障支出を享受し，残る 80％の国民は社会保障予算の 11％のみを使用している（袁竹・斉超 2012, p.34）。1978～2009 年に中国の都市住民と農村住民の所得格差は 2.57 倍から 3.33 倍に拡大した。これに各種補助金，職場の福祉厚生と社会保障など陰性所得を得ている都市住民と，再生産のために投じる資金を純収入から引かなければならない農民との格差は実際には約 4～6 倍

に上る（邵文綱 2015, pp.31-32）。

表 4-3　全国における個人所得税の再分配効果，平均税率および累進指数（1995 ～ 2011年）

	税引き前 ジニ係数	税引き後 ジニ係数	税源の偏在度[a]	MT指数[b]	再分配効果 （100%）	平均税率 （100%）	累進指数[c]
1995	0.203830	0.203743	0.635469	0.000087	0.042683	0.020009	0.431639
96	0.203916	0.203755	0.615647	0.000161	0.078954	0.039185	0.411731
97	0.217970	0.217760	0.632986	0.000210	0.096344	0.050745	0.415016
99	0.232357	0.232017	0.603658	0.000340	0.146327	0.091231	0.371301
2000	0.244772	0.244303	0.594584	0.000469	0.191607	0.133946	0.349812
01	0.255288	0.254660	0.610603	0.000628	0.245997	0.176431	0.355315
02	0.308962	0.307815	0.654403	0.001147	0.371243	0.331128	0.345441
03	0.317490	0.315756	0.688096	0.001734	0.546159	0.465659	0.370606
04	0.326109	0.323888	0.697368	0.002221	0.681061	0.594847	0.371259
05	0.332062	0.329738	0.675047	0.002324	0.699869	0.673084	0.342985
06	0.328479	0.326266	0.727603	0.002213	0.673711	0.551490	0.399124
07	0.324390	0.322469	0.728842	0.001921	0.592188	0.472524	0.404452
08	0.330300	0.327306	0.735874	0.002994	0.906449	0.622200	0.405574
09	0.323489	0.320884	0.713883	0.002605	0.805282	0.662764	0.390394
10	0.317905	0.314961	0.691617	0.002944	0.926063	0.781663	0.373712
11	0.317473	0.314683	0.699545	0.002790	0.878815	0.725064	0.382072
平均	0.286550	0.285000	0.669077	0.001550	0.492672	0.399498	0.382527

出典：熊月茜（2015）　[a] ジニ係数と同様の手法で税源の格差を算出したもの　[b] MT 指数は R. A. Musgrave と T. Thin が所得税の再分配効果を測定するためにつくったもので，税引き前と税引き後のジニ係数の差を意味し，再分配効果はその差を税引き前のジニ係数で割ったパーセント値　[c] 税収集中度－税引き前のジニ係数

表 4-4　全国，城鎮，農村住民の税引き前および税引き後のジニ係数（2005 ～ 11 年）

ジニ係数	2005	2006	2007	2008	2009	2010	2011年
全国税引き前	0.405	0.410	0.412	0.420	0.422	0.411	0.413
全国税引き後	0.385	0.390	0.392	0.400	0.399	0.387	0.389
城鎮税引き前	0.336	0.332	0.328	0.340	0.329	0.323	0.325
城鎮税引き後	0.331	0.329	0.326	0.337	0.329	0.324	0.326
農村税引き前	0.350	0.350	0.351	0.357	0.367	0.359	0.376
農村税引き後	0.351	0.351	0.352	0.357	0.367	0.359	0.377

出典：黄鳳羽・劉暢（2014）

税制と社会保障の再分配の効果

　中国では税引き前のジニ係数と税引き後のジニ係数の差がほとんどない。中国は直接税を引き上げるべきだ，との主張が聞かれる。これは中国の税制が累進的でなく，逆進的な性格を持っているからだ。取引税 (流転税) 中心の税収では，絶対多数の中低所得層が税負担の主体となり，富裕層が取引税に占める割合は低く，低所得層や貧困層の税負担が大きい状況である。個人所得税の逆進分配 (逆向分配) 現象も起きている。個人所得税の65％は中低所得層が納めたもので (林経緯 2014, pp.67-68)，社会の富の大半を所有する富裕層は3分の1しか負担していない (袁竹・斉超 2012, p.33)。改革開放の最大の受益者である富裕層が納税義務を十分果たしていないことを意味する。2009年の3944億元の個人税のうち賃金所得の個人税収入は2483億元で，個人税収入全体の63％を占めており，年俸所得階層が納税の主体となっている (中国共産党中央宣伝部理論局 2011, p.30)。富裕層は税金を納付せず税逃れをしているため，政府の補助と支援の対象であるべき中低所得層が税金納付の主力となっている。

　企業所得税，個人所得税および社会保障支出がジニ係数に及ぼす影響と関連して，田志偉・胡怡建・朱王林 (2014, p.22) によれば2011年において，企業所得税はジニ係数を0.294％減少させ，個人所得税はジニ係数を0.878％減少させ，企業税と個人所得税はジニ係数を1.172％減少させ，社会保障支出はジニ係数を1.028％増

表4-5　所得税と個人所得税，社会保障支出がジニ係数に及ぼす影響（単位：％）

	企業所得税	個人所得税	小計	社会保障支出	合計
2002年	0.133	-0.371	-0.238	-0.551	-0.788
03	0.075	-0.547	-0.471	-0.450	-0.922
04	0.055	-0.681	-0.626	-0.434	-1.060
05	0.018	-0.698	-0.680	-0.375	-1.055
06	-0.048	-0.673	-0.720	-0.300	-1.020
07	-0.080	-0.756	-0.836	0.108	-0.728
08	-0.220	-0.768	-0.987	0.081	-0.906
09	-0.196	-0.802	-0.998	0.884	-0.114
10	-0.243	-0.924	-1.167	0.973	-0.194
11	-0.294	-0.878	-1.172	1.028	-0.144

出典：田志偉・胡怡建・朱王林（2014）

加させた。結局，ジニ係数の減少は0.144%にとどまった。

周志瑩 (2015, p.15) によれば，都市住民の社会保障は逆進性を示している。1人当たりの個人所得税が総所得に占める割合は最高所得世帯が1.73%，最低所得世帯が0.05%である。1人当たり社会保障費が総所得に占める割合は，最低所得世帯が10.88%であるのに対し，最高所得世帯は6.67%である。一方，1人当たり社会保障所得が総所得に占める割合は，最低所得世帯が19.03%であるのに対し，最高所得世帯は15.29%である。また，1人当たり社会保障純所得が総所得に占める割合は，最低所得世帯が8.15%，最高所得世帯が8.62%となっている。社会保障費は富裕層が貧困層よりも恩恵を受ける「逆進性（累退性）」を示している。

都市住民の個人所得税の再分配効果はあるが，ジニ係数の変化率は1%未満で，

表4-6 七つの所得階層における都市住民1人当たりの所得税と社会保障支出の割合（2011年，単位：%）

住民所得階層	(1)	(2)	(3)	(4)
最低所得世帯	0.05	10.88	19.03	8.15
低所得世帯	0.10	8.26	17.99	9.73
中下世帯	0.14	7.89	21.03	13.14
中間世帯	0.28	7.99	22.07	14.08
中上世帯	0.56	8.01	22.51	14.50
高所得世帯	0.89	7.94	21.15	13.21
最高所得世帯	1.73	6.67	15.29	8.62

出典：周志瑩（2015）(1) 1人当たり個人所得税が総所得に占める割合 (2) 1人当たり社会保障支出が総所得に占める割合 (3) 1人当たり社会保障所得が総所得に占める割合 (4) 1人当たり社会保障純所得が総所得に占める割合

表4-7 都市住民の個人所得税および社会保障の再分配係数（2002～11年）

	所得税の再分配係数(%)	社会保障の再分配係数(%)	所得税と社会保障の総合再分配係数(%)
2002年	0.3716	-1.7599	-1.3342
03	0.5462	0.4222	1.0072
04	0.6812	0.9229	1.6614
05	0.7001	1.7839	2.5683
06	0.6741	2.0568	2.8253
07	0.7579	1.2183	2.0423
08	0.7689	2.2677	3.1407
09	0.8049	0.5605	1.4215
10	0.9255	0.3662	1.3529
11	0.8789	0.9931	1.9382

出典：周志瑩（2015）

再分配効果はあまり大きくない。2005年，2007年，2011年の所得税法改正の影響で小さな変化があり，2002年以外は所得税が再分配に肯定的な影響を及ぼしたが，年間の最大値は2008年の3.14％であった（周志瑩 2015, p.17）。

李実・頼徳勝・羅楚亮（2013, pp.129-135）によれば，個人所得税の税引き前ジニ係数と税引き後のジニ係数の差であるMT指数は，1997年の0.00565から2009年の0.01206へと上昇した。個人所得税の累進性を示す累進性指数であるK指数は，1997年の0.6161から2009年の0.4485へと減少した。

表4-8　個人所得税とジニ係数

年度	税引き前ジニ係数	税引き後ジニ係数	MT指数	税源の偏在度	累進指数
1997	0.30139	0.29573	0.00565	0.9427	0.6161
98	0.30072	0.29528	0.00544	0.9342	0.5979
99	0.29677	0.29168	0.00509	0.9068	0.5793
2000	0.32335	0.31684	0.00651	0.8951	0.5445
01	0.32356	0.31627	0.00730	0.8691	0.5134
02	0.32466	0.31815	0.00650	0.8342	0.4410
03	0.34412	0.33604	0.00808	0.8259	0.4204
04	0.34535	0.33534	0.01001	0.8003	0.3925
05	0.35232	0.34152	0.01081	0.7781	0.3617
06	0.34659	0.33708	0.00950	0.9005	0.4909
07	0.34475	0.33229	0.01246	0.8659	0.4598
08	0.36253	0.35068	0.01185	0.8747	0.4477
09	0.34658	0.33452	0.01206	0.8536	0.4485

出典：李実・頼徳勝・羅楚亮（2013）

表4-9　税制改革が労働者の税負担と所得の再分配に及ぼす影響

		2008年		2011年		
		免税額1600元	免税額2000元	免税額2000元 税率等級間隔変化	免税額3500元 税率等級間隔変化	免税額3500元 税率等級間隔変化
納付税額（元，月）		130.56	112.14	234.76	160.60	150.99
納付税額 分位数	25%	0.00	0.00	3.27	0.00	0.00
	50%	14.91	0.00	50.39	0.00	0.00
	75%	63.51	24.25	135.13	5.07	3.04
納税者の割合（％）		65.36	39.18	76.27	25.74	25.74
平均税率（％）		1.69	1.05	2.54	0.77	0.53
税引き前ジニ係数		-	0.422	0.419	-	0.420
税引き後ジニ係数		-	0.392	0.382	-	0.390
所得再分配効果		-	0.0711	0.0891	-	0.0696

出典：楊暁妹・尹音頻・呉菊（2015）

楊暁妹・尹音頻・呉菊 (2015, p.91) によれば，2008 年と 2011 年の個人税制改革は納税者の負担を軽減する改革だった。2008 年の平均税率が 1.05％だった一方，2011 年の平均税率は 0.53％だった。2008 年の免税額が 1600 元から 2000 元に上がって以降，納税者の納税額は 18.42 元少なくなり，下落幅は 14.11％となった。

さらに，2011 年に新たな税制が適用された後，納税者の納税額は 83.77 元減少し，下落幅は 35.68％となった。しかし，所得再分配効果は 2008 年に 0.0711，2011 年に 0.0696 へと若干減少した。

孫静・王亜麗 (2013, pp.5-6) によれば，再分配効果と関連して，都市住民の場合，2011 年の再分配係数は -0.664％，個人所得税は 0.744％，取引税は -1.454％だっ

表 4-10　都市住民の再分配係数（単位：％）

年度	全体	個人所得税	取引税（流転税）
2000	-1.341	0.126	-1.475
01	-1.312	0.092	-1.411
02	-1.158	0.312	-1.493
03	-1.207	0.464	-1.703
04	-0.971	0.581	-1.589
05	-0.867	0.584	-1.479
06	-0.990	0.571	-1.597
07	-1.033	0.642	-1.714
08	-0.902	0.652	-1.594
09	-0.778	0.682	-1.502
10	-0.608	0.778	-1.434
11	-0.664	0.744	-1.454

出典：孫静・王亜麗（2013）

表 4-11　農村住民の再分配係数（単位：％）

年度	全体	個人所得税	取引税（流転税）
2002	-3.053	-1.530	-1.385
03	-3.115	-1.251	-1.743
04	-2.522	-0.590	-1.873
05	-2.307	-0.047	-2.250
06	-1.933	-0.021	-1.907
07	-1.975	-0.010	-1.961
08	-1.924	-0.014	-1.905
09	-2.042	-0.030	-2.006
10	-1.996	-0.005	-1.989

出典：孫静・王亜麗（2013）

た。農村住民の場合，2010年の再分配係数は −1.996％，個人所得税 −0.005％，取引税 −1.989％だった。農民の方が再分配による恩恵が小さい。

税制と税率

　中国の税収を見ると2014年に国内付加価値税25.89％，国内消費税7.47％，営業税14.92％，企業所得税20.68％，個人所得税6.19％，関税5.54％だった。税収に占める割合は，付加価値税と企業所得税が，国内消費税や個人所得税よりも高い。

　中国では2010年の租税収入のうち約38％のみが直接税によるものだが，OECD諸国では60％程度である。中国では2010年の個人所得税は租税収入のわずか6％だが，OECD諸国では25％を占めている (OECD 2015, p.79)。2013年に中国の個人所得税は税収全体の5.91％で，付加価値税，消費税，営業税など取引税の割合は49.10％だったが，OECD諸国では2012年に個人所得税がスウェーデン28.2％，ドイツ25.6％，米国37.7％となっており，平均すると税収全体の24.5％を占めている (周志瑩 2015, p.16)。先進諸国では所得税に個人所得税が占める割合が75％であるのに対し，中国は2008〜14年に企業所得税が所得税に占める割合は75％で，個人所得税は25％程度しかなかった (李文 2015, p.38)。

　個人所得税が政府の税収に占める割合は，2002〜10年の平均で国家税収の6.77％，中央政府の税収の7.08％，地方政府の税収の6.41％であった。

　特に問題になるのは，再分配の重要な手段である個人所得税である。しかし，中国では個人所得税の税率が低いという点が他の先進諸国と異なる。特に上位10％に属する最高所得階層の個人所得税負担水準はとても低く，平均税率は2％未満である (熊月茜 2015, p.38)。1995〜2011年の資料によれば，都市住民の中上位10％世帯の税負担水準が非常に低く，平均税率は0.96％だった。2010年には最高所得階層の平均税率が1.80％にすぎなかった。国際比較すると，米国において2008年に最高所得10％の納税者の平均税率は18.71％だった (熊月茜 2015, p.36)。中国では1995〜2011年に最高所得世帯の個人所得税は全国の都市住民の個人所得税総額の40％以上を占め，年平均では51.6％を占めている。英国では2009〜10年に最高

表 4-12 税収額と税収の構成（単位：億元，%）

年度	国内付加価値税	比率	国内消費税	比率	営業税	比率	企業所得税	比率	個人所得税	比率	関税	比率
1978	-	-	-	-	-	-	-	-	-	-	28.76	5.54
79	-	-	-	-	-	-	-	-	-	-	26.00	4.83
80	-	-	-	-	-	-	-	-	-	-	33.53	5.86
81	-	-	-	-	-	-	-	-	-	-	54.04	8.58
82	-	-	-	-	-	-	-	-	-	-	47.46	6.78
83	-	-	-	-	-	-	-	-	-	-	53.88	6.95
84	-	-	-	-	-	-	-	-	-	-	103.07	10.88
85	147.70	7.24	-	-	211.07	10.34	696.06	34.11	-	-	205.21	10.06
86	232.19	11.11	-	-	261.07	12.49	692.40	33.12	-	-	151.62	7.25
87	254.20	11.88	-	-	302.00	14.11	664.71	31.06	-	-	142.67	6.67
88	384.37	16.08	-	-	397.92	16.65	676.04	28.28	-	-	155.02	6.48
89	430.83	15.80	-	-	487.30	17.87	700.43	25.68	-	-	181.54	6.66
90	400.00	14.18	-	-	515.75	18.28	716.00	25.37	-	-	159.01	5.63
91	406.36	13.59	-	-	564.00	18.86	731.13	24.45	-	-	187.28	6.26
92	705.93	21.41	-	-	658.67	19.98	720.78	21.86	-	-	212.75	6.45
93	1081.48	25.41	-	-	966.09	22.70	678.60	15.95	-	-	256.47	6.03
94	2308.34	45.02	487.40	9.51	670.02	13.07	708.49	13.82	-	-	272.68	5.32
95	2602.33	43.10	541.48	8.97	865.56	14.34	878.44	14.55	-	-	291.83	4.83
96	2962.81	42.88	620.23	8.98	1052.57	15.23	968.48	14.02	-	-	301.84	4.37
97	3283.92	39.88	678.70	8.24	1324.27	16.08	963.18	11.70	-	-	319.49	3.88
98	3628.46	39.17	814.93	8.80	1575.08	17.00	925.54	9.99	-	-	313.04	3.38
99	3881.87	36.34	820.66	7.68	1668.56	15.62	811.41	7.60	413.66	3.87	562.23	5.26
2000	4553.17	36.19	858.29	6.82	1868.78	14.85	999.63	7.95	659.64	5.24	750.48	5.96
01	5357.13	35.01	929.99	6.08	2064.09	13.49	2630.87	17.19	995.26	6.50	840.52	5.49
02	6178.39	35.03	1046.32	5.93	2450.33	13.89	3082.79	17.48	1211.78	6.87	704.27	3.99
03	7236.54	36.15	1182.26	5.91	2844.45	14.21	2919.51	14.58	1418.03	7.08	923.13	4.61
04	9017.94	37.32	1501.90	6.22	3581.97	14.82	3957.33	16.38	1737.06	7.19	1043.77	4.32
05	10792.11	37.50	1633.81	5.68	4232.46	14.71	5343.92	18.57	2094.91	7.28	1066.17	3.70
06	12784.81	36.73	1885.69	5.42	5128.71	14.74	7039.60	20.23	2453.71	7.05	1141.78	3.28
07	15470.23	33.91	2206.83	4.84	6582.17	14.43	8779.25	19.24	3185.58	6.98	1432.57	3.14
08	17996.94	33.19	2568.27	4.74	7626.39	14.06	11175.63	20.61	3722.31	6.86	1769.95	3.26
09	18481.22	31.05	4761.22	8.00	9013.98	15.14	11536.84	19.38	3949.35	6.64	1483.81	2.49
10	21093.48	28.81	6071.55	8.29	11157.91	15.24	12843.54	17.54	4837.27	6.61	2027.83	2.77
11	24266.63	27.04	6936.21	7.73	13679.00	15.24	16769.64	18.69	6054.11	6.75	2559.12	2.85
12	26415.51	26.25	7875.58	7.83	15747.64	15.65	19654.53	19.53	5820.28	5.78	2783.93	2.77
13	28810.13	26.07	8231.32	7.45	17233.02	15.59	22427.20	20.29	6531.53	5.91	2630.61	2.38
14	30855.36	25.89	8907.12	7.47	17781.73	14.92	24642.19	20.68	7376.61	6.19	2843.41	2.39

出典：『中国統計年鑑 2015』

所得 10%層が納税する個人税は 54.9%，米国では 2008 年に最高所得 10%層が出す個人税は 69.21%を占めていた。中国の個人所得税は先進国に比べ極めて低い (熊月茜 2015, pp.35-36)。

表 4-13　個人所得税が政府の税収に占める割合（単位：%）

年度	中国全体の税収に占める割合	中央政府の税収に占める割合	地方政府の税収に占める割合
2002	6.87	5.92	8.18
03	7.08	7.33	6.74
04	7.19	7.36	6.95
05	7.28	7.83	6.58
06	7.05	7.52	6.44
07	6.98	7.25	6.62
08	6.86	7.21	6.40
09	5.01	6.12	3.89
10	6.61	7.17	5.92
平均	6.77	7.08	6.41

出典：周雲波・陳岑・張亜雨（2013）

　事実，2011年6月30日に個人所得税に対して5回目の見直しが行われた。1980年に個人所得税の徴収が始まってから，税金減免額の標準を800元，1200元，1600元，2000元と幾度も調整してきた（中国共産党中央宣伝部理論局2011, p.30）。年間所得に対する税金減免額の標準を2000元から3500元に引き上げ，税率調整を行った。調整後，給与所得者の税金は28.0%から7.7%に低くなり，納税者は8400万人から2400万人に減少した。これにより中低所得者の税負担が大きく軽減された（中国共産党中央宣伝部理論局2011, p.29）。

税制が社会階層に及ぼす効果

　それでは中国の税率はどれくらいだろうか。中国で各階層世帯の平均税率を見ると，最低所得世帯10%層の平均税率は2011年に0.0450%，最高所得世帯10%層の平均税率は1.73%だった。

　2005年，2007年，2011年に税制改革が行われた。税制の変更点を納税者の観点から考察してみよう。調整前の高所得者に対する税率は2005年の1.223%から2008年の1.272%に増加した。しかし，李青（2012, p.41）が王小魯の資料を引用して所得シェア【ある所得階層の総所得が全体に占める割合】と税率の公式統計を調整したところ，高所得者に対する税率は0.489%から0.483%へとむしろ減少した。

第4章 再分配と社会保障

表4-14 中国の各所得階層の世帯平均税負担（1995～2011年，単位：%）

年度	最低所得世帯(10%)	低所得世帯(10%)	中下所得世帯(20%)	中間所得世帯(20%)	中上所得世帯(20%)	高所得世帯(10%)	最高所得世帯(10%)
1995	0.00138	0.00972	0.00387	0.00835	0.0131	0.0361	0.0567
96	0.00530	0.00603	0.00900	0.02598	0.0293	0.0549	0.1095
97	0.00570	0.00647	0.01454	0.02377	0.0418	0.0797	0.1364
99	0.01285	0.01592	0.02664	0.04600	0.0935	0.1269	0.2173
2000	0.01755	0.03089	0.05224	0.07065	0.1154	0.1972	0.3123
01	0.01552	0.03498	0.05257	0.10100	0.1544	0.2775	0.3896
02	0.05737	0.05166	0.09272	0.15380	0.2639	0.4029	0.7502
03	0.04054	0.06201	0.11497	0.18584	0.3452	0.5514	1.1109
04	0.03047	0.07706	0.13450	0.24661	0.4204	0.6726	1.4119
05	0.05152	0.09458	0.16943	0.30889	0.5209	0.8202	1.4653
06	0.03306	0.07518	0.09527	0.15889	0.3724	0.5983	1.3962
07	0.02780	0.06393	0.08069	0.13530	0.3201	0.5137	1.2153
08	0.02959	0.04964	0.09759	0.19150	0.3989	0.7589	1.5798
09	0.02739	0.06453	0.10717	0.24368	0.4976	0.7863	1.6190
10	0.04371	0.06490	0.17179	0.31151	0.6182	1.0115	1.7965
11	0.04502	0.09676	0.14061	0.27514	0.5545	0.8891	1.7283
平均	0.02780	0.05027	0.08522	0.15543	0.2975	0.4861	0.9560

出典：熊月茜（2015）

表4-15 調整前（2005年）と調整後（2008年）の所得階層ごとの平均税率（単位：%）

	年度	低所得	中下所得	中間所得	中上所得	高所得
調整前	2005	0.078	0.170	0.309	0.521	1.223
	08	0.042	0.098	0.192	0.400	1.272
調整後	2005	0.077	0.159	0.273	0.406	0.489
	08	0.040	0.084	0.152	0.286	0.483

出典：李青（2012）

表4-16 第11期全人代常務委員会第21回会議で決定した賃金に対する個人所得税率

	級数	1	2	3	4	5	6	7	8	9
調整前	課税等級（元）	0~500	500~2000	2000~5000	5000~20000	20000~40000	40000~60000	60000~80000	80000~100000	100000~
	調整前の税率（9級）	5%	10%	15%	20%	25%	30%	35%	40%	45%
調整後	課税等級	0~1500	1500~4500	4500~9000	9000~35000	35000~55000	55000~80000	80000~		
	調整後の税率（7級）	3%	10%	20%	25%	30%	35%	45%		

出典：中国共産党中央宣伝部理論局（2011）

表 4-17　税制改革が各所得階層と所得再分配に及ぼす影響（単位：%）

		最低	低	中下	中間	中上	高	最高
税引き前所得シェア(1)	2008年	3.39	4.95	12.47	15.46	19.63	12.77	31.33
	11年	3.42	5.02	12.54	15.47	19.65	12.76	31.14
	変化率	0.89	1.41	0.56	0.06	0.10	-0.08	-0.61
税引き後所得シェア(2)	2008年	3.55	5.19	13.09	16.24	20.46	13.06	28.41
	11年	3.57	5.24	13.10	16.16	20.53	13.26	28.04
	変化率	0.56	0.96	0.08	-0.49	0.34	1.53	-1.30
(2)-(1)	2008年	0.16	0.24	0.62	0.78	0.83	0.29	-2.92
	11年	0.15	0.22	0.56	0.69	0.88	0.50	-3.10
平均税率	2008年	0.00	0	0	0	0.70	2.49	6.61
	11年	0.00	0	0	0	0.04	0.59	4.67
納税者の比率	2008年	0.00	0	0	0	96.07	100	100
	11年	0.00	0	0	0	28.82	100	100

出典：楊暁妹・尹音頻・呉菊（2015）

　中国の公式発表によれば，2011年6月30日の税制改革によって，9段階あった税率が7段階に減少し，低所得層（0〜1500元）の個人所得税率が3%であるのに対して，8万元以上の高所得者の税率は45%となっている。

　2011年と2008年を比較すると，最高所得層では税引き後の所得シェアが税引き前の所得シェアよりも低い。2011年の個人所得税改革は中上所得層と高所得層にとって有利で，低所得層にとって不利だった。中上所得層における納税対象者シェアの下落幅が大きく，2008年の96.07%から2011年の28.82%に減少した。3つの高所得層の平均税率はそれぞれ0.04%，0.59%，4.67%だった。結果的に2011年の

表 4-18　都市住民の所得階層別に見た所得税の平均税率および社会保障納付率と所得シェア（2011年，単位：%）

所得階層	平均税率と社会保障費の納付率					所得シェア	
	企業所得税	個人所得税	小計	社会保障支出	合計	税引き前の総所得	可処分所得
国民全体	1.07	0.72	1.79	7.70	9.50	100.00	100.00
貧困世帯	0.98	0.05	1.03	14.76	15.78	1.48	1.38
最低所得世帯	1.10	0.04	1.14	8.01	9.15	2.14	2.15
低所得世帯	0.99	0.10	1.09	8.18	9.26	5.36	5.37
中下所得世帯	0.92	0.14	1.06	7.82	8.88	13.70	13.80
中間所得世帯	0.83	0.27	1.10	7.92	9.03	17.34	17.43
中上所得世帯	0.86	0.55	1.41	7.94	9.36	22.27	22.30
高所得世帯	0.98	0.88	1.86	7.86	9.72	14.42	14.38
最高所得世帯	1.62	1.71	3.33	6.56	9.89	23.28	23.18

出典：田志偉・胡怡建・朱王林（2014）

表 4-19 所得階層別に見た直接税の平均税率，P 指数および MT 指数

所得階層	個人所得税	企業所得税	合　計
平　均	0.78%	0.89%	1.67%
貧困世帯	0.04%	1.05%	1.08%
最低所得世帯	0.05%	1.01%	1.05%
低所得世帯	0.07%	0.82%	0.88%
中下所得世帯	0.17%	0.72%	0.89%
中間所得世帯	0.31%	0.67%	0.98%
中上所得世帯	0.62%	0.75%	1.37%
高所得世帯	1.01%	0.86%	1.87%
最高所得世帯	1.78%	1.33%	3.10%
最高 / 最低	47.04	1.99	3.52
P指数	0.37126	0.08604	0.21887
MT指数	0.002919	0.000777	0.003729

出典：田志偉 (2015) P指数は Kakwani が提示した税の累進性指数。

税制改革は貧富の差を解消するには限界があった (楊暁妹・尹音頻・呉菊 2015, pp.92-93)。

2011 年の都市所得分類ごとの所得税平均税率および社会保障納付額，所得シェアの状況を見ると，最高所得世帯が税引き前総所得と可処分所得の約 23％を占めていた。

では，直接税と間接税の累進の程度はどれくらいだろうか。2010 年の城鎮世帯調査データ (城鎮住戸調査数拠) を分析した田志偉 (2015, pp.38-39) によれば，個人所得税の累進性指数 (P 指数) は 0.37126，所得再分配効果 (MT 指数) は 0.002919 でジニ係数を 0.911％減少させる。企業所得税の累進性指数は 0.08604，所得再分配効果は 0.000777 でジニ係数を 0.243％減少させる。中国の直接税の累進性指数は 0.21887 で所得再分配効果は 0.003729 でジニ係数を 1.154％減少させる。

間接税では，付加価値税は累進性指数 − 0.02520，所得再分配効果 − 0.000869 でジニ係数を 0.271％引き上げる。営業税は累進性指数 0.00505，再分配効果 0.000062 でジニ係数を 0.019％減少させる。消費税は累進性指数 − 0.00550，再分配効果 − 0.000046 だった。間接税の 3 大税制は税収累進指数 − 0.01531，所得再分配効果 − 0.000870 でジニ係数を 0.272％増加させる (田志偉 2015, p.40)。

結論としては，中国の 5 大税制の累進性指数は 0.04034，再分配効果は 0.002859 であり，中国のジニ係数を 0.893％減少させた (田志偉 2015, p.41)。

表 4-20 所得階層別に見た間接税の平均税率，P 指数および MT 指数

所得階層	付加価値税	営業税	消費税	合 計
平　均	3.33%	1.22%	0.82%	5.37%
貧困世帯	4.13%	1.35%	0.95%	6.44%
最低所得世帯	3.94%	1.29%	0.91%	6.14%
低所得世帯	3.50%	1.16%	0.82%	5.47%
中下所得世帯	3.44%	1.20%	0.81%	5.45%
中間所得世帯	3.41%	1.21%	0.83%	5.45%
中上所得世帯	3.31%	1.20%	0.82%	5.32%
高所得世帯	3.28%	1.25%	0.83%	5.36%
最高所得世帯	3.12%	1.24%	0.81%	5.18%
最高 / 最低	1.32	1.17	1.17	1.24
P 指数	- 0.02520	0.00505	- 0.00550	- 0.01531
MT 指数	- 0.000869	0.000062	- 0.000046	- 0.000870

出典：田志偉（2015）

表 4-21 所得階層別に見た中国の直接税および間接税の平均税率，P 指数および MT 指数

所得階層	直接税	間接税	合 計
平　均	1.67%	5.37%	7.05%
貧困世帯	1.08%	6.44%	7.52%
最低所得世帯	1.05%	6.14%	7.20%
低所得世帯	0.88%	5.47%	6.35%
中下所得世帯	0.89%	5.45%	6.34%
中間所得世帯	0.98%	5.45%	6.43%
中上所得世帯	1.37%	5.32%	6.69%
高所得世帯	1.87%	5.36%	7.23%
最高所得世帯	3.10%	5.18%	8.28%
最高 / 最低	3.52	1.24	1.31
P指数	0.21887	- 0.01531	0.04034
MT 指数	0.003729	- 0.000870	0.002859

出典：田志偉（2015）

移転と移転の再分配の効果

　再分配をするには，税収などに基づく国家の財政基盤が確かで，社会支出に割り当てる比率が高いことが求められる。ダブラ＝ノリスほか (Dabla-Norris et al. 2015, p.26) によれば，政府支出において，再分配が全体に占める割合が 7.1％増加すれば，所得

格差は0.6%減少する。中国の社会支出は2008年以降増加したものの，2013年にGDPの9%であった。OECD諸国の22%にはるかに及ばない (OECD 2015, p.81)。

部門別に見れば，第1次分配所得は2013年に企業部門24.1%，政府部門15.2%，家計部門60.7%だった。1992年に比べて企業部門は増加し，政府と家計部門が減少した。

可処分所得は，2013年に企業部門19.8%，政府部門18.9%，家計部門61.3%だった。1992年に比べて企業と政府部門は増加し，家計部門は減少した。

再分配が各部門に及ぼす影響を見てみると，政府の可処分所得への影響が最も大きく，住民に対する影響はわずかで，企業にはマイナスの影響を及ぼしている。李善同・劉雲中 (2011, p.328) によれば，2007年に企業 –17.45%，政府24.68%，家計0.45%だった。1992年に比べると政府と企業が受益者になっていると言える。企業は過去も

表4-22　企業，政府および家計部門の第1次分配所得と割合（単位：億元，%）

年度	企業部門		政府部門		家計部門	
	第1次分配所得	割合	第1次分配所得	割合	第1次分配所得	割合
1992	4869.7	18.0	4317.5	15.9	17894.8	66.1
93	7791.2	22.0	5520.3	15.6	22138.9	62.4
94	10563.3	21.8	6410.7	13.3	31396.3	64.9
95	13976.1	23.2	7450.9	12.4	38719.6	64.4
96	14102.8	20.0	9012.6	12.8	47422.8	67.2
97	17145.6	21.8	9821.1	12.5	51550.6	65.7
98	17131.0	20.5	10774.5	12.9	55600.3	66.6
99	18464.4	20.7	11619.8	13.1	58905.7	66.2
2000	20854.6	21.2	12938.9	13.1	64768.8	65.7
01	25058.9	23.1	13791.4	12.7	69833.1	64.2
02	27977.4	23.4	16746.7	14.0	75041.0	62.6
03	32882.7	24.2	18555.1	13.7	84281.0	62.1
04	43053.9	26.9	22354.3	13.9	94881.5	59.2
05	49158.5	26.6	25977.9	14.1	109439.4	59.3
06	58411.4	26.9	31033.3	14.3	127801.8	58.8
07	73806.3	27.5	39217.0	14.6	155607.8	57.9
08	90346.0	28.3	44959.5	14.1	183431.2	57.6
09	94085.2	27.3	48010.4	13.9	202950.7	58.8
10	109581.5	26.9	59510.2	14.6	238046.1	58.5
11	123600.7	25.8	72226.4	15.0	283749.0	59.2
12	131858.3	24.7	82529.8	15.5	318484.0	59.8
13	140691.8	24.1	88745.0	15.2	353759.9	60.7

出典：『中国統計年鑑2015』

表 4-23 企業，政府および家計部門の可処分所得と割合（単位：億元，%）

年度	企業部門 可処分所得	企業部門 割合	政府部門 可処分所得	政府部門 割合	家計部門 可処分所得	家計部門 割合
1992	3646.0	13.4	4850.5	17.9	18649.2	68.7
93	6439.1	18.1	6091.2	17.2	22987.6	64.7
94	9021.9	18.6	7037.4	14.5	32426.3	66.9
95	11867.5	19.7	8516.5	14.1	39882.3	66.2
96	11603.7	16.4	10302.7	14.6	48808.8	69.0
97	13987.2	17.7	11274.4	14.3	53682.0	68.0
98	14653.6	17.5	11920.2	14.2	57286.2	68.3
99	17149.5	19.2	12635.7	14.1	59613.8	66.7
2000	19200.5	19.4	14399.9	14.5	65484.2	66.1
01	22518.3	20.6	16431.1	15.0	70437.0	64.4
02	25524.3	21.1	19645.8	16.3	75669.6	62.6
03	30011.7	21.9	22108.8	16.1	85042.6	62.0
04	39325.0	24.3	26954.7	16.6	95905.2	59.1
05	44220.6	23.7	32468.3	17.4	109841.8	58.9
06	51985.5	23.7	39375.3	17.9	128123.2	58.4
07	64948.9	23.9	51070.7	18.8	155432.6	57.3
08	78817.4	24.5	58914.5	18.3	184002.0	57.2
09	82492.4	23.8	60961.3	17.5	203755.2	58.7
10	96888.9	23.6	73618.8	18.0	239384.3	58.4
11	105568.3	21.9	90410.2	18.8	285192.2	59.3
12	109742.0	20.6	102553.7	19.2	320793.2	60.2
13	115167.6	19.8	110376.0	18.9	357113.4	61.3

出典：『中国統計年鑑 2015』

現在も再分配によってマイナスとなっているが，近年ではマイナス幅が縮小している。

社会保障費が各級の政府の財政支出に占める割合は 2002 ～ 10 年の平均で国家 7.66%，中央政府 2.51%，地方政府 9.22% であった。2002 年と 2010 年を比べると国家，中央政府，地方政府におけるその割合は全て増加していた（周雲波・陳岑・張亜雨 2013, p.199）。

中国の社会保障費は GDP の 7% 程度を占めている。先進国家の 20 ～ 30% に比べて非常に低い（王茂福・謝勇才 2012, pp.47-49）。中国における公共支出の中で，社会保障が占める割合は 4.7% にすぎない。OECD 諸国の平均 15.2% よりはるかに低く，中所得国レベルの 6.9 ～ 9.0% にも及ばない水準だ。

社会保障費が財政支出に占める割合は，2010 年に 9.09%，社会保障費が GDP に占める比率は 2010 年に 2.03% であった。社会保障費が財政支出に占める割合は

第4章　再分配と社会保障

表 4-24　再分配が各部門の可処分所得に及ぼす影響（単位：%）

年度	企業	政府	家計
1992	-32.49	20.77	3.70
93	-21.53	13.86	3.41
94	-18.08	8.64	3.03
95	-16.78	8.93	3.25
96	-18.80	7.80	7.83
97	-22.04	7.72	4.47
98	-16.58	2.65	4.00
99	-17.06	6.05	3.79
2000	-11.96	9.35	1.81
01	-12.77	11.52	1.79
02	-10.60	10.69	1.67
03	-12.11	14.81	1.25
04	-9.40	17.07	1.46
05	-11.64	18.90	0.83
06	-16.37	23.74	0.59
07	-17.45	24.68	0.45

出典：李善同・劉雲中（2011）

表 4-25　社会保障費が政府の財政支出に占める割合（単位：%）

年度	国家社会保障費の割合	中央社会保障費の割合	地方社会保障費の割合
2002	4.61	0.82	6.29
03	5.12	1.95	6.49
04	5.35	2.48	6.45
05	5.36	2.70	6.28
06	5.25	2.41	6.19
07	10.94	2.99	13.31
08	12.15	3.41	14.52
09	9.97	2.98	11.72
10	10.16	2.82	11.75
平均	7.66	2.51	9.22

出典：周雲波・陳岑・張亜雨（2013）

減少が続いているが，その GDP に占める比率はほぼ 2％で横ばいとなっている。社会保障費の内訳では 1998 年には行政事業単位【政府官庁が行う事業】の離職休養費が多く，2010 年には社会保障補助費の割合が高かった（王筱欣・鮑捷 2013, p.10）。

　地方では中央政府からの移転が重要な財源とならざるを得ず，中央政府の地方への移転額は着実に増加してきた。中央から地方への移転支出が中央政府の財政支出

に占める割合は 1994 年の 16.5％から 2012 年の 62.2％へと大きく増加した。また中央から地方への移転支出が地方政府の財政支出に占める割合は，1994 年の 14.6％から 2012 年の 37.9％へと増加している（李実・頼徳勝・羅楚亮 2013, pp.76-77）。

中央と地方の社会保障費および雇用関連支出を見ると，2014 年に中央が 4.4％，地方が 95.6％を占めた。2007 年以降は社会保障支出科目が過去の年度と一致しな

表 4-26　公共支出が GDP に占める内訳と割合（単位：％）

支 出	OECD 諸国平均	上位中所得国	下位中所得国	中 国
全体支出	41.6	33.1	36.1	25.7
一般公共サービス	5.6	5.6	5.5	2.9
防衛	1.6	1.5	2.2	1.3
公安	1.6	2.0	2.6	1.3
経済問題	4.2	5.3	6.1	7.9
環境保護	0.7	0.5	0.3	0.5
住民・共同体の利便施設	0.8	1.2	3.0	1.9
健康	6.3	3.3	3.1	1.0
余暇，文化，宗教	1.2	0.8	1.0	0.5
教育	5.4	3.9	5.4	3.7
社会保障	15.2	9.0	6.9	4.7
健康と社会保障を除く支出	20.1	20.8	26.2	20.0

出典：World Bank and DRC (2013)

表 4-27　社会保障費の構造と水準（単位：％）

年度	社会保障支出に占める割合			(1)	(2)
	社会福祉費	行政事業単位離職休養費	社会保障補助費		
1998	24.75	49.57	25.68	5.06	0.69
99	13.54	34.41	52.05	8.68	1.34
2000	12.87	32.99	54.14	9.60	1.54
01	13.23	32.49	54.28	10.68	1.84
02	14.99	30.82	54.19	12.34	2.26
03	15.61	36.33	48.06	10.65	1.93
04	13.49	36.30	50.21	10.66	1.90
05	13.66	35.24	51.10	10.48	1.92
06	16.47	33.83	49.70	10.57	1.98
07	19.20	37.96	42.84	9.16	1.72
08	24.96	34.26	40.78	9.29	1.85
09	22.34	33.14	44.52	9.17	2.05
10	24.09	32.17	43.74	9.09	2.03

出典：王筱欣・鮑捷（2013）　(1)：社会保険費が財政支出に占める割合　(2)：社会保険費が GDP に占める割合

いため，2007年以前と以後を比較することはあまり意味がない(柯卉兵 2014, p.67)。

1998〜2011年，農村住民の社会保障の移転所得の割合は1998年の4.3%から2011年の7.1%へと増加した。一方，都市住民の移転所得は1998年の20.0%から2011年の23.8%へと増加し，移転前と移転後の都市と農村の格差は一層広

表4-28 中央政府から地方政府への移転額と増加率（単位：億元，%）

年度	中央政府から地方政府に移転した金額	増加率	中央の地方移転が中央政府の財政支出に占める割合	中央の地方移転が地方政府の財政支出に占める割合
1994	590	-	16.5	14.6
95	667	13.0	17.0	13.8
96	774	16.1	18.1	13.4
97	845	9.2	17.7	12.6
98	1239	46.6	21.2	16.1
99	1966	58.7	25.7	21.8
2000	2459	25.1	25.6	23.7
01	3693	50.2	33.0	28.1
02	4345	17.7	32.2	28.4
03	4836	11.3	32.1	28.1
04	6357	31.4	35.9	30.9
05	7727	21.5	39.5	30.7
06	9571	23.9	42.2	31.5
07	14017	46.4	48.8	36.6
08	18709	33.5	52.9	38.0
09	23677	26.6	54.0	38.8
10	27348	15.5	56.6	37.0
11	34822	27.3	61.7	37.7
12	39912	14.6	62.2	37.9

出典：李実・頼徳勝・羅楚亮(2013)

表4-29 中央と地方の社会保障および雇用関連支出（2007〜14年，単位：億元，%）

年度	中央		地方		全国	
	金額	割合	金額	割合	金額	割合
2007	342.63	6.29	5104.53	93.71	5447.16	100
08	344.28	5.06	6460.01	94.94	6804.29	100
09	454.37	5.47	7851.85	94.53	8306.22	100
10	450.30	4.93	8680.32	95.07	9130.62	100
11	502.48	4.52	10606.92	95.48	11109.40	100
12	585.67	4.65	11999.85	95.35	12585.52	100
13	640.82	4.42	13849.72	95.58	14490.54	100
14	699.91	4.38	15268.94	95.62	15968.85	100

出典：National data 国家数据(http://data.stats.gov.cn/easyquery.htm?cn=C01)

表 4-30　移転支出が都市と農村住民の所得格差に及ぼす影響

年度	移転所得の割合（農村住民）	移転所得の割合（都市住民）	移転支出前の都市と農村の所得比（農村＝1）	移転支出後の都市と農村の所得比（農村＝1）
1998	4.25%	19.96%	2.09	2.50
99	4.53%	21.48%	2.18	2.65
2000	3.49%	23.28%	2.21	2.79
01	3.71%	24.32%	2.28	2.90
02	3.97%	26.01%	2.40	3.11
03	3.69%	24.93%	2.52	3.23
04	3.93%	24.63%	2.52	3.21
05	4.53%	25.26%	2.52	3.22
06	3.03%	24.64%	2.55	3.28
07	5.37%	24.55%	2.65	3.33
08	5.92%	23.01%	-	-
09	6.78%	23.94%	-	-
10	6.76%	24.21%	-	-
11	7.13%	23.81%	-	-

出典：趙桂芝・王豔萍（2010）；尹路（2013）

がった。「逆進（逆向調節）」現象が出てきたのだ（趙桂芝・王豔萍 2010, p.32）。2011 年の 1 人当たり移転所得が最も多い北京市民の 1 人当たり移転所得は 1 万 75.2 元で、最低の広西地区農村住民の 1 人当たり移転所得である 361.8 元の 27.8 倍に達した。中国の都市間では 7.1 倍、農村間では 9.5 倍の差がある（尹路 2013, p.52）。

　2011 年 5 月に山西省宝鶏市において高文書が実施した調査の結果を見てみよう。宝鶏市は常住人口が 370 万人、山西省の 2 大都市の一つであり、社会保障と所得分配で中国の代表性を持つ地域である（高文書 2012, p.62）。社会保障の移転所得は城郷住民所得の 17.6%を占めている。その内訳は農村住民 8.2%、都市住民 25.4%である。

　宝鶏市の社会保障の移転所得は住民のジニ係数を低下させた。宝鶏市の住民 1 人当たり所得のジニ係数は 0.44 で都市住民 0.43、農村住民 0.40 だった。これに社会保障の移転所得を加えると、住民 1 人当たり所得のジニ係数は 0.42 に減少し、そのうち都市住民は大幅に減少して 0.34 となり、農村住民は 0.39 であった。社会保障の移転所得は住民全体のジニ係数を比率で 4.53%低下させる。そのうち都市住民のジニ係数は 22.76%、農村住民のジニ係数は 1.82%低下した（高文書 2012, p.65）。

表4-31 山西省宝鶏市における住民の社会保障の移転所得の状況（単位：元，%）

	農村住民	都市住民	合計		農村住民	都市住民	合計
	金額(元/人,年)			各所得が可処分所得/純所得に占める割合(%)			
可処分所得/純所得	8619.56	19669.28	12446.47				
社保移転所得	702.47	5001.30	2191.30	社保移転所得	8.15	25.43	17.61
養老移転所得	451.48	4357.65	1804.32	養老移転所得	5.24	22.15	14.50
医療移転所得	130.31	410.79	227.45	医療移転所得	1.51	2.09	1.83
社会救済	94.98	198.56	130.85	社会救済	1.10	1.01	1.05
最低生活保障救済	88.19	172.95	117.54	最低生活保障救済	1.02	0.88	0.94
その他の救済	6.79	25.62	13.31	その他の救済	0.08	0.13	0.11
社会福祉	1.11	0.00	0.73	社会福祉	0.01	0.00	0.01
社会保障	24.59	34.29	27.95	社会保障	0.29	0.17	0.22

出典：高文書（2012）

表4-32 山西省宝鶏市における社会保障の移転所得が住民1人当たり所得のジニ係数に及ぼす影響

	社保移転を含まない ジニ係数	社保移転を含む ジニ係数	社保移転による ジニ係数の減少	社保移転による ジニ係数の減少率(%)
都市	0.43	0.34	0.10	22.76
農村	0.40	0.39	0.01	1.82
全体	0.44	0.42	0.02	4.53

出典：高文書（2012）

社会保障

　中国で1998年から2011年にかけて学界で争点となった社会保障の議論は3段階の過程を踏んできた。「国家単独の責任」という議論から「国家と社会の共同責任」という議論に変化し，保障の形態と関連して「単純な物的保障」から「物的援助と社会サービス」の形に変化し，保障の水準は「生存権を守る」から「生存権と豊かになる権利を与える」に変化した（劇宇宏 2013, p.17）。

　歴史的に見れば，1951年に「中華人民共和国労働保険条例」ができた。養老，工傷【労災】，医療，生育【育児】保険などがあり，社会保険と雇用主の責任を組み合わせた制度であった。都市住民全員が加入対象で，労働者の基本的な生活ニーズを満たすものだった。農村については「五保」【食料，衣類，住居，医療，葬儀の五つの保障】を通じて保障した。文化大革命期間に保障制度が破綻したが，1978～89年の間に社会

保障制度の運用が復活した。1982年，憲法44条および45条に社会保険に関する規定が設けられた。1986年に社会保障という概念が示され，社会保険，社会福祉，社会救済などの制度がつくられた (劇宇宏 2013, pp.21-24)。

社会保険は社会を安定させる再分配の効果があり (劇宇宏 2013, p.40)，公平で合理的な社会保障制度は所得格差を緩和する効果が大きい。中国の社会保障制度は二つに分けられる。一つは国家が財政を負担し，もう一つは職場単位，従業員，国家の3者が協力 (三方合作) して負担するものだ。多くは政府が主導するプログラムで，養老保険制度，医療保険制度，失業保険制度，工傷保険制度，生育保険制度，最低生活保障制度がある (趙行 2015, pp.2-3)。

鄭功成 (2011, p.27) は，2007年の第10期全国人民代表大会商務委員会の懇談会に提出した社会保障体系に関する報告書で社会保障戦略とその目標を提示した。

社会救済は基本生活救済，災害救済，特定 (専項) 救済に区分され，社会保険は養老保険，医療保険，工傷保険，失業保険，看病保険に区分された。社会福祉は老人福祉，疾病人福祉，婦女福祉，児童福祉，教育福祉，住宅福祉に区分された。その他にも軍人保障，補充保障 (職業福祉，慈善事業，商業保険，その他保障) に区分された。

第一歩 (2008～12年)，第二歩 (2013～20年)，第三歩 (2021～49年) と段階を分けて，第一歩では「2種類の免除，一つの解除 (二免除一解除)」を実施する。国民全体が生存および病気の危機から免れるようにし，老後の心配から解放されることを意味する。政府財政の最低生活保障およびその他社会救済への投入を国家財政支出の1.5%以上とし，最低生活保障を受ける低所得人口を全体の8%以下に減少させるという目標を定めた。医療保険においても保障内容を医療費の65%に設定し，個人負担を35%以下に軽減，国家財政の社会保障への投入を現行の12%から15%に引き上げ，

表4-33 鄭功成が示した三歩戦略

	第一歩発展戦略 (2008～12年)	第二歩発展戦略 (2013～20年)	第三歩発展戦略 (2021～49年)
社会保障支出が財政支出に占める割合	15%	20%以上	25%以上
社会救済が財政支出に占める割合	1.5%以上	2.5%以上	-
社会保障がGDPに占める割合	-	15%以上	20%以上
所得分配ジニ係数	-	0.40以下	0.35以下

出典：鄭功成 (2011)

同時に社会保険法を制定するという内容である。

　第二歩では国家財政の社会救済に対する投入を2.5％に増やし，医療費の国家負担を80％，個人負担を20％にするという。義務教育も9年から12年に延長する。国家財政の社会保障への投入を財政支出の20％以上に増やし，社会保障支出（財政社会保障支出，社会保険基金支出，補助的保障支出などを含む）をGDPの15％以上にする。所得分配制度も労働所得が1次分配に占める比率を55％以上にする。ジニ係数は0.4以下に維持する。特に第二歩では中国の特色ある社会保障制度を全面的に施行し，安定的に発展させる。

　第三歩では社会保障支出（財政社会保障支出，社会保険基金支出，福祉サービス支出，補助的保障支出などを含む）をGDPの20％以上，国家財政の25％以上とし，年間所得分配ジニ係数が0.35を超えないようにする（鄭功成 2011, pp.28-36）。このようにして世界的に見ても平等な国家をつくるとしている。

　まず社会保険基金の規模を見てみよう。社会保険基金は1990年に186億8000万元，2000年に2644億9000万元，2010年に1兆9276億1000万元，2014年に3兆9827億7000万元だった。大半を占める保険は基本養老保険と都市基本医療保険だった。

　保険加入者の状況はどうだろうか。保険加入（参保）者数は2014年に基本養老保険が8億4231万9000人，都市基本医療保険が5億9746万9000人だった。工傷保険，失業保険，生育保険がこれに続く。

　世界的には社会保障制度のカバー率（加入率，覆盖率）は60％程度で，中所得国家の保険加入率は70％以上，先進国の保険加入率は80％以上となっている。

　2007年に中国の都市基本養老保険のカバー率は34.6％であった（王茂福・謝勇才 2012, p.47）。

　また，2012年には都市基本養老保険42.7％，基本養老保険68.0％，基本医療保険37.2％，基本医療保険38.1％，新農合【新型農村合作医療制度】98.1％であった（趙光西 2013, p.41）。

　統計では都市就業人口のうち養老保険と医療保険の加入率はそれぞれ62％と65％で，農民工の養老保険と医療保険の加入率はそれぞれ20％と31％であった（中国共産党中央宣伝部理論局 2010, p.93）。

表 4-34 社会保険基金（単位：億元）

年度	合計	基本養老保険	失業保険	城鎮基本医療保険	工傷保険	生育保険
1990	186.8	178.8	7.2	-	-	-
95	1006.0	950.1	35.3	9.7	8.1	2.9
96	1252.4	1171.8	45.2	19.0	10.9	5.5
97	1458.2	1337.9	46.9	52.3	13.6	7.4
98	1623.1	1459.0	68.4	60.6	21.2	9.8
99	2211.8	1965.1	125.2	89.9	20.9	10.7
2000	2644.9	2278.5	160.4	170.0	24.8	11.2
01	3101.9	2489.0	187.3	383.6	28.3	13.7
02	4048.7	3171.5	213.4	607.8	32.0	21.8
03	4882.9	3680.0	249.5	890.0	37.6	25.8
04	5780.3	4258.4	290.8	1140.5	58.3	32.1
05	6975.2	5093.3	340.3	1405.3	92.5	43.8
06	8643.2	6309.8	402.4	1747.1	121.8	62.1
07	10812.3	7834.2	471.7	2257.2	165.6	83.6
08	13696.1	9740.2	585.1	3040.4	216.7	113.7
09	16115.6	11490.8	580.4	3671.9	240.1	132.4
10	19276.1	13872.9	649.8	4308.9	284.9	159.6
11	25153.3	18004.8	923.1	5539.2	466.4	219.8
12	30738.8	21830.2	1138.9	6938.7	526.7	304.2
13	35252.9	24732.6	1288.9	8248.3	614.8	368.4
14	39827.7	27619.9	1379.8	9687.2	694.8	446.1

出典：『中国統計年鑑 2015』

　2013 年の保険加入率は養老 63.22％，医療 53.61％，失業 52.08％，工傷 42.93％，生育 42.87％だった（鄭春栄 2015, p.101）。2013 年に農民工は約 2 億 6894 万人おり，内訳は「外出農民工」【6 カ月以上，出身の農村を離れて都市で働く農業戸籍の労働者】1 億 6610 万人，「本地農民工」【6 カ月以上，出身の農村で農業以外に従事する農業戸籍の労働者】1 億 284 万人だった。2013 年に外出農民工の保険加入率は養老 15.7％，工傷 28.5％，医療 17.6％，失業 9.1％，生育 6.6％であった（鄭春栄 2015, p.101）。

　胡林元・朱礼・陳前恒 (2014) が 2012 年に北京市近郊に来て工業に従事する労働者（進城務工人員）1066 人を対象に行った機会の格差に関する調査によれば，農民工は北京市民に比べて社会保障の加入率が非常に低い。

　少数民族 8 省の養老保険加入者は 2001 年に 3317 万 9000 人だった。2003〜13 年に少数民族各地区の城郷住民の 1 人当たり所得水準と農村住民の所得は急速に向上した。10 年間で少数民族地区の城郷住民の 1 人当たり可処分所得は平均 1

表 4-35　中国社会保険の基本的状況（単位：万人）

年度	基本養老保険の年末加入者数	失業保険の年末加入者数	城鎮基本医療保険の年末加入者数	工傷保険の年末加入者数	生育保険の年末加入者数
1989	5710.3	-	-	-	-
90	6166.0	-	-	-	-
91	6740.3	-	-	-	-
92	9456.2	-	-	-	-
93	9847.6	-	-	-	-
94	10573.5	7967.8	400.3	1822.1	915.9
95	10979.0	8237.7	745.9	2614.8	1500.2
96	11116.7	8333.1	855.7	3102.6	2015.6
97	11203.9	7961.4	1762.0	3507.8	2485.9
98	11203.1	7927.9	1877.6	3781.3	2776.7
99	12485.4	9852.0	2065.3	3912.3	2929.8
2000	13617.4	10408.4	3786.9	4350.3	3001.6
01	14182.5	10354.6	7285.9	4345.3	3455.1
02	14736.6	10181.6	9401.2	4405.6	3488.2
03	15506.7	10372.9	10901.7	4574.8	3655.4
04	16352.9	10583.9	12403.6	6845.2	4383.8
05	17487.9	10647.7	13782.9	8478.0	5408.5
06	18766.3	11186.6	15731.8	10268.5	6458.9
07	20136.9	11644.6	22311.1	12173.3	7775.3
08	21891.1	12399.8	31821.6	13787.2	9254.1
09	23549.9	12715.5	40147.0	14895.5	10875.7
10	35984.1	13375.6	43262.9	16160.7	12335.9
11	61573.3	14317.1	47343.2	17695.9	13892.0
12	78796.3	15224.7	53641.3	19010.1	15428.7
13	81968.4	16416.8	57072.6	19917.2	16392.0
14	84231.9	17042.6	59746.9	20639.2	17038.7

出典：『中国統計年鑑 2015』

表 4-36　農民工の社会保険加入率（単位：％）

	2008	2009	2010	2011	2012	2013年
養老保険	9.8	7.6	9.5	13.9	14.3	15.7
工傷保険	24.1	21.8	24.1	23.6	24.0	28.5
医療保険	13.1	12.2	14.3	16.7	16.9	17.6
失業保険	3.7	3.9	4.9	8.0	8.4	9.1
生育保険	2.0	2.4	2.9	5.6	6.1	6.6

出典：鄭春栄（2015）

表 4-37　農民工と城市住民の社会保障の比較（単位：%）

分類	城鎮養老保険	城鎮医療保険	失業保険	工傷保険	生育保険
農村から都市に移住した労働者	14.24	13.27	10.52	12.56	6.04
第1世代（第一代）	13.77	12.43	10.13	12.24	5.55
第2世代（新生代）	15.34	14.14	10.96	12.95	6.57
北京市民	85.25	92.97	68.94	67.49	30.93

出典：胡林元・朱礼・陳前恒（2014）

万4910.1元増加し，1人当たり総所得は1万6349.51元増加した。1人当たり移転所得は平均3453.8元増加した。農村住民の1人当たり純収入は平均4997.7元増加し，移転所得は平均738元増加した。少数民族地区8省の農村住民の1人当たり純所得のうち移転所得が占める割合は2003年の3.4%から2013年の11.8%へと増加した（竜玉其 2015, p.66）。

　重要なのはこのような保険は政府の支援を受けているという点だ。2011年に基本養老保険は各級の財政補助が2272億元で，中央からの財政補助と地方からの財政補助で構成されている。

逆進的な社会保障が社会階層に及ぼす効果

表 4-38　少数民族地区の社会保険加入者（2001年，2012年，単位：万人）

保険の種別	年度	内モンゴル	広西	貴州	雲南	チベット	青海	寧夏	新疆	合計
基本養老保険	2001	290.6	248.9	159.0	243.1	7.1	51.9	57.9	258.4	3317.9
	12	471.9	512.7	309.4	364.5	13.3	86.0	131.2	458.8	4359.8
基本医療保険	2001	196.9	150.1	31.1	185.7	-	38.3	17.2	177.0	2797.3
	12	967.7	1011.5	648.3	882.4	50.1	172.3	561.8	851.9	7158.0
失業保険	2001	217.7	217.7	136.4	190.7	6.3	35.7	34.7	188.2	3028.4
	12	232.8	243.4	173.5	224.7	10.6	37.9	70.5	273.7	3279.1
工傷保険	2001	26.7	124.1	1.7	97.3	-	7.1	11.4	86.3	2355.6
	12	248.9	312.4	238.2	295.3	14.2	49.2	63.9	294.1	3528.2
生育保険	2001	27.9	113.5	1.1	96.1	-	6.6	8.7	78.9	2333.8
	12	274.8	254.7	221.6	239.2	18.2	33.8	66.4	281.6	3402.3

出典：竜玉其（2015）

表4-39 基本養老保険に対する財政補助額と割合（1998～2011年，単位：億元，%）

年度	中央財政補助額	中央財政補助の割合	地方財政補助額	地方財政補助の割合	各級財政補助額合計
1998	24.0	100.0	0.0	0.0	24.0
99	174.4	90.4	18.5	9.6	192.9
2000	338.0	92.4	27.7	7.6	365.7
01	349.0	86.7	53.5	13.3	402.5
02	408.2	89.8	46.6	10.2	454.8
03	474.3	89.5	55.7	10.5	530.0
04	522.0	85.0	92.0	16.0	614.0
05	544.0	99.7	1.7	0.3	545.7
06	774.0	79.7	197.0	20.3	971.0
07	918.0	79.3	239.0	20.7	1157.0
08	1127.4	78.5	309.6	21.5	1437.0
09	1326.2	80.6	319.8	19.4	1646.0
10	1561.0	79.9	393.0	20.1	1954.0
11	1846.9	81.3	425.1	18.7	2272.0

出典：楊斌・謝勇才（2015）

　西欧の先進国と異なり，中国は税制と所得移転に基づく民主的な富の再配分モデルを持っていない。中国の最近の社会政策として，社会保障費を増やし，最低生活費と年金の給付水準を引き上げている(Xiong 2012, p.284)。中国社会科学院の2012年「中国における社会保障所得の再分配状況調査」資料によれば，2012年に社会保険所得がジニ係数を6%低下させ，所得格差を減らすことが明らかになった(尹路 2013, p.51)。社会保障の移転所得は城郷住民所得のジニ係数を4.53%減少させた（王延中 2016, p.4）。

　調査によれば，2012年の社会保険所得は調査対象の人々の収入のうち平均14.5%を占め，都市と農村所得の主要部分である。推計によれば，社会保険所得は集団全体のジニ係数を0.04減少させる。しかし社会保険の中でも基金積立型制度の割合が高いため，所得分配に逆作用を引き起こしかねない。都市と農村の養老保険は実際には都市と農村間の所得格差を拡大させており，住宅公共積立金，企業年金，都市養老および医療保険も所得格差を一定程度拡大させている（王延中 2014, p.59）。

　社会保障における「逆進（逆向調節）」現象とは，社会保障が所得を低所得層から高所得層へと移動させて貧富の差を拡大し，「貧者から取り上げて富者に与える（劫貧済富）」ことを意味する（王茂福・謝勇才 2012, p.47）。社会保障は実際の保障が納付額の3～4倍に達している。都市の従業員・住民養老保険と農村の住民社会養老保険は非

常に公平である。また，新農合は都市従業員基本医療保険や都市住民基本医療保険に比べて，所得の中から納付する保険料は少ない割に給付は良く，不公平といえ，中国の養老保険と医療保険の逆進分配の問題がはっきりと現れている(邵文綱 2015, p.33)。

では，社会保障が各階層の所得に再分配効果をどの程度及ぼすか調べてみよう。

表 4-40　社会保険の種別納付額と給付が所得に占める比率

保険種別	個人	平均値(元)	割合(%)	世帯	平均値(元)	割合(%)
都市従業員養老保険	個人年間納付額	2145.58	6.67	世帯年間納付額	4203.27	7.68
	個人年間給付	8016.13	24.94	世帯年間給付	14672.36	26.82
都市住民養老保険	個人年間納付額	2296.79	7.15	世帯年間納付額	3892.02	7.11
	個人年間給付	2378.55	7.40	世帯年間給付	3614.85	6.61
農村住民社会養老保険	個人年間納付額	434.60	2.81	世帯年間納付額	724.44	2.26
	個人年間給付	209.03	1.35	世帯年間給付	434.92	1.36
都市従業員基本医療保険	個人年間納付額	702.06	2.24	世帯年間納付額	1251.54	1.98
	個人年間給付	1518.82	4.84	世帯年間給付	2652.00	4.20
都市住民基本医療保険	個人年間納付額	854.10	2.72	世帯年間納付額	1509.96	2.39
	個人年間給付	481.99	1.53	世帯年間給付	928.03	1.47
新農合	個人年間納付額	51.48	0.33	世帯年間納付額	197.55	0.62
	個人年間給付	304.15	1.96	世帯年間給付	760.40	2.37

出典：邵文綱（2015）

表 4-41　所得階層別の都市住民の社会保障所得の再分配調整効果（2000〜08 年，単位：元）

年度	分類	最低(10%)	低(10%)	中低(20%)	中間(20%)	中高(20%)	高(10%)	最高(10%)
2000	調整後の所得	2678.32	3658.53	4651.72	5930.82	7524.98	9484.67	13390.49
	調整効果指数	0.00	0.01	-0.01	3.00	0.02	0.13	-0.33
2001	調整後の所得	2834.70	3888.13	4983.50	6046.16	821166.00	l0441.61	15219.98
	調整効果指数	0.00	0.01	0.02	0.00	0.05	-0.01	-0.40
2002	調整後の所得	2527.68	3831.01	5209.18	7061.37	9437.99	12555.07	20208.43
	調整効果指数	0.00	-0.21	0.05	0.07	-0.04	-0.20	-0.34
2003	調整後の所得	2762.43	4209.16	5705.67	7753.86	10463.66	14076.07	23483.95
	調整効果指数	0.00	0.03	0.03	0.07	0.01	-1.15	-0.01
2004	調整後の所得	3084.83	4697.62	6423.89	8746.65	11870.79	16156.02	27506.23
	調整効果指数	0.00	0.04	0.07	0.10	0.03	0.01	0.22
2005	調整後の所得	3377.68	5202.12	7177.05	9886.96	13596.66	18687.74	31237.52
	調整効果指数	0.00	0.02	0.05	0.07	0.01	-0.01	0.40
2006	調整後の所得	3871.37	5946.10	8103.73	11052.05	15199.70	20699.63	34834.39
	調整効果指数	0.00	0.06	0.29	0.06	0.03	0.03	0.53
2007	調整後の所得	4604.09	6992.55	9568.02	12978.61	17684.55	24106.62	40019.22
	調整効果指数	0.00	0.02	0.00	-0.01	0.02	-0.07	0.31
2008	調整後の所得	5203.83	7916.53	10974.63	15054.73	20784.19	28518.85	47422.40
	調整効果指数	0.00	0.01	0.03	0.00	-0.03	0.06	0.66

出典：王茂福・謝勇才（2012）

調整効果指数は調整前の所得格差指数から調整後の所得格差指数を引いたもので，調整効果指数が大きいほど調整効果は累進的になり，調整効果がマイナスの場合は逆進的になる。このとき，格差指数とは各所得世帯と最低所得世帯の所得比率をいう。都市ではさまざまな所得階層でマイナスになり，農村でもマイナスが示されている。2008年に都市における調整効果指数は最低10％では0.00だったが，最高10％では0.66，中高20％では−0.03だった。農村においても調整効果指数は2009年に中間所得世帯で−0.15となったが，2006〜10年はマイナスがほとんどなかった。全般的に社会保障制度の逆進性は都市よりも農村において多く見られる（王茂福・謝勇才 2012，p.47）。

表 4-42 所得階層別の農村住民の社会保障所得の再分配調整効果（2002〜10年，単位：元）

年度	分類	低所得世帯	中低所得世帯	中間所得世帯	中高所得世帯	高所得世帯
2002	調整後所得	857.12	1547.53	2164.11	3030.45	5895.63
	調整効果指数	0.00	0.00	0.00	−0.03	−16.00
2003	調整後所得	865.90	1606.53	2273.13	3206.79	6346.86
	調整効果指数	0.00	0.02	0.02	0.01	−0.10
2004	調整後所得	1006.87	1841.99	2578.49	3607.67	6930.65
	調整効果指数	0.00	0.01	0.02	0.03	−0.02
2005	調整後所得	1067.22	2018.31	2850.95	4003.33	1747.35
	調整効果指数	0.00	0.03	−1.21	0.08	0.06
2006	調整後所得	1182.46	2222.03	3148.50	4446.59	8474.79
	調整効果指数	0.00	0.03	0.07	0.09	0.10
2007	調整後所得	1346.89	2581.75	3658.83	5129.78	9790.68
	調整効果指数	0.00	0.04	0.09	0.12	0.15
2008	調整後所得	1499.81	2934.99	4203.12	5928.60	11290.20
	調整効果指数	0.07	0.14	0.21	0.36	0.36
2009	調整後所得	1549.30	3110.10	4502.08	6467.56	12319.05
	調整効果指数	0.00	0.10	−0.15	0.28	0.46
2010	調整後所得	1869.80	3621.23	5221.66	7440.56	14049.69
	調整効果指数	0.00	0.07	0.14	0.20	0.33

出典：王茂福・謝勇才（2012）

最低生活保障制度

　中国の社会救済制度は急速に発展した。1997年に都市住民最低生活保障制度がつくられ、当初は200万人以下だったのが、1999年281万人、2000年402万人、2001年1170万人へと増加し、2003年3月31日の都市住民最低生活保障人口は2140万3000人だった（張丹2015, p.261）。2002年に政府が「保障保険（応保尽保）」政策を推進したためだ。2010年の最低生活保障制度の加入者数は7525万人で、その内訳は都市2311万人、農村5214万人だった。2013年には数字が若干減少して都市2061万人、農村5382万人となった。最低生活保障制度による財政支出では、2010年に969億7000万元を最低生活保障費として支出し、内訳は都市524億7000万元、農村445億元だった。2013年には1567億元の最低生活保障費を支出し、内訳は都市725億元、農村842億元だった。最低生活保障制度のカバー率は9.3％だった（徐強・張開雲・李倩2015, p.174）。

　都市と農村では社会保障制度の待遇に差がある。2014年に全国の都市最低生活保障の平均的な標準は1人当たり月411元で、1人当たり支出は月274.6元だった。一方、全国の農村最低生活保障の平均的な標準は1人当たり月231元で、1人当たり支出は月125.3元だった（郭豔文・趙林藾2015, p.100）。

　少数民族地区の最低生活標準は、都市が2012年時点で311.8元、農村では

表4-43　少数民族の多い地域の都市・農村の最低生活保障の平均的な標準と支出水準（単位：元／人，月）

	都市の最低生活保障の平均的な標準			都市の最低生活保障の平均的な支出			農村の最低生活保障の平均的な標準		農村の最低生活保障の平均的な支出	
	2003	2010	2012	2003	2010	2012	2010	2012	2010	2012
内モンゴル	127.0	299.0	407.7	53.0	263.8	329.3	161.4	242.2	108.0	164.7
広西	136.0	228.0	270.5	55.0	152.4	212.3	96.6	114.6	54.0	84.4
貴州	109.0	211.6	308.0	52.0	155.4	222.2	106.9	135.6	52.0	81.9
雲南	152.0	206.4	284.4	62.0	150.0	205.1	76.1	139.7	71.0	99.6
市場	170.0	305.8	399.7	82.0	253.5	357.1	64.2	133.3	46.0	95.7
青海	152.0	232.0	310.8	72.0	207.3	248.5	113.0	165.9	88.0	131.1
寧夏	153.0	211.9	252.5	71.0	153.7	203.5	70.7	114.8	69.0	111.1
新疆	130.0	183.2	261.0	69.0	204.2	244.1	77.9	128.6	77.0	108.9
平均	141.1	234.7	311.8	64.5	192.5	252.8	95.9	146.8	70.6	109.7

出典：竜玉其（2015）

146.8 元で，ほぼ 2 倍の差がある。

最低賃金

　最低賃金はどうだろうか。第 11 次 5 カ年計画の間に各地で平均 3.2 回に分けて賃金標準を引き上げ，年平均では 12.9％増加した（中国共産党中央宣伝部理論局 2011, p.20）。第 12 次 5 カ年計画の間の最低賃金標準は 13％以上増加した。絶対多数地区の賃金標準は当該地区の都市従業員の平均賃金の 40％以上に達した（中国共産党中央宣伝部理論局 2011, p.24）。年俸制も施行した。2002 年に国は国有企業の経営者（高管）に対して年俸制を開始し，年俸は一般労働者の平均賃金の 12 倍を超えないようにした。2009 年の中央企業【中央政府が管理監督する国有企業】責任者の平均年俸は 68 万元だった（中国共産党中央宣伝部理論局 2011, p.28）。

　最低賃金は 2010 年以降，省によって約 12 ～ 15％ないし 20 ～ 25％上昇した。同じ省でも第 1 類地区から第 5 類地区の間で違いがある。広東の場合，第 5 類まであるが，第 1 類地区と第 5 類地区ではほぼ 2 倍の差が生じた。また，最低賃金標準も毎年異なる。2011 年の最低賃金標準は浙江 1310 元，広東 1300 元であるのに対し，重慶 870 元，寧夏 900 元だった。地域によって大きな差が生じている。

　歴代の最高賃金と最低賃金の比率は 1995 年に 2.23 倍だったが，2000 年に 2.56

表 4-44　複数省の最低賃金標準の引き上げ（2010年，単位：元）

	第 1 類地区	第 2 類地区	第 3 類地区	第 4 類地区	第 5 類地区	平均上昇率（％）
広　東	1030	920	810	710	660	21.1
浙　江	1100	980	900	800	-	10.0
江　西	960	790	670	-	-	12.0
上　海	1120	-	-	-	-	15.0
山　東	920	760	600	-	-	21.2
天　津	920	-	-	-	-	12.0
吉　林	820	780	730	680	-	22.9
寧　夏	710	660	605	-	-	24.9
福　建	900	800	700	600	-	24.5
山　西	850	780	71	640	-	15.5

出典：中国共産党中央宣伝部理論局（2010）

表 4-45　省・区・市の最低賃金標準（2011 年）

	浙江	広東	上海	北京	山東	福建	寧夏	重慶
賃金標準（元）	1310	1300	1280	1160	1100	1100	900	870
平均上昇率（％）	18.5	18.6	14.0	20.8	26.0	21.99	24.9	27.9

出典：中国共産党中央宣伝部理論局（2011）

表 4-46　最高賃金と最低賃金の比率の推移（単位：倍）

年度	比率	年度	比率	年度	比率	年度	比率
1995	2.23	1999	2.48	2003	3.02	2007	4.06
96	2.18	2000	2.56	04	3.24	08	4.29
97	2.24	01	2.75	05	3.56	09	4.21
98	2.34	02	2.85	06	3.83	10	4.20

出典：鄭新亜・郭璡（2013）

倍，2003 年に 3.02 倍，2007 年には 4.06 倍に達した。2000 年代に大幅に増加し，2010 年には 4.20 倍に達した。

救済

　中国では物価上昇の影響が緩和されるよう，貧困層に給付を行っている。2010 年に都市と農村の最低生活保障，優待(優撫)，農村の「五保」保障【貧困救済】の対象と貧困家庭の学生に対して 1 人当たり月 10 〜 80 元の補助を行った。2011 年の春節前には中央財政はさらに 104 億元の資金を分配し，貧しい人々に春節の生活補助金として 100 〜 180 元を支給した。このように物価が上昇する時には低所得層が困らないように支援をしてきた（中国共産党中央宣伝部理論局 2011, p.17）。

　物価が上昇するたびに救済標準も引き上げた。2010 年末に都市の最低生活保障対象者に月 251 元，農村の最低生活保障対象者に月 117 元，農村の五保供養対象者に月 246 元を補助し，2008 年比でそれぞれ 22.4％，42.2％，35.6％引き上げた。家計が苦しい高校生に与える支援金の標準も 2000 元から 3000 元に増加した（中国共産党中央宣伝部理論局 2011, p.18）。

表 4-47　救済の状況（単位：万人）

年度	都市住民の最低生活保障の対象者数	農村住民の最低生活保障の対象者数	農村集中供養五保[a]の人数	農村分散供養五保[b]の人数
2007	2272.1	3566.3	138.0	393.3
08	2334.8	4305.5	155.6	393.0
09	2345.6	4760.0	171.8	381.6
10	2310.5	5214.0	177.4	378.9
11	2276.8	5305.7	184.5	366.5
12	2143.5	5344.5	185.3	360.3
13	2064.2	5388.0	183.5	353.8
14	1877.0	5207.2	174.3	354.8

出典：『中国統計年鑑2015』；王延中（2016）　a 集中供養：施設における集中的なケア，救済。
　　　　　　　　　　　　　　　　　　　　　b 分散供養：郷鎮政府や農村での救済対象者のケア，救済。

　中国では貧困救済が活発に行われている。貧困救済人数では，2014年に都市住民最低生活保障の対象者数が1877万人，農村住民最低生活保障の対象者数が5207万2000人，農村五保供養対象者数（農村集中供養五保＋農村分散供養五保）が529.1万人だった。医療救済も行われている。

　政府による財政支援も貧困地区や貧困者の救済に役立っている。2010年に中央財政から地方への財政移転が総支出に占める割合は21.4％で，2011年には22.2％となった。2011年上半期に中央政府は財政が比較的弱い地方政府に対して5310億元を移転した（中国共産党中央宣伝部理論局2011, p.30）。扶養比率も高まり，政府が財政を支援する他ない状況だ。中国で2050年の加重値を用いた総扶養比率は2000年比で66.0％増加する。ここで加重値を用いた総扶養比率は，高齢者扶養比率×1.3333＋乳児扶養比率×0.6667で求める（曾毅2006, p.339）。

表 4-48　各種扶養比率の実績と予想

	2000	2010	2020	2030	2040	2050年
高齢者扶養比率	0.11	0.13	0.18	0.26	0.38	0.42
乳児扶養比率	0.49	0.36	0.33	0.33	0.32	0.33
総扶養比率	0.57	0.49	0.51	0.59	0.70	0.75
加重値を掛けた総扶養比率	0.47	0.41	0.46	0.57	0.72	0.78

出典：曾毅（2006）

養老保険

　中国の市民の身分が幹部―企業労働者―農民工―城郷住民と区分類されるのに合わせ，養老保障制度には機関・事業単位養老金制度―城鎮企業養老保障制度―農民工養老保障制度―城郷住民養老保障制度が設けられている (汪華・汪潤泉 2015, p.48)。1995年末，全国30の省・市・自治区の1608県で農村社会養老保険を施行した際に6120万人の農民が自発的に社会養老保険に参加し，20～60歳の農村人口が14.2％を占めていた。1999年末に2100県が農村社会養老保険制度を実施し，約8000万人が加入した (曾毅 2006, p.349)。2014年に都市と農村住民の養老保険の参加人数は延べ5億107万人に達している (郭艶文・趙林嶺 2015, p.100)。

　養老保険料は職場単位が賃金総額の20％を超えない範囲内で納付する。具体的には省，自治区，直轄市の政府が決定する。労働者は自身の賃金に応じ基本養老保険料を納付するが，納付比率は8％で全て個人の勘定に積み立てる (劇宇宏 2013, p.55)。法定退職年齢は男性の労働者60歳，官僚と科学者，女性労働者は55歳，工場労働者は50歳，自由業と個体工商戸は55歳となっている。納付期間は少なくとも満15年が必要だ (劇宇宏 2013, p.56)。移住労働者は16％のみが被雇用者年金制度に加入している。移住労働者が年金に加入するには15年の労働契約期間を満たさなければならない (OECD 2015, p.82)。

　2012年に3億7102万人の都市就業者がいたが，このうち城鎮企業養老保険に加入している労働者は2億2981万人，カバー率は61.94％だった。2012年の全国農民工の総数は2億6261万人で，養老保険の農民工は4543万人，加入率は13.70％だった。2012年の城郷住民養老保険加入者は4億8369万6000人で加入

表 4-49　類型別に見た養老保険金の給付比較（単位：元／月）

年度	城郷居住	城鎮企業	事業単位	機関単位
2010	58	1380	1929	2055
11	55	1528	2105	2241
12	72	1700	2380	2352

出典：汪華・汪潤泉（2015）

表 4-50　職業別に見た所得と養老保険金水準の比較

	城郷住民	農民工	フリーランス・パートタイマー	企業労働者	機関・事業単位勤務者
1人当たり所得（元）	15792	27480	38074	47284	48451
城郷住民を1とした時の比	1	1.7	2.4	3.0	3.1
1人当たり給付金（元）	859	-	-	20400	28392
比較値	1	-	-	23.7	33.1

出典：汪華・汪潤泉（2015）

率は 67.1％であった。フリーランス・パートタイマーの養老保険加入率は低く，2005 年の人口サンプル調査によれば 27 万 5891 人のフリーランス・パートタイマーのうち養老保険に加入しているのは 5 万 4765 人，加入率は 19.8％だった。2010 年に中国のフリーランス・パートタイマーは 2 億 1922 万 4000 人で，加入者は 5107 万 9000 人，加入率は 23.3％だった（汪華・汪潤泉 2015, p.48）。

失業保険

　改革開放以前は計画経済で，物資を国家が一元的に購入して分配する「統包統配政策」が取られ，労働と就業を国家が一元的に管理する制度を取っていた。1978 年と 1979 年の登記失業率は 5.3％と 5.4％，失業人口は 530 万人と 568 万人だった（「改革開放 30 年報告之六：人口素質全面提高就業人員成倍増加」，中国国家統計局）。

　失業保険は企業事業単位がその賃金総額の 2％を失業保険料として支出し，労働者本人賃金の 1％を失業保険料として支出する（劇宇宏 2013, p.81）。失業保険料の納付率は 50 ～ 60％にとどまっている（劇宇宏 2013, p.85）。

　中国で 2008 年に就業 4 年目の労働者は，失業した初年度には前年の年間収入の 2.4 カ月分を受け取ることができた。米国 2.8 カ月，トルコ 3.3 カ月，ブラジル 3.4 カ月，南アフリカ共和国 4.6 カ月である。中国の失業保険のカバー率は非常に低く，失業人口の 9％のみが支払を受けている（OECD 2015, p.26）。

　2013 年に契約した農村からの移住労働者の 41％は短期契約で，退職手当（redundancy payment）を受け取ることができない。多くの地域失業保険は移住者が登録

表 4-51　失業保険制度のカバー率，失業保険基金の累計残額がGDPに占める割合（2004～13年）

年度	城鎮就職者数（万人）	失業保険加入者数（万人）	失業保険制度のカバー率（％）	失業保険基金累計残高（億元）	GDP（億元）	累計残高がGDPに占める割合（％）
2004	27293	10583.9	38.78	385.8	159878.34	0.24
05	28389	10647.7	37.51	519.0	184937.37	0.28
06	29630	11186.6	37.75	724.8	216314.43	0.34
07	30953	11644.6	37.62	979.1	265810.31	0.37
08	32103	12399.8	38.63	1310.1	314045.43	0.42
09	33322	12715.5	38.16	1523.6	340902.81	0.45
10	34687	13375.6	38.56	1749.8	401512.80	0.44
11	35914	14317.1	40.68	2240.2	473104.05	0.47
12	37120	15224.7	41.01	2929.2	519470.10	0.56
13	38240	16417.0	42.93	—	568845.21	—

出典：苟興朝（2015）

できないようになっていて，同年の場合，移住労働者の9％のみが失業保険制度に加入していた（OECD 2015, p.27）。

医療保険

　医療保険制度は2003年に始まり，2014年末に都市と農村の医療保険加入人数は3億1449万人に達した（郭艶文・趙林巍 2015, p.100）。健康保険のカバー率は2003年に10％だったが2012年にはもっと一般的になった。2001年から13年の間に現金支払い経費は60％から34％に急激に減少した（OECD 2015, p.22）。
　医療保険は雇用側の職場単位の納付額は賃金総額の6％で，個人負担は賃金の2％である。地域の経済発展に応じて職場単位と労働者の間の納付比率を調整するようになっている。中国の医療保険の規定は標準原則上，当地の労働者の平均賃金の10％であり，最高給付限度額はその地域の労働者の平均賃金の4～6倍である。医療費負担が大きい時，保険に加入した患者の自己負担が50％以上になるということもあり，入院費用であっても給付の対象にならないものも多い（劉宇宏 2013, p.73）。
　2008年の第4次国家衛生サービス調査によれば，医師が入院の必要性を認めても入院できない患者が25.1％に達している。主な原因は「経済的困窮」が70.3％を占めている（中国共産党中央宣伝部理論局 2010, p.45）。診療費が高いためだ。病院で患

者が診察を受けるたびに医療費は166.8元かかり、入院患者1人当たりの医療費は6193.9元である。1回目の入院費が都市住民の年間所得の3分の1に達し、農民の1人当たり年間所得を超えている (中国共産党中央宣伝部理論局 2011, p.71)。

2011年の1人当たり基本公共衛生サービスの経費標準は、2010年の15元から25元に増加した (中国共産党中央宣伝部理論局 2011, p.73)。都市は衛生サービスの60％の財源を使い、農村は衛生サービスの30％の財源を使っており、農村住民に割り当てられる1人当たり衛生支出は都市住民の4分の1未満である (中国共産党中央宣伝部理論局 2010, p.4)。

政府は住民の負担を減らすよう努めた。2003年、農民が病気を治療できるよう、国務院は衛生部など関連部署と共に農民医療補助体制 (新型農村合作医療、新農合) をつくった。国家が農民に毎年10元を補助し、地方政府が10元を補助し、本人が10元を出して、大病をしたときに補助を受けられるようにする制度で (李毅 2008, p.179)、2003年から全国的に施行が始まった。医療基金から農民の医療費と入院費を支出し、農村の女性の入院分娩費も含まれている。2003～08年に新農合に加入した農民の1人当たり負担標準 (籌資標準) は30元から100元までである。そのうち各級政府の1人当たり補助が80元、個人が出す納付額が20元である。東西部の農民には一定の補助を中央政府が提供するが、その中の中西部の1人当たり補助標準は40元である。2009年6月、新農合制度の加入状況は2729県の約8億3000万人、基金は700億元に達した (覃成菊・張一名 2011, p.18)。2011年、新農合と都市住民の医療保険補助標準が1人当たり毎年200元に引き上げられた。入院費削減比率は70％になった。制度のカバーする最高額は5万元に達した (中国共産党中央宣伝部理論局 2011, p.73)。

表4-52 新農合の状況

	2008	2009	2010	2011	2012	2013	2014年
新農合導入県(市,区)(カ所)	2729	2716	2678	2637	2566	2489	-
新農合加入者数(億人)	8.15	8.33	8.36	8.32	8.05	8.02	7.36
新農合の加入率(％)	91.5	94.2	96.0	97.5	98.3	99.0	98.9
1人当たり負担(元)	96.3	113.4	156.6	246.2	308.5	370.6	410.9
当年基金支出(億元)	662.3	922.9	1187.8	1710.2	2408.0	2908.0	2890.4
保障利用者延べ人数(億人)	5.85	7.59	10.87	13.15	17.45	19.42	16.52

出典:『中国統計年鑑2015』

金双華・于潔 (2016) は，2013年に遼寧省の城鎮住民の五つの所得階層の所得とこれに対応する医療基金納付および医療保険取得後の所得を比較し，納付率（繳費率）と改善率を推定した。納付率は低所得世帯で2.23%だが，高所得世帯では0.79%に低下している。改善率は低所得世帯で9.78%だが，高所得世帯では1.43%に低下している。医療保険だけでは再分配率は−0.58%だが，これに医療保険所得を合わせれば再分配効果は3.88%となる。

表4-53 所得階層別に見た医療基金納付および医療保険受給後の所得（単位：元，%）

項目	低所得世帯	中低所得世帯	中所得世帯	中高所得世帯	高所得世帯
A	11134.25	18533.99	24441.94	31705.26	60158.74
B	10885.52	18307.18	24165.84	31400.99	59683.16
C	12223.72	19645.38	25504.04	32739.19	61021.36
納付率	2.23	1.22	1.13	0.96	0.79
改善率	9.78	6.00	4.35	3.26	1.43

出典：金双華・于潔 (2016) 納付率＝個人納付医療基金／世帯内1人当たり所得；改善率＝(個人医療保健給付−個人医療基金納付)／世帯内1人当たり所得。A＝1人当たり世帯内所得すなわち最初の所得；B＝最初の所得−個人医療基金納付；C＝最初の所得−個人医療基金納付＋(個人医療保険給付すなわち医療保険収支の純所得)。

表4-54 所得階層別に見た医療基金納付および医療保険受給後の所得分布とジニ係数

項目	所得	低所得世帯	中低所得世帯	中所得世帯	中高所得世帯	高所得世帯	ジニ係数
A	100.00	7.63	12.70	16.74	21.72	41.21	0.305
B	98.95	7.54	12.67	16.73	21.74	41.32	0.307
C	103.53	8.09	13.00	16.88	21.66	40.38	0.293

出典：金双華・于潔 (2016) ABCは表4-53に同じ。

表4-55 医療保険の再分配効果

項目	ジニ係数	MT指数	R指数
A	0.305	−	−
B	0.307	-0.0018	-0.58
C	0.293	0.0118	3.88

出典：金双華・于潔 (2016) R指数はMT指数を最初のジニ係数で割って100を掛けた総所得の相対的変化を意味する。ABCは表4-53に同じ。

生育【育児】保険

この制度の初期，独立した根拠法がなく労働保険条例で規定され，生育休暇を出産前後56日と定めていた。生育補助は4元で労働保険基金から支払われた。妊娠期間に発生した検査費と出産費用（接生費）は企業と機関事業単位から支払われた。女性臨時労働者と季節労働者の検査費，出産費用，生育補助費，生育休暇期間は一般の女性労働者と同じだが，出産期間の賃金は賃金の60%であった（覃成菊・張一名 2011, p.15）。

1988年，国務院の「女性労働者保護規定（女職工労働保護規）」によって，生育保険における出産休暇を56日から90日に延長した（覃成菊・張一名 2011, p.15）。通常の出産期間は90日で，そのうち産前休暇は15日，産後休暇は75日と規定した（任婷瑛 2014, p.12）。1994年に労働省の「従業員生育保険試行規則（企業職工生育保険試行弁法）」により，企業は企業賃金総額の1%を超えない範囲で生育保険費を支払うようになり，1995年に国務院が発表した「中国婦女発展綱要」で全国の各省・市が基本的に女性の育児費用を賄うようにした。

生育保険は女性が対象となる保険で，各地で実施される生育保険基金は一般的に0.5%である。これは職場単位が負担し，個人は納付費を負担しない。基金の規模は比較的小さい（黄顕官・王敏・彭博文 2015, p.33）。生育保険は1997年の「生育保険カバー計画」によって一律的に賃金総額の0.6～1%を保険金として納付する。各地の政府の状況によって適宜調整することができる（劇宇宏 2013, p.109）。

女性の負担比率としては一般的に妊娠期間の自己負担率が85～98%，出産費用の自己負担率が38～60%となっている。

表4-56 女性の生育費用の状況

	サンプル数(人)	妊娠期間の費用の自己負担率(%)	出産費用の自己負担率(%)	生後6カ月の費用と母親所得月額の倍数
省の労働者の医療保険	100	85.65	38.52	6.75
省の住民の医療保険	100	96.60	51.67	3.56
新農合	100	98.28	59.76	12.60

出典：黄顕官・王敏・彭博文（2015）

蔣永萍の調査によれば，全国的に出産休暇および給付を受け取れる女性は62.2%で，都市でこうした保障を受ける女性の比率は69.7%である。一方，農村地区で非農業従事者の女性がそうした保障を受ける比率は39%にすぎず，流動的な雇用状態の女性の場合はそれよりさらに低い（任婷瑛 2015, p.50）。調査の結果，国家に保険を申請した78.5%の女性が特別な保護を受けられず，また下位1%の女性は妊娠期間に特別な保護を受けられず，さらに25.6%の女性は授乳期間に特別な保護を受けられずにいる（呉安然 2014, p.50）。

工傷【労災】保険

1996年に「従業員工傷保険試行規則（企業職工工傷保険試行弁法）」が施行され，2003年に「工傷保険条例」が発表された。その後，「職業病診断と検定規則（職業病診断与鑑定弁法）」，「工傷認定規則（工傷認定弁法）」が発表され，政策が補完された。工傷保険条例の発布前に比べて保険加入者が4.7倍増加した（于春煜 2015, p.35）。

工傷保険には納付基準（繳費基数）があり，全労働者の月給総額がその基準となり，1人当たり月間納付基準は前年度の省全体の労働者の平均月給が60%であれば60%，300%であれば300%となる。納付比率は業種によって設定が異なるが，基本的に0.5～3%である。第1類業種は0.5%，第2類業種は1%，3類業種は3%である。個人は納付しない。保険の給付は1級労災者が本人賃金の90%，2級は85%，3級80%，4級75%である（劇宇宏 2013, p.98）。

工傷保険は元々の「工傷保険条例」で1級，2級，3級，4級の傷害について補助標準を本人の月額給与の24倍，22倍，20倍，18倍と定めていた。新たな「工傷保険条例」ではそれぞれ27倍，25倍，23倍，21倍とし，社会経済の発展レベルに合うように変更した（劉麗 2014, p.68）。また，条例改正により5～6級に対しては本人の月額給与2カ月分の増額，7～10級は本人の月額給与の1カ月分が増額された（于春煜 2015, p.35）。

死亡補助については当初，前年度に総括していた地区の労働者の平均月額給与の48～60カ月とされていたが，工傷保険の対象となった労働者の親族の生活を保障す

るために補助金標準を引き上げ，新条例では全国城市住民の 1 人当たり可処分所得の 20 倍とした (劉麗 2014, p.68)。

社会保障制度に対する満足度

　王延中が編纂した『中国社会保障所得再分配状況調査』という書籍によれば，現在の社会保障制度が所得格差を緩和する効果があると思うかを質問したところ，「とても小さい」約 7.2％，「比較的小さい」24.9％，「普通」53.7％，「比較的大きい」12.1％，「とても大きい」2.1％という回答が得られた。大多数の住民は現在の社会保険が所得格差を緩和するとは思わないと考えており (邵文綱 2015, pp.31-32)，効果が比較的少ないことがうかがえる。

　徐強・張開雲 (2015) が 2011 年に 4 省 1600 人を対象に実施したアンケート調査によれば，全般的に社会保障制度に対する満足度において，非農業【都市】戸籍保有者の方が農業戸籍保有者に比べて満足度が高く，地域的には中部や東部に比べて西

表 4-57　社会保障制度に対する満足度と戸籍別の相互分析（単位：％）

		非農業戸籍保有者	農業戸籍保有者	合計
社会保障制度に対する満足度	不満足	55.0 (22.4)	45.0 (31.2)	100 (25.6)
	満　足	65.8 (77.6)	34.2 (68.8)	100 (74.4)
合計：回答者 1561 名		63.0 (100)	37.0 (100)	100 (-)

出典：徐強・張開雲（2015）

表 4-58　社会保障制度に対する地域別の満足度（単位：％）

		西部	中部	東部	合計
社会保障制度に対する満足度	不満足	51.0 (24.4)	32.3 (28.7)	16.7 (22.3)	100 (25.2)
	満　足	53.4 (75.6)	27.1 (71.3)	19.5 (77.7)	100 (74.8)
合計：回答者 1594 名		52.8 (100)	28.4 (100)	18.8 (100)	100 (-)

出典：徐強・張開雲（2015）

表 4-59　社会保障制度の項目比較（単位：％）

	とても満足	比較的満足	普通	不満足	とても不満足
社会保障制度	2.3	23.5	49.0	18.6	6.0
社会救済制度	10.3	35.5	39.4	11.8	3.0
養老保険制度	8.0	30.5	38.9	16.0	6.0
医療保険制度	3.4	35.9	42.6	13.5	4.0
住居保障制度	2.8	15.4	45.2	24.5	12.2

出典：徐強・張開雲（2015）

部の満足度が高かった。社会保障制度の満足度は1人当たり月間所得が多い人ほど高く，月間所得500元以下の回答者のうち「満足」と答えたケースは68.3％にとどまった。他の所得階層の「満足」の割合は，月501～1000元の所得者は71.5％，1001～2000元の所得者は78.3％，2001～3000元の所得者は80.7％，3001～5000元の所得者は86.0％だった（徐強・張開雲 2015, pp.161-162）。

「社会保障制度が負担を軽くすると思うか」という質問に対しては，「とても大きい」と「大きい」が26.1％，「小さい」と「とても小さい」が30.8％であった。「社会保障制度が格差を解消すると思うか」という質問に対しては，「とても大きい」と「比較

表 4-60　社会保障制度の満足度と負担軽減効果のクロス分析（単位：％）

負担軽減効果		とても大きい	大きい	普通	小さい	とても小さい	合計
社会保障制度に対する満足度	不満足	6.5 (27.4)	10.0 (12.5)	18.0 (10.5)	39.3 (46.9)	26.1 (67.5)	100.0 (25.1)
	満　足	5.8 (72.6)	23.4 (87.5)	51.6 (89.5)	15.0 (53.1)	4.2 (32.5)	100.0 (74.9)
合計：回答者1589名		6.0 (100.0)	20.1 (100.0)	43.2 (100.0)	21.1 (100.0)	9.7 (100.0)	100.0 (-)

出典：徐強・張開雲（2015）

表 4-61　社会保障制度の満足度と格差縮小のクロス分析（単位：％）

格差縮小効果		とても大きい	比較的大きい	普通	小さい	とても小さい	合計
社会保障制度に対する満足度	不満足	6.8 (43.3)	9.5 (17.0)	16.3 (10.7)	31.3 (31.3)	36.1 (50.0)	100.0 (25.2)
	満　足	3.0 (56.7)	15.7 (83.0)	45.7 (89.3)	23.4 (68.9)	12.2 (50.0)	100.0 (74.8)
合計：回答者1589名		4.0 (100.0)	14.2 (100.0)	38.3 (100.0)	25.4 (100.0)	18.2 (100.0)	100.0 (-)

出典：徐強・張開雲（2015）

的大きい」が18.2%、「小さい」と「とても小さい」が43.6%であった。

徐強・張開雲・李倩（2015）によれば、社会保障制度に関する総体的評価と関連する満足度と負担の軽減効果においては「普通」が多いが、格差の縮小効果では「不満」が比較的多い。

徐強・張開雲（2015）が2011年に4省1600人を対象に実施したアンケート調査によれば、最低生活保障制度に対する評価において、「とても満足」と「比較的満足」が45.8%、「不満」と「とても不満」が14.8%だった。最低生活保障制度が「とても役に立つ」と「役に立つ」が84.4%で、「役に立たない」が9.4%であった。

養老保険に対する評価では、「とても満足」と「比較的満足」が38.5%、「不満」と「とても不満」が22.5%を占めた。公平性に対しては「とても満足」と「比較的満足」

表4-62 中国の社会保障制度に対する総体的評価

満足度評価割合（%）	とても満足 2.3	比較的満足 23.5	普通 49.0	不満足 18.6	とても不満足 6.6
負担軽減効果割合（%）	とても大きい 6.0	比較的大きい 20.0	普通 43.1	比較的に少ない 21.3	とても少ない 9.7
格差の縮小効果割合（%）	とても大きい 4.0	比較的大きい 14.1	普通 38.3	比較的に少ない 25.6	とても少ない 18.1

出典：徐強・張開雲・李倩（2015）

表4-63 最低生活保障制度に対する評価

最低生活保障制度の加入・非加入	最低生活保障の加入世帯（9.3%）		最低生活保障の非加入世帯（90.7%）	
最低生活保障の受給方法	合理的（79.7%）		合理的でない（20.3%）	
保障水準割合（%）	完全に保障される 1.1	普通 22.0	十分に保障されない 76.9	
資格審査は適切か割合（%）	とてもそう思う 32.1	部分的に同意 40.1	全くそう思わない 3.3	よく分からない 24.5
貧困救済に効果があるか割合（%）	とても役に立つ 23.1	ある程度役に立つ 61.3	役に立たない 9.4	よく分からない 6.1
満足度の評価割合（%）	とても満足 10.3	比較的満足 35.5	普通 39.4	不満 11.8	とても不満 3.0

出典：徐強・張開雲・李倩（2015）

表 4-64　養老保険制度に対する評価

養老保険加入・非加入	加入（56.5%）		非加入（43.5%）		
養老保険金水準割合（%）	完全に満足できる 19.0		基本的に満足 43.3		満足できない 37.7
養老保険納付水準割合（%）	とても高い 12.4	比較的高い 20.1	適当だ 54.1	比較的低い 8.9	とても低い 4.6
養老保険の公平性割合（%）	とても公平 7.1	比較的公平 18.8	普通 23.5	不公平 27.8	とても不公平 22.8
養老保険の満足度割合（%）	とても満足 8.0	比較的満足 30.5	普通 38.9	不満 16.0	とても不満 6.5

出典：徐強・張開雲・李倩（2015）

表 4-65　医療保険制度に対する評価

医療保険加入・非加入	加入（90.6%）		非加入（9.4%）		
医療保険費用の納付水準割合（%）	とても高い 7.6	比較的高い 14.0	適当 64.0	比較的低い 11.1	とても低い 3.4
医療保険請求の度合い割合（%）	とても高い 2.5	比較的高い 7.9	適当 44.7	比較的低い 34.9	とても低い 10.0
医療保険の負担軽減効果割合（%）	とても大きい 7.5	比較的大きい 20.6	普通 36.3	比較的少ない 27.3	とても少ない 8.3
医療保険に対する満足度割合（%）	とても満足 3.4	比較的満足 35.9	普通 42.6	不満足 13.5	とても不満足 4.6

出典：徐強・張開雲・李倩（2015）

が25.9%,「不公平」と「とても不公平」が50.6%であった。

　医療保険制度に対する評価では,「とても満足」と「比較的満足」が39.3%で,「不満」と「とても不満」が18.1%だった。医療保険制度の負担軽減効果については,「とても大きい」と「比較的大きい」が28.1%,「比較的に少ない」と「とても少ない」が35.6%だった。

第 5 章

CGSS（中国総合社会調査）
データで見る中国の格差

CGSS データで見る中国の格差

　中国では政府の公式統計が多く使用されるが，経済学者の間では統計操作が議論となっている (Li and Gibson 2013, p.16)。人口推計においては，移住者を計算から除外しているため，人口推計のみならず地方の GDP 推計でもゆがみが生じることがある。

　2000 年のセンサスを例に挙げる。広東地方の登録人口が 7500 万人であるのに対し居住者は 8600 万人いることから，1 人当たり GDP が 15％近く上振れして評価された。深圳の場合，2000 年センサス当時の登録人口は 100 万人だが居住者は 700 万人いて，1 人当たり GDP は 600％上振れして評価された (Li and Gibson 2013, p.16)。

　一方，基本的に格差の計測においては所得基準か消費基準かで違いが生じ，それぞれでジニ係数を計算すると 0.15 ポイントの差が出ることがあり，消費基準のジニ係数と比べ，所得基準のジニ係数は高く出る傾向がある。消費基準で算出する地域はアジア，サハラ以南のアフリカ，中欧・東欧，独立国家共同体諸国などで，所得基準で算出する地域は先進国とラテンアメリカである (IMF 2007, pp.144-145; 李養浩 2013, p.42)。

　中国は所得基準でジニ係数を算出している。中国は 1982 年，1990 年，2000 年にセンサスを実施し，1％人口抽出調査は 1987 年，1995 年，2005 年に実施した (Li and Gibson 2013, p.17)。中国では農村世帯に対する調査は純収入を使用し，都市に対する調査は可処分所得を使用する。国家統計局によれば，農村の可処分所得はその純収入より 5.7％少ない。一方，医療保険手当は農村調査では所得と見なされるが，都市調査ではマイナス支出と見なされる。社会保障は農村では 2005 年から施行されている (OECD 2015, p.13)。中国の所得データは 1 人当たり所得で測定され，他の国々では世帯所得を世帯員の数で除する方式を取っている (OECD 2015, p.15)。

　中国の格差と貧困に対する実証分析を行うために，CGSS (Chinese General Social Survey，中国総合社会調査) の 2013 年データを中心に考察する。ジニ係数などの分析には Stata と DASP (Distributive Analysis Stata Package) を利用した。

　CGSS は中国人民大学中国調査データセンターが 2003 年から全国各地の 1 万世帯を対象に調査を継続実施しているものである。個人総所得は 2 万 3814 元，個人労

表 5-1　個人総所得，個人労働所得，世帯所得，世帯1人当たり所得のデータ

項目	人数	平均	標準偏差	最小値	最大値
個人総所得	10,243	23,814	36,753	0	1,000,000
個人労働所得	10,648	17,797	33,884	0	1,000,000
世帯所得	9,926	56,613	73,439	0	2,000,000
世帯1人当たり所得	9,923	21,563	30,880	0	900,000

出典：CGSS 2013 データを基に Stata と DASP を用い著者作成

表 5-2　各種所得のジニ係数

項目	推定値	標準誤差	信頼区間の下限	信頼区間の上限
個人総所得ジニ係数	0.573	0.00519	0.563	0.583
個人労働所得ジニ係数	0.700	0.00446	0.691	0.709
世帯所得ジニ係数	0.483	0.00522	0.473	0.493
世帯1人当たり所得ジニ係数	0.519	0.00530	0.508	0.529

出典：CGSS 2013 データを基に Stata と DASP を用い著者作成

働所得は1万7797元，世帯所得は5万6613元だった。世帯所得を世帯員の数で除した世帯1人当たり所得は2万1563元だった。

ジニ係数は個人総所得で見ると，2013年に0.573とかなり高い。個人労働所得では0.700，世帯所得では0.483だった。世帯1人当たり所得のジニ係数は0.519だった。

社会階層

中国人が自分の属する階層を二分法で選択したところ，富裕層 (2.5%) ―貧困層 (66.7%)，資産家 (15.6%) ―無資産者 (65.6%)，幹部 (2.5%) ―大衆 (93.6%)，管理者 (6.0%) ―被管理者 (63.0%)，高学歴者 (8.1%) ―低学歴者 (75.6%)，頭脳労働者 (5.8%) ―肉体労働者 (46.7%) となった。

自分が富裕層だと答えた人の個人総所得の平均は6万2577元，貧困層と答えた人は1万8549元で，約4倍の差があった。資産家と答えた人の個人総所得の平均

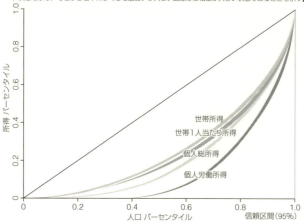

図 5-1　各種所得のローレンツ曲線

【ローレンツ曲線は，格差がどのような状況にあるかを示す。図上に引かれた右上がりの曲線が格差のない状態を示し，そこから右下にふくらむ度合いが大きい曲線ほど格差が大きい状態であることを示す】

出典：CGSS 2013 データを基に Stata と DASP を用い著者作成

表 5-3　自分がどちらの階層に属すると思うかに対する回答（単位：%）

幹部	大衆	2.51	93.64
頭脳労働者	肉体労働者	5.76	45.71
高学歴者	低学歴者	8.08	75.60
管理者	被管理者	6.04	63.04
資産家	無資産者	15.58	65.58
富裕層	貧困層	2.45	66.69

出典：CGSS 2013 データを基に Stata と DASP を用い著者作成

表 5-4　富裕層と貧困層の平均個人総所得（単位：元）

	平均	標準誤差	[95% 信頼区間]	
富裕層	62577	6938	48976.64	76176.92
貧困層	18549	295	17969.86	19127.29

出典：CGSS 2013 データを基に Stata と DASP を用い著者作成

表 5-5　資産家と無資産者の平均個人総所得（単位：元）

	平均	標準誤差	[95% 信頼区間]	
資産家	43197.00	1588	40083.88	46310.11
無資産者	18934.06	287	18372.30	19495.82

出典：CGSS 2013 データを基に Stata と DASP を用い著者作成

は4万3197元で，無資産者と答えた人は1万8934元だった。

しかし，個人で見ると，10年前に比べて最下位層は減少し，最上位層は若干増えて中間層が大きく増加したと感じている。自分が中間層のD5～D6に属すると答えた割合は10年前に24.4%だったのに対し，現在は44.1%となった。

興味深いのは，最上位層に属すると答えた人は実際には2012年の個人総所得でD6～D7の所得よりも低い水準にある点だ。最上位10%の個人総所得は22895元，9分位の個人総所得は37727元で，D5～D6の水準だった。従って自らを所得上

表5-6　14歳の時，10年前，現在，10年後の個人総所得（単位：%）

	14歳の時	10年前	現在	10年後
最下位層1（D1）	22.62	14.06	6.92	4.42
2（D2）	22.14	16.79	7.61	4.51
3（D3）	19.11	21.36	15.60	9.41
4（D4）	13.71	18.10	18.20	12.08
5（D5）	13.99	18.94	32.54	23.42
6（D6）	4.04	5.50	11.58	18.18
7（D7）	2.22	2.91	4.55	14.03
8（D8）	1.43	1.65	2.05	8.45
9（D9）	0.37	0.24	0.31	2.95
最上位層10（D10）	0.39	0.46	0.65	2.56
合計	100.0	100.0	100.0	100.0
有効回答者数	11,353	11,386	11,395	11,232

出典：CGSS 2013データを基にStataとDASPを用い著者作成

表5-7　自己申告による所得十分位で見た個人総所得（2012年，単位：元）

	平均	標準誤差	[95%信頼区間]	
最下位層1（D1）	13465	1127	11256	15675
2（D2）	13646	688	12297	14995
3（D3）	16633	550	15554	17712
4（D4）	20328	575	19201	21455
5（D5）	24098	519	23080	25116
6（D6）	36299	1404	33546	39052
7（D7）	49270	3625	42163	56377
8（D8）	47402	5477	36666	58137
9（D9）	37727	9824	18470	56984
最上位層10（D10）	22895	3021	16973	28817

出典：CGSS 2013データを基にStataとDASPを用い著者作成

表 5-8　家庭の経済状況に対する回答（2012 年）

家庭の経済状況	回答数	%	累　計
平均よりとても低い	521	4.6	4.6
平均より低い	3407	29.9	34.5
平均水準	6627	58.2	92.7
平均より高い	799	7.0	99.8
平均よりとても高い	29	0.3	100.0
合　計	11383	100.0	-

出典：CGSS 2013 データを基に Stata と DASP を用い著者作成

層部だと考える人々は実際には中間層のレベルにある。これは，賃金は低いが灰色所得や陰性所得が多い，あるいは調査では自己所得を低めに回答する傾向によるものだろう。

こうした状況は，58.2％が家計所得は平均並みだと回答していることとも通じる。平均未満と回答した人は 29.9％であった。

格差と格差の要因に対する認識

中国社会が公平か不公平かという質問に対しては，「比較的公平だ」が 37.4％，「とても公平だ」が 3.0％で，約 40.4％が公平との見方を示している。一方，「どちらかというと不公平だ」が 28.7％，「完全に不公平だ」が 7.4％で，約 36.1％が不公平だと回答している。

表 5-9　「今の社会は公平かあるいは不公平か」に対する回答

	回答数	%	累　計
とても不公平だ	845	7.4	7.4
どちらかというと不公平だ	3276	28.7	36.1
普　通	2685	23.5	59.6
どちらかというと公平だ	4272	37.4	97.0
とても公平だ	343	3.0	100.0
合　計	11421	100.0	-

出典：CGSS 2013 データを基に Stata と DASP を用い著者作成

表 5-10 「何が最も深刻な格差だと思うか」に対する回答

	回答数	%	累計
貧富の格差	4696	41.4	41.4
官僚と一般市民の格差	3964	34.9	76.3
都市と農村の格差	753	6.6	82.9
富と財産における格差	573	5.1	88.0
管理者と被管理者の格差	316	2.8	91.0
学歴格差	349	3.1	93.8
肉体労働者と頭脳労働者の格差	133	1.2	95.0
回答できない	566	5.0	100.0
合計	11350	100.0	-

出典：CGSS 2013 データを基に Stata と DASP を用い著者作成

「何が最も深刻な格差だと思うか」に対しては，「貧富の格差」41.4％と「官僚と一般市民の差」34.9％が高い割合を示した。一方，「都市と農村の格差」(6.6％)，「富と財産における格差」(5.1％)，「管理者と被管理者の格差」(2.8％)，「学歴格差」(3.1％)，「肉体労働者と頭脳労働者の格差」(1.2％)等の割合は少なかった。

表 5-11 社会財産分配の不公正と貧富の格差の拡大について

	回答数	%	累計
深刻でない	37	0.7	0.7
あまり深刻でない	335	6.0	6.7
普通	1219	21.8	28.4
比較的深刻だ	2624	46.9	75.4
とても深刻だ	1379	24.7	100.0
合計	5594	100.0	-

出典：CGSS 2013 データを基に Stata と DASP を用い著者作成

表 5-12 「社会構成員の所得格差は合理的か」に対する回答

	回答数	%	累計
合理的，受け入れられる	785	13.9	13.9
合理的でないが，受け入れられる	2548	45.0	58.9
合理的でなく，受け入れられない	1670	29.5	88.4
回答できない	657	11.6	100.0
合計	5660	100.0	-

出典：CGSS 2013 データを基に Stata と DASP を用い著者作成

表 5-13 人間関係に最大の影響を及ぼす要因

	回答数	%	累計
社会資源の奪い合いによる悪い競争	483	9.0	9.0
過剰な宣伝競争意識	276	5.2	14.2
社会財産の不公正な分配と貧富の格差の拡大	2410	45.0	59.2
個人主義の横行	482	9.0	68.2
愛の欠乏	355	6.6	74.9
寛容の欠如	321	6.0	80.9
理解と意思疎通の不足	583	10.9	91.7
制度の不公正，機会の格差	333	6.2	98.0
一切を利益と法律で解決，倫理が不足	79	1.5	99.4
その他	30	0.6	100.0
合計	5352	100.0	-

出典：CGSS 2013 データを基に Stata と DASP を用い著者作成

表 5-14 格差を解決するための手段

		同意	同意できない	分からない	回答者
農民工の待遇を都市住民と同等とする	回答数 %	9687 84.9	924 8.1	802 7.0	11413 100.0
富裕層には増税し，貧しい者には援助する	回答数 %	8352 73.1	1711 15.0	1358 11.9	11421 100.0
人によって稼ぐ額が違うのは公平だ	回答数 %	6053 53.0	4106 36.0	1263 11.1	11422 100.0
農民工の所得を高めるべき	回答数 %	10481 91.9	523 4.6	404 3.5	11408 100.0
農民工の子弟と他の子弟との機会の均等化	回答数 %	7922 69.4	2525 22.1	974 8.5	11421 100.0

出典：CGSS 2013 データを基に Stata と DASP を用い著者作成

　特に社会財産の分配における不公正，貧富の格差の拡大について「比較的深刻 (46.9%)」，「とても深刻」(24.7%) と回答し，この問題は深刻だとの見方が約 71.6%に達した。しかし，「社会構成員の所得格差は合理的か」に対する回答では，「合理的だ」と「受け入れられる」が約 58.9%だった。

　人間関係に最大の影響を及ぼす要因としては，「社会財産の不公正な分配と貧富の格差の拡大」が 45.0%を占めた。

　「農民工の待遇を都市住民と同等とする」「富裕層には増税して貧しい者には援助する」「農民工の所得を高めるべき」に賛成を表明しつつも，「人によって稼ぐ額が違う

図 5-2 グラフで見る，格差を改善するための措置（単位：％）

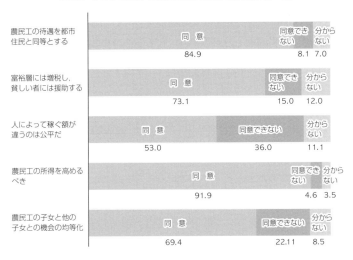

出典：CGSS 2013 データを基に Stata と DASP を用い著者作成

表 5-15 過去 20 年間に最も多くの利益を得たのは誰か

	回答数	％	累 計
労働者	123	1.1	1.1
農 民	301	2.7	3.8
国家幹部	5458	49.1	52.9
国有・集体企業の経営管理者	2600	23.4	76.3
技術責任者と高学歴者	1243	11.2	87.5
資産家	1170	10.5	98.0
徳の高い者	79	0.7	98.7
その他	147	1.3	100.0
合 計	11121	100.0	-

出典：CGSS 2013 データを基に Stata と DASP を用い著者作成

のは公平だ」という反応も見られた。

「過去 20 年間に最も利益を得たのは誰か」に対しては，「国家幹部」が圧倒的で 49.1％を占め，「国有・集体企業の経営管理者」の 23.4％がそれに続いた。「労働者」の 1.1％，「農民」の 2.7％とは大きな差を見せた。

少数民族，教育，戸籍，職業と格差

所得と少数民族との関係はどうだろうか。大多数を占める漢族の所得は，他の少数民族に比べて高い。チベット族は所得がかなり高く出たが件数が 4 人にすぎず，一般化することはできない。

漢族の個人総所得の平均は 24293 元で，回族，モンゴル族，満洲族とあまり変わらず，ウイグル族より高い。ジニ係数を分解すると，漢族が 0.570，少数民族はモンゴル族 0.589，満洲族 0.543，回族 0.535，チワン族 0.591 だった。各民族のジニ係数はほぼ同じ水準だった。

戸籍は大きく農業戸籍と非農業【都市】戸籍に分かれ，農業戸籍 55.4%，非農業戸籍 36.3% であった。戸籍別のジニ係数分解では，農業戸籍が 0.632 で非農業戸籍

表 5-16　少数民族のデータ

	件　数	％	累　計
漢　族	10458	91.5	91.5
モンゴル族	43	0.4	91.9
満州族	84	0.7	92.6
回　族	263	2.3	94.9
チベット族	4	0.0	95.0
チワン族	149	1.3	96.3
その他	425	3.7	100.0
合　計	11426	100.0	-

出典：CGSS 2013 データを基に Stata と DASP を用い著者作成

表 5-17　少数民族の平均個人総所得（単位：元）

	平　均	標準誤差	[95% 信頼区間]	
漢　族	24292.65	384.9434	23538.08	25047.21
モンゴル族	22699.23	5158.63	12587.31	32811.16
満州族	24611.25	3960.883	16847.14	32375.36
回　族	25089.89	2306.454	20568.79	29610.99
チワン族	46450.00	5471.365	35725.05	57174.95
ウイグル族	13242.92	2358.024	8620.73	17865.11
その他	14416.44	1320.016	11828.95	17003.93

出典：CGSS 2013 データを基に Stata と DASP を用い著者作成

表 5-18 民族別に見たジニ係数分解

	ジニ係数	人口シェア	所得シェア	絶対的寄与	相対的寄与
漢族	0.570	0.9151	0.9334	0.487	0.849
モンゴル族	0.589	0.0048	0.0036	0.0000	0.0000
満州族	0.543	0.0078	0.0081	0.0000	0.0001
回族	0.535	0.0226	0.0238	0.0003	0.0005
チベット族	0.113	0.0004	0.0008	0.0000	0.0000
チワン族	0.591	0.0133	0.0074	0.0001	0.0001
その他	0.641	0.0359	0.0217	0.0005	0.0009
集団内	—	—	—	0.487	0.8501
集団間	—	—	—	0.0229	0.0399
重複	—	—	—	0.0631	0.1100
全体	0.573	1.0000	1.0000	0.573	1.0000

出典：CGSS 2013 データを基に Stata と DASP を用い著者作成

表 5-19 戸籍のデータ

	件数	％	累計
農業戸籍	6333	55.4	55.4
非農業戸籍	4146	36.3	91.6
青色戸籍	2	0.0	91.6
住民戸籍（過去に農業戸籍）	510	4.5	96.1
住民戸籍（過去に非農業戸籍）	425	3.7	99.8
軍籍	8	0.1	99.9
無戸籍	9	0.1	100.0
その他	5	0.0	100.0
合計	11438	100.0	-

出典：CGSS 2013 データを基に Stata と DASP を用い著者作成

表 5-20 戸籍別に見た平均個人総所得（単位：元）

	平均	標準誤差	[95% 信頼区間]	
農業戸籍	15797.21	398.49	15016.09	16578.32
非農業戸籍	34386.57	648.68	33115.03	35658.10
青色戸籍	50000.00	-	-	-
住民戸籍（過去に農業戸籍）	30330.07	2664.97	25106.22	35553.93
住民戸籍（過去に非農業戸籍）	28939.81	1709.77	25588.33	32291.29
軍籍	76333.33	11574.88	53644.31	99022.36
無戸籍	52057.14	34373.35	-15321.34	119435.60
その他	54800.00	37350.23	-18413.77	128013.80

出典：CGSS 2013 データを基に Stata と DASP を用い著者作成

表5-21 戸籍別のジニ係数分解

	ジニ係数	人口シェア	所得シェア	絶対的寄与	相対的寄与
農業戸籍	0.632	0.5509	0.3654	0.1273	0.2220
非農業戸籍	0.455	0.3659	0.5283	0.0881	0.1536
青色戸籍	0.000	0.0001	0.0002	0.0000	0.0000
住民戸籍(過去に農業戸籍)	0.565	0.0459	0.0584	0.0015	0.0026
住民戸籍(過去に非農業戸籍)	0.473	0.0354	0.0431	0.0007	0.0013
軍籍	0.189	0.0006	0.0019	0.0000	0.0000
無戸籍	0.723	0.0007	0.0015	0.0000	0.0000
その他	0.651	0.0005	0.0011	0.0000	0.0000
集団内	—	—	—	0.2175	0.3795
集団間	—	—	—	0.1926	0.3360
重複	—	—	—	0.1631	0.2845
全体	0.573	1.0000	1.0000	0.5733	1.0000

出典:CGSS 2013データを基にStataとDASPを用い著者作成

0.455に比べてジニ係数が高かった。住民戸籍においても過去に農業戸籍だった戸籍のジニ係数は0.565で,過去に非農業戸籍だった戸籍の0.473より高い。戸籍がない場合のジニ係数は0.723で極めて高かった。

表5-22 職業分布

	人	%	累計
雇用主	89	1.9	1.9
個体工商戸	836	18.2	20.1
従業員	2828	61.5	81.6
労務者,労務派遣員	153	3.3	84.9
臨時労働者,日雇い	462	10.1	95.0
自営業,有給	84	1.8	96.8
自営業,無給	71	1.5	98.4
自由業	74	1.6	100.0
その他	2	0.0	100.0
合計	4599	100.0	—

出典:CGSS 2013データを基にStataとDASPを用い著者作成

職業分布では,従業員が61.5%,個体工商戸が18.2%,表5-22では臨時労働者,日雇いが10.1%であった。個体工商戸,自営業,労務者の平均個人総所得は同様の水準で,日雇いの平均個人総所得は低い方だった。労務者層のジニ係数は0.261

表 5-23　職業別に見た平均個人総所得（単位：元）

	平　均	標準誤差	[95% 信頼区間]	
雇用主	124249.70	20717.44	83632.75	164866.70
個体工商戸	40830.92	1589.88	37713.93	43947.92
従業員	39570.39	780.68	38039.85	41100.94
労務者	36684.30	1569.53	33607.21	39761.39
日雇い	20972.60	999.14	19013.77	22931.44
自営業, 有給	39331.58	7203.04	25209.87	53453.29
自営業, 無給	31462.30	5281.96	21106.90	41817.69
自由業	35486.98	4234.32	27185.51	43788.46
その他	6900.00	5100.00	-3098.66	16898.66

出典：CGSS 2013 データを基に Stata と DASP を用い著者作成

表 5-24　職業別のジニ係数分解

	ジニ係数	人口シェア	所得シェア	絶対的寄与	相対的寄与
雇用主	0.569	0.0071	0.0372	0.0002	0.0003
個体工商戸	0.461	0.0753	0.1291	0.0045	0.0078
従業員	0.413	0.2575	0.4279	0.0455	0.0794
労務者	0.261	0.0144	0.0223	0.0001	0.0001
日雇い	0.421	0.0416	0.0366	0.0006	0.0011
自営業, 有給	0.543	0.0074	0.0123	0.0000	0.0001
自営業, 無給	0.480	0.0060	0.0079	0.0000	0.0000
自由業	0.464	0.0062	0.0092	0.0000	0.0000
その他	0.370	0.0002	0.0001	0.0000	0.0000
集団内	—	—	—	0.0510	0.0889
集団間	—	—	—	0.6358	1.1089
重複	—	—	—	-0.1134	-0.1979
全体	0.573	1.0000	1.0000	0.5733	1.0000

出典：CGSS 2013 データを元に Stata と DASP を用い著者作成
【職業を回答した人が一部のため，人口シェアと所得シェアの個々のデータの計は 1.0 とならない】

表 5-25　所属職業単位の分布

	人	％	累　計
党・政府	174	3.8	3.79
企　業	2042	44.5	48.25
事業単位	565	12.3	60.55
社会団体，住民・村民委員会	130	2.8	63.38
自営（個体工商戸含む）	1671	36.4	99.76
軍　隊	11	0.2	100.00
合　計	4593	100.0	—

出典：CGSS 2013 データを基に Stata と DASP を用い著者作成

表 5-26　職業単位別のジニ係数分解

	ジニ係数	人口シェア	所得シェア	絶対的寄与	相対的寄与
党・政府	0.334	0.0161	0.0289	0.0002	0.0003
企　業	0.453	0.1847	0.3488	0.0292	0.0509
事業単位	0.332	0.0514	0.0849	0.0015	0.0025
社会団体, 住民・村民委員会	0.318	0.0118	0.0092	0.0000	0.0001
自営 (個体工商戸含む)	0.469	0.1501	0.2079	0.0146	0.0255
軍　隊	0.321	0.0011	0.0026	0.0000	0.0000
集団内	—	—	—	0.0455	0.0793
集団間	—	—	—	0.6327	1.1036
重　複	—	—	—	-0.1049	-0.1829
全　体	0.573	1.0000	1.0000	0.5733	1.0000

出典：CGSS 2013 データを基に Stata と DASP を用い著者作成
【所属職業単位を回答した人が一部のため, 人口シェアと所得シェアの個々のデータの計は 1.0 とならない】

表 5-27　正規職と非正規職の分布

	人	％	累　計
正 規 職	4165	90.7	90.7
非正規職	429	9.3	100.0
合　　計	4594	100.0	—

出典：CGSS 2013 データを基に Stata と DASP を用い著者作成

表 5-28　正規職, 非正規職それぞれのジニ係数分解

	ジニ係数	人口シェア	所得シェア	絶対的寄与	相対的寄与
正 規 職	0.433	0.3778	0.6326	0.1036	0.1807
非正規職	0.569	0.0373	0.0478	0.0010	0.0018
集団内	—	—	—	0.1046	0.1824
集団間	—	—	—	0.6065	1.0579
重　複	—	—	—	-0.1378	-0.2403
全　体	0.573	1.0000	1.0000	0.5733	1.0000

出典：CGSS 2013 データを基に Stata と DASP を用い著者作成

と低く，雇用主層のジニ係数は 0.569 と高かった。

　勤務先によっても格差の程度は異なる。企業勤務が 44.5%，個体工商戸を含む自営業が 36.4%だった。ジニ係数は自営業が 0.469 と高く，社会団体と住民・村民委員会は 0.318 で低い方だった。

　また，正規職か非正規職かによっても違いが見られる。正規職は 90.7%，非正規職 9.3%であった。ジニ係数で見ると，非正規職は 0.569 と正規職 0.433 より高かった。

　さらに，教育でも格差の程度に差がある。中学 29.1%，不就学 13.0%，普通高校 11.9%であった。不就学は平均個人総所得が 6967 元と最も低く，小学，識字教室，中学がそれに続き，大学本科以上がとても高い。不就学のジニ係数は 0.655 と最も高く，大学本科 (成人教育) は 0.358 と低かった。

表 5-29　教育の分布

	人	%	累　計
不就学	1484	13.0	13.0
識字教室	131	1.2	14.1
小学校	2451	21.4	35.6
中学校	3326	29.1	64.6
職業高校	182	1.6	66.2
普通高校	1362	11.9	78.2
中等専門	557	4.9	83.0
技術校	79	0.7	83.7
大学専科（成人高等教育）	340	3.0	86.7
大学専科（正規高等教育）	587	5.1	91.8
大学本科（成人高等教育）	221	1.9	93.8
大学本科（正規高等教育）	622	5.4	99.2
研究生以上	90	0.8	100.0
その他	3	0.0	100.0
合　計	11435	100.0	―

出典：CGSS 2013 データを基に Stata と DASP を用い著者作成

表 5-30 教育水準別に見た平均個人総所得（単位：元）

	平均	標準誤差	[95% 信頼区間]	
不就学	6967	403	6177	7756
識字教室	17666	2392	12977	22355
小学校	12774	330	12128	13421
中学校	20659	492	19694	21624
職業高校	37532	3718	30244	44819
普通高校	28023	1171	25728	30318
中等専門	33902	1780	30413	37391
技術校	47889	12041	24286	71492
大学専科（成人高等教育）	40053	1759	36604	43502
大学専科（正規高等教育）	41755	1744	38335	45174
大学本科（成人高等教育）	51078	3160	44884	57271
大学本科（正規高等教育）	55237	2724	49898	60576
研究生以上	108662	14083	81056	136268
その他	33000	3000	27119	38881

出典：CGSS 2013 データを基に Stata と DASP を用い著者作成

表 5-31 教育水準別のジニ係数分解

	ジニ係数	人口シェア	所得シェア	絶対的寄与	相対的寄与
不就学	0.655	0.1274	0.0373	0.0031	0.0054
識字教室	0.591	0.0112	0.0083	0.0001	0.0001
小学校	0.561	0.2161	0.1159	0.0141	0.0245
中学校	0.495	0.2967	0.2574	0.0378	0.0659
職業高校	0.502	0.0152	0.0240	0.0002	0.0003
普通高校	0.497	0.1168	0.1374	0.0080	0.0139
中等専門	0.426	0.0503	0.0716	0.0015	0.0027
技術校	0.549	0.0066	0.0133	0.0000	0.0001
大学専科（成人高等教育）	0.382	0.0302	0.0507	0.0006	0.0010
大学専科（正規高等教育）	0.404	0.0514	0.0900	0.0019	0.0033
大学本科（成人高等教育）	0.358	0.0187	0.0402	0.0003	0.0005
大学本科（正規高等教育）	0.489	0.0517	0.1200	0.0030	0.0053
研究生以上	0.539	0.0072	0.0330	0.0001	0.0002
その他	0.046	0.0002	0.0003	0.0000	0.0000
集団内	—	—	—	0.0707	0.1233
集団間	—	—	—	0.3209	0.5598
重複	—	—	—	0.1817	0.3169
全体	0.573	1.0000	1.0000	0.5733	1.0000

出典：CGSS 2013 データを基に Stata と DASP を用い著者作成

機会の格差

機会の格差の要因となる性別，親の教育水準，職業は，子の格差にどのような影響を及ぼすだろうか。ジニ係数を見ると女性が 0.605 で男性の 0.529 より高かった。

父親の教育水準が子の格差に及ぼす影響を見ると，父親の教育水準で大学本科（成人高等教育）のグループが 0.682，研究生以上のグループが 0.638 と高く，不就学のグループが 0.582，識字教室のグループが 0.580 と他に比べて高かった。

14 歳時点の父親の職業別に見た格差では，父親の職業で私営企業主が 0.674，自由業が 0.671 と他に比べて高く，離職休養が 0.370，労務が 0.359 で低かった。

14 歳時点での父親の所属職業単位別に見た格差では，社会団体，住民・村民委

表 5-32　性別データ

	人	%	累計
男　性	5756	50.3	50.32
女　性	5682	49.7	100.0
合　計	11438	100.0	—

出典：CGSS 2013 データを基に Stata と DASP を用い著者作成

表 5-33　性別で見た個人総所得

	平　均	標準誤差	[95% 信頼区間]	
男　性	30059.07	589.42	28903.68	31214.45
女　性	17304.56	395.07	16530.14	18078.98

出典：CGSS 2013 データを基に Stata と DASP を用い著者作成

表 5-34　性別でのジニ係数分解

	ジニ係数	人口シェア	所得シェア	絶対的寄与	相対的寄与
男　性	0.529	0.5104	0.6442	0.1738	0.3032
女　性	0.605	0.4896	0.3558	0.1053	0.1837
集団内	—	—	—	0.2791	0.4869
集団間	—	—	—	0.1344	0.2344
重　複	—	—	—	0.1598	0.2787
全　体	0.573	1.0000	1.0000	0.5733	1.0000

出典：CGSS 2013 データを基に Stata と DASP を用い著者作成

表 5-35 父親の教育水準

	人	%	累計
不就学	4228	38.2	38.2
識字教室	821	7.4	45.6
小学校	2850	25.7	71.3
中学校	1759	15.9	87.2
職業高校	93	0.8	88.1
普通高校	704	6.4	94.4
中等専門	230	2.1	96.5
技術校	24	0.2	96.7
大学専科（成人高等教育）	54	0.5	97.2
大学専科（正規高等教育）	105	1.0	98.2
大学本科（成人高等教育）	42	0.4	98.5
大学本科（正規高等教育）	136	1.2	99.8
研究生以上	13	0.1	99.8
その他	13	0.1	100
合計	11072	100.0	—

出典：CGSS 2013 データを基に Stata と DASP を用い著者作成

表 5-36 父親の教育水準別のジニ係数分解

	ジニ係数	人口シェア	所得シェア	絶対的寄与	相対的寄与
不就学	0.582	0.3715	0.2236	0.0484	0.0844
識字教室	0.580	0.0752	0.0738	0.0032	0.0056
小学校	0.511	0.2531	0.2698	0.0349	0.0609
中学校	0.491	0.1529	0.2017	0.0151	0.0264
職業高校	0.546	0.0068	0.0136	0.0001	0.0001
普通高校	0.559	0.0596	0.0905	0.0030	0.0053
中等専門	0.566	0.0194	0.0380	0.0004	0.0007
技術校	0.426	0.0019	0.0025	0.0000	0.0000
大学専科（成人高等教育）	0.503	0.0044	0.0080	0.0000	0.0000
大学専科（正規高等教育）	0.510	0.0090	0.0176	0.0001	0.0001
大学本科（成人高等教育）	0.682	0.0029	0.0082	0.0000	0.0000
大学本科（正規高等教育）	0.571	0.0115	0.0251	0.0002	0.0003
研究生以上	0.638	0.0012	0.0042	0.0000	0.0000
その他	0.426	0.0011	0.0008	0.0000	0.0000
集団内	—	—	—	0.1055	0.1840
集団間	—	—	—	0.2388	0.4165
重複	—	—	—	0.2291	0.3996
全体	0.573	1.0000	1.0000	0.5733	1.0000

出典：CGSS 2013 データを基に Stata と DASP を用い著者作成
【父親の教育水準を回答した人が一部のため，人口シェアと所得シェアの個々のデータの計は 1.0 とならない】

表 5-37　14 歳時点での父親の職業データ

	人	%	累　計
雇用主	2799	24.8	24.8
農業に従事	6158	54.5	79.2
農業・非農業の兼業	324	2.9	82.1
労務・労務派遣員	287	2.5	84.7
日雇い	277	2.4	87.1
自営業, 有給	48	0.4	87.5
自営業, 無給	18	0.2	87.7
自由業	55	0.5	88.2
個体工商戸	405	3.6	91.8
私営企業主	71	0.6	92.4
離職休養	42	0.4	92.8
無業（失業, 失職）	158	1.4	94.2
労働力の喪失	63	0.6	94.7
学業のため無業	2	0.0	94.7
家　事	11	0.1	94.8
既に死亡	585	5.2	100.0
合　計	11303	100.0	―

出典：CGSS 2013 データを基に Stata と DASP を用い著者作成

表 5-38　14 歳時点での父親の職業別のジニ係数分解

	ジニ係数	人口シェア	所得シェア	絶対的寄与	相対的寄与
雇用主	0.507	0.2473	0.3709	0.0465	0.0811
農業に従事	0.585	0.5447	0.3864	0.1230	0.2146
農業・非農業の兼業	0.611	0.0270	0.0277	0.0005	0.0008
労務・労務派遣員	0.359	0.0261	0.0355	0.0003	0.0006
日雇い	0.522	0.0237	0.0264	0.0003	0.0006
自営業, 有給	0.636	0.0031	0.0034	0.0000	0.0000
自営業, 無給	0.449	0.0016	0.0015	0.0000	0.0000
自由業	0.671	0.0045	0.0077	0.0000	0.0000
個体工商戸	0.519	0.0346	0.0461	0.0008	0.0014
私営企業主	0.674	0.0058	0.0108	0.0000	0.0001
離職休養	0.370	0.0036	0.0061	0.0000	0.0000
無業（失業, 失職）	0.538	0.0113	0.0208	0.0001	0.0002
労働力の喪失	0.508	0.0044	0.0034	0.0000	0.0000
学業のため無業	0.500	0.0002	0.0002	0.0000	0.0000
家　事	0.499	0.0008	0.0009	0.0000	0.0000
既に死亡	0.580	0.0513	0.0415	0.0012	0.0022
集団内	―	―	―	0.1729	0.3016
集団間	―	―	―	0.1974	0.3443
重　複	―	―	―	0.2030	0.3541
全　体	0.573	1.0000	1.0000	0.5733	1.0000

出典：CGSS 2013 データを基に Stata と DASP を用い著者作成
【14歳時点での父親の職業を回答した人が一部のため，人口シェアと所得シェアの個々のデータの計は 1.0 とならない】

表 5-39　14 歳時点での父親の所属職場単位

	人	%	累計
党・政府	284	2.7	2.7
企　業	1914	18.4	21.1
政府系事業組織	723	6.9	28.0
社会団体, 住民・村民委員会	252	2.4	30.5
単位なし・自営（個体工商戸含む）	7183	69.0	99.4
軍　隊	59	0.6	100.0
その他	1	0.0	100.0
合　計	10416	100.0	—

出典：CGSS 2013 データを基に Stata と DASP を用い著者作成

表 5-40　14 歳時点での父親の所属職場単位別のジニ係数分解

	ジニ係数	人口シェア	所得シェア	絶対的寄与	相対的寄与
党・政府	0.579	0.0246	0.0387	0.0006	0.0010
企　業	0.457	0.1706	0.2630	0.0205	0.0358
政府系事業組織	0.552	0.0639	0.0971	0.0034	0.0060
社会団体, 住民・村民委員会	0.642	0.0217	0.0198	0.0003	0.0005
単位なし・自営（個体工商戸含む）	0.585	0.6300	0.4896	0.1805	0.3149
軍　隊	0.542	0.0053	0.0062	0.0000	0.0000
その他	0.000	0.0001	0.0002	0.0000	0.0000
集団内	—	—	—	0.2053	0.3581
集団間	—	—	—	0.2325	0.4056
重　複	—	—	—	0.1355	0.2363
全　体	0.573	1.0000	1.0000	0.5733	1.0000

出典：CGSS 2013 データを基に Stata と DASP を用い著者作成
【14歳時点での父親の所属職業単位を回答した人が一部のため，人口シェアと所得シェアの個々のデータの計は 1.0 とならない】

員会が 0.642 で最も高く，企業が 0.457 で最も低かった。

政治的要因と格差

　選挙への参加については，直前の住民委員会（社区居委会）や村民委員会の選挙に参加して投票したかと質問している。選挙に参加しなかったグループのジニ係数は 0.568 で，選挙に参加したグループの 0.566 よりわずかだが高かった。
　政治の知識に関して，「居住地住民委員会（または村民委員会）がどのように構成される

表 5-41　直前の住民委員会・村民委員会選挙に参加して投票したか

	人	%	累　計
選挙に参加	5005	43.82	43.82
選挙に不参加	5899	51.64	95.46
資格なし	519	4.54	100.0
合　計	11423	100.0	—

出典：CGSS 2013 データを基に Stata と DASP を用い著者作成

表 5-42　選挙参加の有無別に見たジニ係数分解

	ジニ係数	人口シェア	所得シェア	絶対的寄与	相対的寄与
選挙に参加	0.566	0.4412	0.3755	0.0937	0.1635
選挙に不参加	0.568	0.5159	0.5630	0.1651	0.2879
資格なし	0.595	0.0418	0.0603	0.0015	0.0026
集団内	—	—	—	0.2603	0.4540
集団間	—	—	—	0.0754	0.1315
重　複	—	—	—	0.2376	0.4144
全　体	0.573	1.0000	1.0000	0.5733	1.0000

出典：CGSS 2013 データを基に Stata と DASP を用い著者作成

表 5-43　政治の知識について

	人	%	累　計
政治の知識がない	8073	70.6	70.6
政治の知識がある	3355	29.4	100.0
合　計	11428	100.0	—

出典：CGSS 2013 データを基に Stata と DASP を用い著者作成

表 5-44　政治の知識の有無別に見たジニ係数分解

	ジニ係数	人口シェア	所得シェア	絶対的寄与	相対的寄与
政治の知識がない	0.586	0.6987	0.6716	0.2751	0.4798
政治の知識がある	0.544	0.3004	0.3274	0.0535	0.0933
集団内	—	—	—	0.3286	0.5731
集団間	—	—	—	0.0275	0.0480
重　複	—	—	—	0.2172	0.3789
全　体	0.573	1.0000	1.0000	0.5733	1.0000

出典：CGSS 2013 データを基に Stata と DASP を用い著者作成

か知っているか」という質問に対し、「政治の知識がない」70.6%、「政治の知識がある」29.4%という回答だった。「政治の知識がない」のジニ係数は0.586で、「政治の知識がある」の0.544より高かった。

政治行動に関しては、もし職場で賃金や勤務時間が変わって自分を含む大勢が非

表5-45　政治行動

	人	%	累　計
活動を支持して参加する	2370	21.2	21.2
参加するが率先しない	3115	27.9	49.1
様子を見て決める	3254	29.1	78.2
参加しない	2211	19.8	98.0
その他	229	2.1	100.0
合　計	11179	100.0	—

出典：CGSS 2013 データを基に Stata と DASP を用い著者作成

表5-46　政治行動別のジニ係数分解

	ジニ係数	人口シェア	所得シェア	絶対的寄与	相対的寄与
活動を支持し参加する	0.546	0.2121	0.2438	0.0282	0.0492
参加するが率先しない	0.537	0.2696	0.2889	0.0418	0.0729
様子を見て決める	0.562	0.2819	0.2742	0.0434	0.0757
参加しない	0.616	0.1948	0.1622	0.0194	0.0339
その他	0.750	0.0199	0.0240	0.0004	0.0006
集団内	—	—	—	0.1333	0.2324
集団間	—	—	—	0.0823	0.1435
重　複	—	—	—	0.3578	0.6241
全　体	0.5733	1.0000	1.0000	0.5733	1.0000

出典：CGSS 2013 データを基に Stata と DASP を用い著者作成
【政治行動を回答した人が一部のため、人口シェアと所得シェアの個々のデータの計は 1.0 とならない】

表5-47　現在の所属はどこか

	人	%	累　計
共産党員	1161	10.2	10.21
民主党派	12	0.1	10.31
共青団員	529	4.7	15.0
一般市民	9670	85.0	100.0
合　計	11372	100.0	—

出典：CGSS 2013 データを基に Stata と DASP を用い著者作成

表 5-48 所属別のジニ係数分解

	ジニ係数	人口シェア	所得シェア	絶対的寄与	相対的寄与
共産党員	0.466	0.1065	0.1792	0.0089	0.0155
民主党派	0.135	0.0012	0.0028	0.0000	0.0000
共青団員	0.648	0.0380	0.0402	0.0010	0.0017
一般市民	0.576	0.8487	0.7739	0.3785	0.6603
集団内	—	—	—	0.3884	0.6775
集団間	—	—	—	0.0826	0.1441
重複	—	—	—	0.1023	0.1784
全体	0.573	1.0000	1.0000	0.5733	1.0000

出典：CGSS 2013 データを基に Stata と DASP を用い著者作成

常に不公正な扱いを受け，皆で責任者のところに行って改善を求めようと言われたときに，どう反応するかを質問した。積極的に参加は 21.2%，消極的参加は 27.9%，機会主義的態度は 29.1%，不参加は 19.8%であった。不参加のジニ係数は 0.616 で，積極的参加の 0.546 より高かった。

所属別では共産党員 10.2%，共青団員 4.7%，一般市民 85.0%であった。共産党員のジニ係数は 0.466 で，共青団員の 0.648，一般市民の 0.576 より低かった。

工会【中国の労働組合のこと】の会員は約 9.9%で，会員経験のない非会員が 80.9%であった。会員経験のない非会員のジニ係数は 0.609 で，工会会員の 0.408 よりはるかに高かった。

表 5-49 工会【労働組合】の会員

	人	%	累計
工会会員	1130	9.9	9.9
会員だった・現在は非会員	1037	9.1	19.1
非会員	9199	80.9	100.0
合計	11366	100.0	—

出典：CGSS 2013 データを基に Stata と DASP を用い著者作成

表 5-50 工会会員であるか否かで見たジニ係数分解

	ジニ係数	人口シェア	所得シェア	絶対的寄与	相対的寄与
工会会員	0.408	0.1042	0.1875	0.0080	0.0139
会員だった・現在は非会員	0.377	0.0936	0.1177	0.0042	0.0073
非会員	0.609	0.7957	0.6905	0.3344	0.5833
集団内	—	—	—	0.3466	0.6045
集団間	—	—	—	0.1147	0.2001
重複	—	—	—	0.1121	0.1954
全体	0.573	1.0000	1.0000	0.5733	1.0000

出典：CGSS 2013 データを基に Stata と DASP を用い著者作成

社会保障と格差

都市と農村の基本医療保険については89.4％が加入，10.3％が非加入だった。非加入のジニ係数は0.575で，加入0.573に比べてわずかに高かった。

表 5-51 都市基本医療保険／新型農村合作医療保険／医療費公共費用の加入状況

	人	％	累計
加入	10208	89.4	89.4
非加入	1171	10.3	99.7
適用外	34	0.3	100.0
合計	11413	100.0	—

出典：CGSS 2013 データを基に Stata と DASP を用い著者作成

表 5-52 都市基本医療保険／新型農村合作医療保険／医療費公共費用の加入状況別のジニ係数分解

	ジニ係数	人口シェア	所得シェア	絶対的寄与	相対的寄与
加入	0.573	0.8988	0.9016	0.4642	0.8097
非加入	0.575	0.0965	0.0926	0.0051	0.0089
適用外	0.551	0.0029	0.0047	0.0000	0.0000
集団内	—	—	—	0.4694	0.8187
集団間	—	—	—	0.0079	0.0138
重複	—	—	—	0.0960	0.1675
全体	0.573	1.0000	1.0000	0.5733	1.0000

出典：CGSS 2013 データを基に Stata と DASP を用い著者作成

しかし，養老保険に関しては加入者67.0%，非加入者31.4%であった。加入者のジニ係数は0.550，非加入者は0.623で大きな差がある。教育，医療サービス，住宅サービスともに「あまり均衡が取れていない」という回答が多かった。均衡が取れていないとの見方は，教育で49.1%，医療サービスで47.4%，住宅サービスで50.6%の割合で存在した。

表5-53　都市と農村の基本養老保険の加入状況

	人	%	累計
加　入	7636	67.0	67.0
非加入	3582	31.4	98.4
適用外	184	1.6	100.0
合　計	11402	100.0	―

出典：CGSS 2013データを基にStataとDASPを用い著者作成

表5-54　都市と農村の基本養老保険の加入状況別のジニ係数分解

	ジニ係数	人口シェア	所得シェア	絶対的寄与	相対的寄与
加　入	0.550	0.6847	0.7180	0.2703	0.4714
非加入	0.623	0.2975	0.2619	0.0486	0.0847
適用外	0.593	0.0148	0.0178	0.0002	0.0003
集団内	―	―	―	0.3190	0.5564
集団間	―	―	―	0.0418	0.0729
重　複	―	―	―	0.2125	0.3707
全　体	0.573	1.0000	1.0000	0.5733	1.0000

出典：CGSS 2013データを基にStataとDASPを用い著者作成

表5-55　教育，医療サービス，住宅サービスの均衡が取れているか

	教育		医療サービス		住宅サービス	
	人	%	人	%	人	%
均衡が取れている	49	0.9	54	1.0	29	0.5
比較的均衡が取れている	1166	21.0	1117	19.9	706	12.9
普　通	1613	29.0	1776	31.7	1966	35.9
あまり均衡が取れていない	2239	40.3	2283	40.7	2317	42.4
まったく均衡が取れていない	493	8.9	377	6.7	453	8.3
合　計	5560	100.0	5607	100.0	5471	100.0

出典：CGSS 2013データを基にStataとDASPを用い著者作成

再分配

　再分配と関連して，主観的な所属階級の最下位層 D1 は「再分配選好」【再分配を求める意向】が 88.5%，D2 が 87.7%，D3 が 87.4%であるのに対して D7，D8 の「再分配選好」はそれぞれ 70.7%，70.0%だった。しかし D10 の「再分配選好」は 86.6%だった。所得の最下位層 D1 の選好は 85.0%，D2 が 90.5%，D3 が 89.0%で再分配選好が高いのに対して，所得の最上位層である D10 の再分配選好は 73.0%と比較的高い値でとどまっている。総合すると，所得下位層と所属上位層が中上層の利益拡大を抑制するために互いに連合する可能性がある。メルツァー・リチャード・モデルやルプ・ポントゥソン・モデル，ミラノビッチ・モデルとは異なり，再分配選好に影響を及ぼすのは中間層でなく上位層だと考えられる。

　所得十分位と所属階級十分位はそれぞれ異なる曲線を描いている。主観的所属階級の D9 と D10 は社会経済・政治的指導層だといえる。この層が所得下位層との親和性（affinity）を感じて連合することも考えられる。

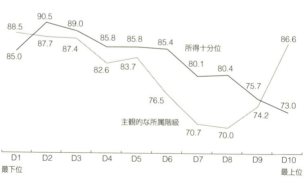

図 5-3　所属階級十分位と所得十分位の再分配選好（単位：%）

出典：CGSS 2013 データを基に Stata と DASP を用い著者作成

第6章

CHFS（中国家計金融調査）データで見る中国の格差と再分配

CHFSデータで見る中国の格差

　CHFS（China Household Finance Survey，中国家計金融調査）は西南財経大学中国家庭金融調査研究センターが行っている調査である。2万9463人8438世帯を対象に，主に経済・金融の調査を実施している。80県のそれぞれ4の地域共同体から25ずつ，合計8000余りのサンプルを得た。本章ではCHFS 2013データを通じて中国の格差と再分配を考察する。

　税引き後賃金（税後貨幣工資 wage after tax）が2万6053元，税引き後賞与（税後奨金収入 Earning after tax）が4205元，税引き後補助所得（税後補貼収入）・実物所得（実物収入）が1275元，副業から得た税引き後所得が9653元で，税引き後総所得は3万992元だった。

　ここで税引き後賃金とは，五つの保険金（五険一金），賞与（奨金），補助金（補貼），現物給付を除いたものだ。税引き後賞与には月間賞与（月奨），季節賞与（季度奨），半年賞与（半年度奨），年間賞与（年終奨），祝日賞与（節日奨），株式配当（股票分紅）およびその他賞与が含まれる。補助金所得は仕事から生じた税引き後補助所得または実物所得を指し，食品，医療補助，交通通信補助，住宅補助などを含んでいる。副業から得た税引き後所得は賞与，補助金，現物給付の合計である。税引き後総所得は税引き後賃金，税引き後賞与，税引き後の補助所得の合計である。総所得は税引き後総所得と税金の合計である。

　ジニ係数は税引き後賃金が0.459だった。税引き後賞与所得のジニ係数は0.902

表6-1　各種の税引き後所得（単位：元）

項目	人数	平均	標準偏差	最小値	最大値
税引き後賃金	4671	26053	32853	0	1,000,000
税引き後賞与所得	4678	4204	16840	0	400,000
税引き後補助所得	4710	1275	9732	0	430,000
副業所得	171	9653	25951	0	300,000
税引き後総所得	4490	30993	47228	0	1,000,000
総所得	3990	30073	50421	0	1,000,000

出典：CHFS 2013データを基にStataとDASPを用い著者作成

表 6-2　各種所得のジニ係数

項　目	推定量	標準誤差	信頼区間の下限	信頼区間の上限
税引き後賃金ジニ係数	0.459	0.007902	0.443771	0.474754
税引き後賞与所得ジニ係数	0.902	0.004215	0.893771	0.910295
税引き後補助所得ジニ係数	0.954	0.004146	0.946359	0.962615
税引き後総所得ジニ係数	0.504	0.009086	0.486505	0.522130
総所得ジニ係数	0.525	0.010282	0.504886	0.545205

出典：CHFS 2013 データを基に Stata と DASP を用い著者作成

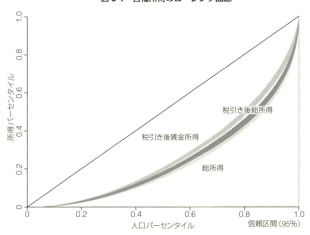

図 6-1　各種所得のローレンツ曲線

出典：CHFS 2013 データを基に Stata と DASP を用い著者作成

だった。税引き後補助所得や現物給付のジニ係数は 0.954 でかなり高かった。これらの賃金，賞与および補助所得を合わせたジニ係数は 0.504 だった。

経営所得（経営性収入：農工商業部分）では，農業経営所得が 11417 元，商工業所得が 19 万 7886 元だった。ジニ係数では農業経営所得が 0.666, 商工業所得が 0.805

表 6-3　農業経営所得と商工業所得（単位：元）

項　目	人　数	平　均	標準偏差	最小値	最大値
農業生産経営所得	2,963	11,417	59,332	0	3,000,000
商工業営業所得	1,003	197,886	623,538	0	5,000,000

出典：CHFS 2013 データを基に Stata と DASP を用い著者作成

表 6-4 農業経営所得と商工業所得のジニ係数

項　目	推定値	標準誤差	信頼区間の下限	信頼区間の上限
農業生産経営所得ジニ係数	0.666	0.030656	0.605998	0.726216
商工業営業所得ジニ係数	0.805	0.012578	0.780385	0.829751

出典：CHFS 2013 データを基に Stata と DASP を用い著者作成

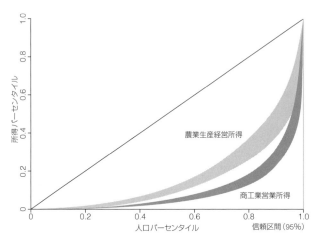

図 6-2 農業経営所得と商工業所得のローレンツ曲線

出典：CHFS 2013 データを基に Stata と DASP を用い著者作成

だった。

　資産所得（財産性収入）では，CHFS によれば 2012 年の各種金融資産からの所得として株式 3878 元，投資信託 −830 元，金融理財商品 4057 元，人民元以外の通

表 6-5 各種金融資産別の所得（単位：元）

項目名	件　数	平　均	標準偏差	最小値	最大値
株　式	576	3878	30263.880	-100000	400000
投資信託	317	-830	7588.963	-100000	30000
金融理財商品	86	4057	9393.042	-10000	50000
人民元以外の通貨	96	2936	17943.130	-2000	150000
債　権	53	5845	28199.470	0	200000
定期預金	1109	1691	4841.537	0	80000

出典：CHFS 2013 データを基に Stata と DASP を用い著者作成

第6章　CHFSデータで見る中国の格差と再分配

表6-6　税引き後定期預金残高のジニ係数

項　目	推定値	標準誤差	信頼区間の下限	信頼区間の上限
税引き後定期預金残高ジニ係数	0.661731	0.019516	0.623438	0.700023

出典：CHFS 2013データを基にStataとDASPを用い著者作成

表6-7　移転所得（単位：元）

項　目	件　数	平　均	標準偏差	最小値	最大値
祝日所得	4184	1410	3110	0	100000
慶弔事	4202	1278	6688	0	180000
教育, 医療, 生活費所得	4200	1421	8489	0	200000
遺産	4218	192	6433	0	300000
その他移転所得	4208	711	7336	0	300000

出典：CHFS 2013データを基にStataとDASPを用い著者作成

表6-8　各種移転所得のジニ係数

項　目	推定値	標準誤差	信頼区間の下限	信頼区間の上限
祝日所得	0.645	0.009915	0.625548	0.664425
慶弔事	0.939	0.003622	0.932071	0.946274
教育, 医療, 生活費所得	0.956	0.002897	0.950556	0.961913
遺産	0.999	0.000364	0.998448	0.999876
その他移転所得	0.985	0.001822	0.980977	0.988121

出典：CHFS 2013データを基にStataとDASPを用い著者作成

貨2936元，債権5845元，定期預金1691元だった。株式所得や投資信託だけでなく債権などもデータが少ないので，ここでは税引き後定期預金利子収入のみジニ係数を算出した。税引き後定期預金利子収入のジニ係数は0.662だった。

移転所得（転移性収入）の場合，春節などの祝日所得1410元，慶弔事所得1278元，教育・医療・生活費所得1421元，遺産192元，その他の移転所得711元だった。移転所得のジニ係数は0.9を超え，とても格差が大きい。

少数民族，教育，戸籍，職業と格差

　少数民族の場合，データサンプルで一定数（10人以上）を得られた少数民族を対象として格差を分析した。サンプルでは漢族が97.3％を占め，平均税引き後総所得は3万872元だった。漢族のジニ係数は0.502だった。満洲族，チワン族，トウチャ族，回族，イ族，ミャオ族，モンゴル族のサンプル数は極めて少なかった。その上でこの少数民族に対してジニ係数分解を行うと，回族0.416，満洲族0.492，モンゴル族0.495，ミャオ族0.500，トウチャ族0.452，イ族0.279，チワン族0.467だった。漢族は他の民族に比べて格差が大きい。

　教育水準では，不就学10.1％，小学20.8％，中学32.8％，高校14.4％だった。

表 6-9　少数民族の分布（10人以上のデータが得られたもののみ掲載）

	人数	％	累計
漢族	14855	97.3	97.3
回族	67	0.4	97.7
満州族	102	0.7	98.4
モンゴル族	22	0.1	98.5
ミャオ族	12	0.1	98.6
トウチャ族	70	0.5	99.1
イ族	44	0.2	99.3
チワン族	94	0.6	100.0
合計	15266	100.0	—

出典：CHFS 2013 データを基に Stata と DASP を用い著者作成

表 6-10　少数民族の平均税引き後総所得（単位：元）

	平均	標準誤差	［95％ 信頼区間］	
漢族	30872	716	29469	32275
回族	26780	4360	18231	35328
満州族	29202	5379	18657	39747
モンゴル族	33470	11705	10523	56417
ミャオ族	12000	12000	-11526	35526
トウチャ族	41385	15546	10907	71864
イ族	12641	2023	8675	16607
チワン族	21588	4943	11897	31280

出典：CHFS 2013 データを基に Stata と DASP を用い著者作成

第6章　CHFSデータで見る中国の格差と再分配

表6-11　少数民族別に見たジニ係数分解

	ジニ係数	人口シェア	所得シェア	絶対的寄与	相対的寄与
漢　族	0.502	0.9648	0.9611	0.4650	0.9221
回　族	0.416	0.0047	0.0040	0.0000	0.0000
満州族	0.492	0.0080	0.0076	0.0000	0.0001
モンゴル族	0.495	0.0031	0.0034	0.0000	0.0000
ミャオ族	0.500	0.0004	0.0002	0.0000	0.0000
トウチャ族	0.452	0.0016	0.0021	0.0000	0.0000
イ　族	0.279	0.0024	0.0010	0.0000	0.0000
チワン族	0.467	0.0045	0.0031	0.0000	0.0000
集団内	—	—	—	0.4651	0.9222
集団間	—	—	—	0.4828	0.9574
重　複	—	—	—	-0.4436	-0.8796
全　体	0.504	1.0000	1.0000	0.5043	1.0000

出典：CHFS 2013データを基にStataとDASPを用い著者作成

表6-12　教育水準の分布

	人　数	％	累　計
不就学	2473	10.1	10.1
小学校	5085	20.8	30.9
中学校	8035	32.8	63.7
高　校	3522	14.4	78.0
中等専門学校	1510	6.2	84.2
専門大学	1828	7.5	91.7
大学本科	1822	7.4	99.1
修士研究生	173	0.7	99.8
博士研究生	47	0.2	100.0
合　計	24495	100.0	—

出典：CHFS 2013データを基にStataとDASPを用い著者作成

表6-13　教育水準別に見た税引き後平均総所得（単位：元）

	平　均	標準誤差	［95％ 信頼区間］	
不就学	12493	1503	9547	15439
小学校	16376	751	14905	17848
中学校	19947	543	18882	21013
高　校	25016	863	23324	26708
中等専門学校	27234	1395	24499	29970
専門大学	39107	1601	35968	42247
大学本科	62485	3548	55529	69441
修士研究生	104370	14012	76899	131841
博士研究生	86071	24584	37874	134269

出典：CHFS 2013データを基にStataとDASPを用い著者作成

表 6-14 教育水準別のジニ係数分解

	ジニ係数	人口シェア	所得シェア	絶対的寄与	相対的寄与
不就学	0.442	0.0076	0.0021	0.0000	0.0000
小学校	0.503	0.0693	0.0246	0.0009	0.0014
中学校	0.472	0.2011	0.0795	0.0076	0.0124
高校	0.416	0.1267	0.0566	0.0030	0.0049
中等専門学校	0.474	0.0748	0.0396	0.0014	0.0023
専門大学	0.472	0.1664	0.1258	0.0099	0.0162
大学本科	0.563	0.2708	0.4834	0.0737	0.1211
修士研究生	0.512	0.0593	0.1445	0.0044	0.0072
博士研究生	0.485	0.0130	0.0286	0.0002	0.0003
集団内	—	—	—	0.1009	0.1659
集団間	—	—	—	0.3738	0.6144
重複	—	—	—	0.1337	0.2197
全体	0.608	1.0000	1.0000	0.6084	1.0000

出典：CHFS 2013 データを基に Stata と DASP を用い著者作成
【教育水準を回答した人が一部のため，人口シェアと所得シェアの個々のデータの計は 1.0 とならない】

不就学の税引き後総所得の平均は 1 万 2493 元，小学が 1 万 6376 元で，大学本科の 6 万 2485 元とは 4〜5 倍の開きがあった。教育水準別の格差については，不就学 0.442，小学 0.503，大学本科 0.563，修士研究生 0.512 だった。教育水準間の格差が税引き後総所得の格差に 61.4％寄与する一方で，同一水準内の格差は税引き後総所得の格差に 16.6％寄与した。

農業戸籍は 57.3％，非農業【都市】戸籍は 42.7％であった。農業戸籍の税引き後総所得の平均は 2 万 575 元であるのに対し，非農業戸籍は 3 万 7665 元だった。農業戸籍と非農業戸籍のジニ係数分解では，農業戸籍は 0.638，非農業戸籍 0.582

表 6-15 農業戸籍と非農業戸籍の分布

	人数	％	累計
農業戸籍	14064	57.3	57.3
非農業戸籍	10492	42.7	100.0
合計	24556	100.0	—

出典：CHFS 2013 データを基に Stata と DASP を用い著者作成

表 6-16　農業戸籍と非農業戸籍の税引き後平均総所得（単位：元）

	平均	標準誤差	[95% 信頼区間]	
農業戸籍	20575	724	19156	21994
非農業戸籍	37665	1045	35617	39713

出典：CHFS 2013 データを基に Stata と DASP を用い著者作成

表 6-17　戸籍別のジニ係数分解

	ジニ係数	人口シェア	所得シェア	絶対的寄与	相対的寄与
農業戸籍	0.638	0.2614	0.1665	0.0278	0.0457
非農業戸籍	0.582	0.7330	0.8266	0.3528	0.5799
集団内	—	—	—	0.3806	0.6255
集団間	—	—	—	0.1003	0.1649
重複	—	—	—	0.1275	0.2096
全体	0.608	1.0000	1.0000	0.6084	1.0000

出典：CHFS 2013 データを基に Stata と DASP を用い著者作成

で，農村戸籍の方が格差が大きいことが示された。同一分類内の格差が税引き後総所得の格差に 62.6% 寄与する一方で，戸籍分類間の格差は税引き後総所得の格差に 16.5% 寄与した。

所属職場単位では国有 25.4%，集体 5.4%，私営 62.7% だった。国有企業の税引き後総所得の平均は 4 万 3473 元，集体企業 3 万 5397 元，私有企業 2 万 4537 元だった。

私有企業と国有企業の格差はそれぞれ 0.632, 0.598 で格差が大きいのに対し，集体企業は 0.496 だった。勤務先企業分類間の格差が税引き後所得の格差に 84.8% 寄与する一方で，同一分類内の格差は 12.1% 寄与した。

表 6-18 所属職業単位の分布

	人数	%	累計
国有	692	25.4	25.4
集体	147	5.4	30.8
私営	1706	62.7	93.5
外資	76	2.8	96.3
香港,台湾,マカオ所有	27	1.0	97.3
外資合弁	49	1.8	99.1
その他合弁	9	0.3	99.4
その他	17	0.6	100.0
合計	2723	100.0	—

出典：CHFS 2013 データを基に Stata と DASP を用い著者作成

表 6-19 所属職業単位別に見た税引き後平均総所得（単位：元）

	平均	標準誤差	［95% 信頼区間］	
国有	43473	2756	38067	48878
集体	35397	3788	27969	42826
私営	24537	933	22707	26367
外資	70847	8444	54289	87405
香港,台湾,マカオ所有	35171	8735	18043	52300
外資合弁	59485	10729	38447	80524
その他合弁	33089	19910	-5953	72131
その他	59938	29758	1586	118290

出典：CHFS 2013 データを基に Stata と DASP を用い著者作成

表 6-20 所属職業単位別のジニ係数分解

	ジニ係数	人口シェア	所得シェア	絶対的寄与	相対的寄与
国有	0.598	0.1912	0.2791	0.0319	0.0525
集体	0.496	0.0348	0.0306	0.0005	0.0009
私営	0.632	0.2842	0.2257	0.0405	0.0666
外資	0.359	0.0326	0.0425	0.0005	0.0008
香港,台湾,マカオ所有	0.480	0.0066	0.0057	0.0000	0.0000
外資合弁	0.433	0.0197	0.0280	0.0002	0.0004
その他合弁	0.307	0.0021	0.0027	0.0000	0.0000
その他	0.386	0.0073	0.0211	0.0001	0.0001
集団内	—	—	—	0.0738	0.1213
集団間	—	—	—	0.5161	0.8484
重複	—	—	—	0.0184	0.0303
全体	0.608	1.0000	1.0000	0.6084	1.0000

出典：CHFS 2013 データを基に Stata と DASP を用い著者作成
【所属職業単位を回答した人が一部のため，人口シェアと所得シェアの個々のデータの計は 1.0 とならない】

党員・非党員と格差

共産党員であるかどうかの差はどのくらいだろうか。共産党員 13.0％，共青団員 4.1％，民主党派 0.3％，大衆 82.6％だった。中国共産党内の格差は 0.612，非党員内の格差は 0.533，共青団内の格差は 0.489 だった。集団間と集団内の格差は税引き後総所得の格差に同じように影響した。

表 6-21　党員と非党員の分布

	人　数	％	累　計
共青団	632	4.1	4.1
中国共産党	1995	13.0	17.2
民主党派	43	0.3	17.4
非党員	12647	82.6	100.0
合　計	15317	100.0	―

出典：CHFS 2013 データを基に Stata と DASP を用い著者作成

表 6-22　党員と非党員のジニ係数分解

	ジニ係数	人口シェア	所得シェア	絶対的寄与	相対的寄与
共青団	0.489	0.0613	0.0487	0.0015	0.0024
中国共産党	0.612	0.3160	0.5508	0.1065	0.1751
民主党派	0.257	0.0037	0.0022	0.0000	0.0000
非党員	0.533	0.6079	0.3830	0.1240	0.2039
集団内	―	―	―	0.2320	0.3814
集団間	―	―	―	0.2546	0.4185
重　複	―	―	―	0.1217	0.2001
全　体	0.608	1.0000	1.0000	0.6084	1.0000

出典：CHFS 2013 データを基に Stata と DASP を用い著者作成
【所属政党を回答した人が一部のため，人口シェアと所得シェアの合計は 1.0 とならない】

社会保障および税制と格差

社会保障に加入している比率を見ると，基本社会保障【社会基本養老保険：Basic Social Welfare】に63.7%，新農村社会保障【新型農村社会養老保険：New Rural Social Welfare】に36.3%が加入していた。年金では年金加入が2.3%，年金非加入が97.7%を占めた。健康保険では保険加入が89.6%，保険非加入が10.5%だった。失業保険では保険加入が12.5%，保険非加入が87.5%であった。健康保険は多く加入している反面，年金や失業保険の加入は少なかった。

基本社会保障加入者のジニ係数は0.590であるのに対し，新農村社会保障加入者

表 6-23　各社会保障別の分布

		人数	%	累計
社会保障加入	基本社会保障	2704	63.7	63.7
	新農村社会保障	1541	36.3	100.0
	合計	4245	100.0	—
年金	年金加入	291	2.3	2.3
	年金非加入	12366	97.7	100.0
	合計	12657	100.0	—
健康保険	健康保険加入	11360	89.6	89.6
	健康保険非加入	1325	10.5	100.0
	合計	12685	100.0	—
失業保険	失業保険加入	1579	12.5	12.5
	失業保険非加入	11074	87.5	100.0
	合計	12653	100.0	—

出典：CHFS 2013 データを基に Stata と DASP を用い著者作成

表 6-24　社会保障とジニ係数

	ジニ係数	人口シェア	所得シェア	絶対的寄与	相対的寄与
基本社会保障	0.590	0.4958	0.6722	0.1967	0.3233
新農村社会保障	0.466	0.0438	0.0165	0.0003	0.0006
集団内	—	—	—	0.1970	0.3239
集団間	—	—	—	0.4913	0.8075
重複	—	—	—	-0.0799	-0.1314
全体	0.608	1.0000	1.0000	0.6084	1.0000

出典：CHFS 2013 データを基に Stata と DASP を用い著者作成
【どの社会保障に加入しているかを回答した人が一部のため，人口シェアと所得シェアの個々のデータの計は 1.0 とならない】

第6章　CHFSデータで見る中国の格差と再分配

表6-25　年金とジニ係数

	ジニ係数	人口シェア	所得シェア	絶対的寄与	相対的寄与
年金加入	0.544	0.1109	0.2205	0.0133	0.0219
年金非加入	0.598	0.8825	0.7675	0.4047	0.6652
集団内	—	—	—	0.4180	0.6871
集団間	—	—	—	0.1174	0.1929
重複	—	—	—	0.0730	0.1200
全体	0.608	1.0000	1.0000	0.6084	1.0000

出典：CHFS 2013 データを基に Stata と DASP を用い著者作成
【年金の加入・非加入を回答した人が一部のため，人口シェアと所得シェアの個々のデータの計は1.0とならない】

表6-26　社会健康保険とジニ係数

	ジニ係数	人口シェア	所得シェア	絶対的寄与	相対的寄与
社会健康保険加入	0.593	0.8919	0.8750	0.4630	0.7610
社会健康保険非加入	0.699	0.1074	0.1248	0.0094	0.0154
集団内	—	—	—	0.4723	0.7764
集団間	—	—	—	0.0181	0.0298
重複	—	—	—	0.1179	0.1939
全体	0.608	1.0000	1.0000	0.6084	1.0000

出典：CHFS 2013 データを基に Stata と DASP を用い著者作成

表6-27　失業保険とジニ係数

	ジニ係数	人口シェア	所得シェア	絶対的寄与	相対的寄与
失業保険加入	0.549	0.4164	0.4929	0.1127	0.1853
失業保険非加入	0.635	0.5731	0.4776	0.1737	0.2856
集団内	—	—	—	0.2864	0.4708
集団間	—	—	—	0.0967	0.1590
重複	—	—	—	0.2252	0.3702
全体	0.608	1.0000	1.0000	0.6084	1.0000

出典：CHFS 2013 データを基に Stata と DASP を用い著者作成
【失業保険の加入・非加入を回答した人が一部のため，人口シェアと所得シェアの個々のデータの計は1.0とならない】

のジニ係数は 0.466 だった。年金加入のジニ係数 0.544，年金非加入は 0.598 で，年金非加入の方が格差が深刻だった。

社会健康保険の場合でも，健康保険加入が 0.593，保険非加入が 0.699 で，非加入者の方がジニ係数が高かった。

失業保険も同様で，失業保険加入が 0.549，保険非加入が 0.635 で，非加入者の方が格差が大きかった。

再分配

再分配の効果はどれほどあるのだろうか。先述したように中国における再分配，特に税制や保険などは累進的でなく逆進的だと指摘されているが，ここでは CHFS データを用いて検証する。

個人所得税は 1298 元，賃金，賞与，補助金などを含む副業の個人所得税は 144 元となった。

また，税引き後総所得と税金の関係については，税引き後総所得が 1 増加すれば税金は 0.1 増加することが示された。

表 6-28　個人所得税と副業の個人所得税（単位：元）

項　目	人	平　均	標準偏差	最小値	最大値
個人所得税	4202	1298	7189	0	200000
副業の個人所得税※	170	144	1242	0	15000

出典：CHFS 2013 データを基に Stata と DASP を用い著者作成　※賃金，賞与，補助金などを含む。

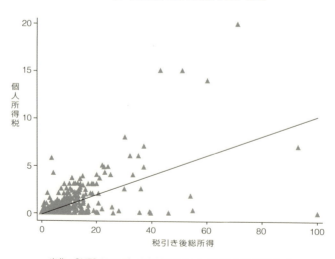

図 6-3　税引き後総所得と個人所得税（単位：万元）

出典：CHFS 2013 データを基に Stata と DASP を用い著者作成

表 6-29　個人所得税の税引き後総所得に対する回帰分析

項目名	SS	Df	MS		件　数	=	3990
モデル	8.89E+10	1	8.89E+10		F(1, 3988)	=	3270.04
残　差	1.08E+11	3988	27177378.8		Prob > F	=	0
合　計	1.97E+11	3989	49449604.3		R^2	=	0.4505
					調査済 R^2	=	0.4504
					平均2乗誤差平方根	=	5213.2

個人所得税	係　数	標準誤差	t	P>t	［95％信頼区間］	
税引き後総所得	0.1038947	0.0018168	57.18	0.000	0.1003327	0.1074568
_cons	-1773.744	97.7688	-18.14	0.000	-1965.425	-1582.062

出典：CHFS 2013 データを基に Stata と DASP を用い著者作成

図 6-4　個人所得税の累進曲線

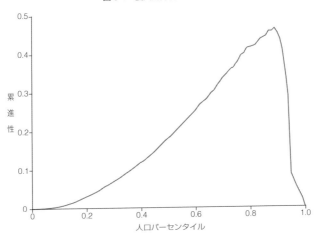

出典：CHFS 2013 データを基に Stata と DASP を用い著者作成
【累進曲線のグラフでは正の場合は累進的，負の場合は逆進的であることを示す】

表 6-30　農業補助金（単位：元）

項　目	件　数	平　均	標準偏差	最小値	最大値
農業補助金	2442	716	7299	0	337500
現物補助	57	395	1452	8	10000

出典：CHFS 2013 データを基に Stata と DASP を用い著者作成

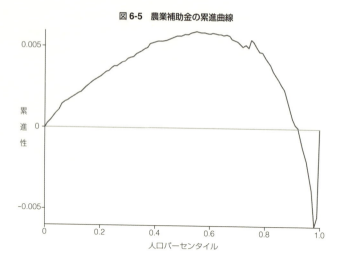

図 6-5 農業補助金の累進曲線

出典：CHFS 2013 データを基に Stata と DASP を用い著者作成

　CHFS データにおいて個人所得税に回答した 4202 人のうち 3281 人が税金を払っていない。従って個人所得税の五分位で見れば第1～3五分位層は税金を払わず，第4・5五分位層所得に税金が占める割合はそれぞれ 0.35%，6.70% であった。また，中国政府による，所得税の7区分ごとに個人所得税が総所得に占める割合を見ると，0～1500元 1.9%，1500～4500元 1.8%，4500～9000元 0.3%，9000～3万5000元 0.6%，5万5000元～8万元 4.6%，3万5000～5万5000元 2.9%，8万元以上 9.0% となった。そのため完全に累進的だと言い切ることは難しいだろう。

　併せて，累進曲線 (progressivity curve) を通じて税金，補助金，社会保障の累進性を考察する必要がある。累進曲線を見ると，所得税，農業補助金，移転所得（農業補助金を除く）は累進的だった。しかし社会保障給付は逆進的だった。

表 6-31 政府からの移転所得（農業補助金を除く，単位：元）

項目	件数	平均	標準偏差	最小値	最大値
移転所得	1873	1582	12874	0	500000

出典：CHFS 2013 データを基に Stata と DASP を用い著者作成

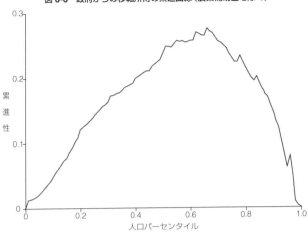

図6-6 政府からの移転所得の累進曲線（農業補助金を除く）

出典：CHFS 2013 データを基に Stata と DASP を用い著者作成

表6-32 政府からの社会保障給付金（企業年金を除く，単位：元）

項目	件数	平均	標準偏差	最小値	最大値
社会保障給付	927	93	856	0	24000

出典：CHFS 2013 データを基に Stata と DASP を用い著者作成

DASP を使って描いた個人所得税の累進曲線は次の公式で得ることができる（Araar and Duclos 2013, 66-67）。

純所得 N の集中曲線 (concentration curve)：$CN(p=i/n) = \Sigma_{ij=1}N_j / \Sigma_{nj=1}N_j$

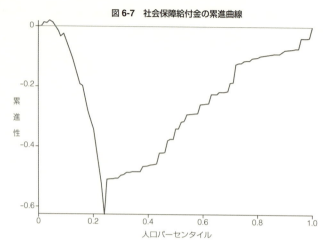

図 6-7　社会保障給付金の累進曲線

出典：CHFS 2013 データを基に Stata と DASP を用い著者作成

税制と移転の累進性を評価するための N に対する X のローレンツ曲線の比較：

$CN(p) - LX(p) = \mu T/\mu N [LX(p) - CT(p)]$

X が総所得で T が税金，B が移転だと仮定すれば

The tax T is Tax Redistribution(TR) progressive if：

$PR(p) = LX(p) - CT(p) > 0 \ \forall \ p \ni]0, 1[$

The transfer B is Tax Redistribution(TR) progressive if：

$PR(p) = CB(p) - LX(p) > 0 \ \forall \ p \ni]0, 1[$

表 6-33　所得別に見た養老保険料の前月納付額（単位：元）

	平均	標準誤差	［95% 信頼区間］	
5000 元以下	248	46	157.80	338.69
5000〜1 万元	303	57	190.96	415.74
1〜2 万元	210	11	188.51	231.80
2〜5 万元	271	11	249.62	292.28
5 万元以上	601	56	491.41	710.49

出典：CHFS 2013 データを基に Stata と DASP を用い著者作成

表 6-34 所得別に見た新農保の納付額（単位：元）

	平均	標準誤差	[95% 信頼区間]	
5000 元以下	293	60	175.00	410.61
5000～1 万元	722	228	273.99	1170.16
1～2 万元	634	170	299.84	967.53
2～5 万元	1254	491	288.12	2220.11
5 万元以上	226	78	72.63	378.48

出典：CHFS 2013 データを基に Stata と DASP を用い著者作成

表 6-35 所得別に見た医療保険の納付額（単位：元）

	平均	標準誤差	[95% 信頼区間]	
5000 元以下	400	158	91	709
5000～1 万元	218	38	143	293
1～2 万元	480	43	397	563
2～5 万元	808	56	699	917
5 万元以上	2341	354	1647	3034

出典：CHFS 2013 データを基に Stata と DASP を用い著者作成

農業補助金については，平均して716元を貨幣で受け取り，現物で受け取ったものは貨幣換算で平均395元だが，現物の量は多くない。累進曲線で見れば，農業補助金は高所得者には累進的ではなかった。

農業補助金を除く移転所得は約1582元だった。移転所得の累進性を見ると，累進的であることが示された。

企業年金を除く社会保障給付金は93元で，累進的であることが示された。

前の月に養老保険費として納付した金額について，5000元以下の所得者が1～2万元の所得者よりも多く納付し，5000～1万元の所得者が2～5万元の所得者よりも多く保険料を納付した。

新農保【新型農村社会養老保険】についても5000元以下の所得者は293元を納付し，2～5万元の所得者は1254元を保険金として納付したが，5万元以上の所得者は226元しか納付していない。

医療保険についても5000元の以下所得者は400元を納付したが，5000～1万元の所得者は218元，1～2万元の所得者は480元，2～5万元の所得者は808元，5万元以上の所得者は2341元を納付した。

終わりに

　中国は改革開放から三十数年で目覚ましい経済成長を遂げ，世界経済の中で確固たる地位を築いた。毛沢東時代の暗い過去から抜け出し，鄧小平が追求した改革開放が成功して中国は経済大国となった。まるでブラックホールのように資源などあらゆるものを吸収して世界の工場になった。

　世界銀行の評価によれば，中国はこの 30 年以上の急成長により発展経路の転換点を迎えた。うまく乗り越えれば中国は 2030 年までに「近代的で調和の取れた，創造的な高所得国家 (modern, harmonious, creative, high income)」になると予測されている (World Bank and DRC 2013, p.15)。

　成長の裏には常に暗い側面がある。経済が急成長するにつれて格差と貧困の影が競争に敗れた人々にかかっている。ジニ係数はすでに 0.4 を超えて不公平な社会だと言え，これに資産の格差を考慮すればジニ係数は 0.7 を超える。中国政府も格差がもたらす弊害と問題点を認識している。格差を解消できなければ「中所得国の罠」に陥り，中所得国から脱出することは難しいと予見されている。

　中国では再分配を促す政策が一定の効果を上げているものの，全体としては逆進的な傾向にあり，むしろ格差を悪化させる側面があることは否めない。富裕層に対する増税は進まない一方，富裕層に有利な政策が続いており，不満が爆発する可能性もある。過去，労働者や農民が革命を起こしたにもかかわらず，権力を握ったのは知識分子だ（工農打天下知識分子坐天下）と批判する声もある。鄧小平が追求した「先富政策」の狙い通りに貧しい人々が豊かな人々を真似して豊かになれるかは疑わしく，社会の裏側で取り残された人々が社会に混乱を起こしかねない。

　中国はここまで発展しても人口が多いため 1 人当たり所得はそれほど多くない。今後 20 年間で韓国の 15 倍になったとしても，1 人当たり所得では約 1 万 6000 ドルで現在の 3 倍に過ぎず，スロバキアや韓国の水準に近く，現在の米国の 3 分の 1 の水準にとどまる (World Bank and DRC 2013, p.16)。

　中国当局は「二つの百年」を目標に「中国の夢」を実現しようとしているが，格差の問題に真剣に取り組まなければ先進国入りは難しく，中所得国の罠を回避することはできないだろう。政治的には，平等と正義のない急速な経済成長は社会主義の理

念に反するものであり、支配政党の正当性に相当なプレッシャーを与えるだろう(Xiong 2012, p.283)。

それでも中国にとって希望はある。アセモグルとロビンソン (Acemoglu and Robinson 2012) が指摘したように、革命を経験した国家と経験していない国家を比べると、豊かな国はほとんどが革命や大変革を経験している。中国はすでに社会主義革命と文化大革命という激動を経験したため、豊かな国になれる可能性は高いといえる。

中国が「二つの百年」を実現するためには格差と貧困の問題を解決するほかはない。中国は、領土の広大な国家として、地域間の格差を減らさなければ、特に少数民族が辺境地域に集中的に居住するため、分裂と分断のリスクが常に存在する。中国の格差は他国に比べて大きい。そのため中国政府は格差を解消するため再分配を強調している。

しかし CHFS データを使って検証した税引き前と税引き後のジニ係数の差は 0.021 で、再分配率は 4% である。CGSS データでも見た通り、所属階級の最上位層と最下位層が再分配を選好しているため、所得下位層と所得上位層が中上階層の利益拡大を抑制しようと互いに連合する可能性がある。メルツァー・リチャード・モデル、ルプ・ポントゥソン・モデル、ミラノビッチ・モデルとは異なり、中国では、再分配の選好に影響を及ぼすのは中間層でなく上位層だと考えられる。

中国は非常に平等主義的な社会主義体制を経験したことがあり、格差の程度が深刻になると社会不安をもたらすリスクがある。一方で、生活が豊かになるにつれて政治的な問題への関心が減り、「赤い資本主義」が定着する可能性もある。

近年中国における出生率の低下は基本的にクルバージュとトッド (Courbage et Todd 2007) が指摘するように先進国的な現象だと考えられる。しかし、徐々に所得が増えていけば民主的な制度の登場は必然で、競争的な民主主義体制が定着すれば、経済をさらに発展させるとともに格差はメルツァー・リチャード効果を通じて再分配などで減少させることができるだろう。

図表索引

〈表一覧〉

表 1-1	歴史的に見た人口と耕作地の割合（1661～1833 年）	3
表 1-2	河北省獲鹿県の土地所有の分布（1706 年，1736 年，1939 年）	4
表 1-3	1930 年代の中国における 175 万の農家所有の土地分布	5
表 1-4	1930 年代の中国における 1 世帯当たりの耕作地分布と所得分布	5
表 1-5	土地のジニ係数	7
表 1-6	1954 年の各階層の所得が農村の全体所得に占める割合	8
表 1-7	1954 年の 22 省農村における所得ジニ係数	9
表 1-8	中国における格差（1978～99 年）	14
表 1-9	改革に対する評価	15
表 1-10	4 地域の小康社会の実現の程度（2000～10 年）	17
表 1-11	分野ごとの達成度	17
表 2-1	政府発表のジニ係数	22
表 2-2	研究者によるジニ係数の比較	23
表 2-3	農村・都市のジニ係数の比較	24
表 2-4	ジニ係数と 1 人当たり GDP，農村人口	25
表 2-5	中国の世帯の純資産（2012 年）	27
表 2-6	中国の資産分布（2012 年）	28
表 2-7	所得分布と資産分布の関係	28
表 2-8	灰色所得推定を使用したジニ係数	29
表 2-9	各五分位が全体所得に占める割合	29
表 2-10	各五分位の 1 人当たり可処分所得	29
表 2-11	中国における所得格差の十分位倍率と五分位倍率（1985～2011 年）	31
表 2-12	五分位倍率，パルマ比率およびジニ係数（2005～13 年）	32
表 2-13	所得分配の格差と全体の所得分配の格差に対する寄与度	34
表 2-14	資産の構成	34
表 2-15	所得の格差に対する機会の格差の相対的比率および寄与度	35
表 2-16	親の職業，民族，戸籍，親の教育年数，性別による機会の格差を示すジニ係数	36
表 2-17	実際のジニ係数，調査サンプルのジニ係数と機会の格差のジニ係数の比較（1989～2009 年）	36
表 2-18	機会の格差の分解	37
表 2-19	社会の格差および社会の公平さに対する認識	37
表 2-20	都市と農村の所得比率	38

表 2-21	農村の貧困状況	39
表 2-22	中国の農村における貧困標準と農村住民1人当たりの純所得（1985～2009年）	40
表 2-23	中国の都市における貧困率（1986～2000年）	41
表 2-24	都市と農村のジニ係数(1)	42
表 2-25	都市と農村のジニ係数(2)	43
表 2-26	都市住民可処分所得と農村住民の1人当たり純収入	45
表 2-27	住民の消費水準	46
表 2-28	農村住民の所得構造の変化	47
表 2-29	都市住民の所得構造の変化	47
表 2-30	中国における地域発展の差のジニ係数（1997～2011年）	49
表 2-31	地域のジニ係数	49
表 2-32	地域間の貧富の差の比率	49
表 2-33	地域別に見た1人当たり可処分所得	50
表 2-34	地域別のジニ係数（2000年と12年の変化）	52
表 2-35	地域別のジニ係数（2010年）	53
表 2-36	全国21地域のジニ係数（1995年・2000年・10年）	53
表 2-37	中国の各省・市・自治区の最低賃金標準と1カ月の最低賃金と平均賃金の比率（2013年）	54
表 2-38	省・市・自治区別に見た1人当たり可処分所得（2014年）	55
表 2-39	省・市・自治区別に見た住民の消費水準（2014年）	56
表 2-40	最高水準と最低水準の業種間の所得格差（2003～11年）	57
表 2-41	流動人口の賃金の業種別順位（上位5位と下位5位）	57
表 2-42	少数民族が分布する主な地域と人口	58
表 2-43	各省の少数民族の人口（2013年）	60
表 3-1	指数化した中国のGDP・GNI（1978年＝100）	65
表 3-2	中国のGDP成長率	66
表 3-3	年齢別人口割合と従属人口比率	68
表 3-4	中国の成長パターン	69
表 3-5	中国の総人口と都市・農村人口の割合	71
表 3-6	新しい都市化の主な目標	72
表 3-7	中国の貿易開放度，関税率およびFDI【対外直接投資】がGDPに占める割合（1985～2011年）	74
表 3-8	分権化と改革モデル	75
表 3-9	分権化と政治経済的な帰結	76
表 3-10	財政分権率	76
表 3-11	各省の財政力の格差についてのジニ係数	77
表 3-12	各省の県別に見た最終財政力のジニ係数分解（2004年）	78

表 3-13	移転支払の前後における各省 1 人当たり財政収入のジニ係数（2004 〜 12 年）	79
表 3-14	財政収入の推移（1998 〜 2007 年）	79
表 3-15	省別負債の内訳	81
表 3-16	地方政府の新規債務の総額（2000 〜 14 年）	82
表 3-17	各省の新規債務の GDP シェア	82
表 3-18	家計債務の債務水準による区分（2004 〜 12 年）	83
表 3-19	中国の社会階級・階層構造の変遷	85
表 3-20	21 世紀の最初の 10 年における中国の社会階層モデル表	86
表 3-21	都市企業家・農村企業家の開業前の職業	86
表 3-22	都市住民の 1 人当たり月間所得格差の変化	87
表 3-23	1 人当たり年間純所得の階層別シェアの変化	87
表 3-24	ピケティの所得格差モデル	88
表 3-25	中国の各教育レベルの就学者人口	90
表 3-26	生年別の入学比率	92
表 3-27	最終教育歴別の家庭の純資産	92
表 3-28	教育の格差	92
表 3-29	各地域の平均教育年数と教育のジニ係数	94
表 3-30	中国での性別，都市と農村，年齢グループ別に見た教育のジニ係数（2010 年）	95
表 3-31	市・鎮・郷の平均教育年数と教育のジニ係数（2006 〜 09 年）	96
表 3-32	東部・中部・西部地区の市・鎮・郷の平均教育年数と教育のジニ係数（2009 年）	96
表 3-33	陰性所得を含む世帯所得の推計と所得統計上の倍数（2008 年）	103
表 3-34	J 省の 40 の村における腐敗類型の調査統計表	104
表 3-35	J 省の 40 の村における行動傾向の調査統計表	104
表 3-36	流動人口推移	108
表 3-37	土地出譲収入の変化（2001 〜 13 年）	109
表 4-1	第 1 次所得分配ジニ係数，第 2 次所得分配ジニ係数および再分配率	115
表 4-2	OECD 加盟国における税引き前と税引き後のジニ係数（2012 年）	116
表 4-3	全国における個人所得税の再分配効果，平均税率および累進指数（1995 〜 2011 年）	117
表 4-4	全国，城鎮，農村住民の税引き前および税引き後のジニ係数（2005 〜 11 年）	117
表 4-5	所得税と個人所得税，社会保障支出がジニ係数に及ぼす影響	118
表 4-6	七つの所得階層の都市住民 1 人当たりの所得税と社会保障支出の割合（2011 年）	119
表 4-7	都市住民の個人所得税および社会保障の再分配係数（2002 〜 11 年）	119
表 4-8	個人所得税とジニ係数	120
表 4-9	税制改革が労働者の税負担と所得の再分配に及ぼす影響	120
表 4-10	都市住民の再分配係数	121
表 4-11	農村住民の再分配係数	121

表 4-12	税収額と税収の構成	123
表 4-13	個人所得税が政府の税収に占める割合	124
表 4-14	中国の各所得階層の世帯平均税負担（1995〜2011年）	125
表 4-15	調整前（2005年）と調整後（2008年）の所得階層ごとの平均税率	125
表 4-16	第11期全人代常務委員会第21回会議で決定した賃金に対する個人所得税率	125
表 4-17	税制改革が各所得階層と所得再分配に及ぼす影響	126
表 4-18	都市住民の所得階層別に見た所得税の平均税率および社会保障納付率と所得シェア（2011年）	126
表 4-19	所得階層別に見た直接税の平均税率，P指数およびMT指数	127
表 4-20	所得階層別に見た間接税の平均税率，P指数およびMT指数	128
表 4-21	所得階層別に見た中国の直接税および間接税の平均税率，P指数およびMT指数	128
表 4-22	企業，政府および家計部門の第1次分配所得と割合	129
表 4-23	企業，政府および家計部門の可処分所得と割合	130
表 4-24	再分配が各部門の可処分所得に及ぼす影響	131
表 4-25	社会保障費が政府の財政支出に占める割合	131
表 4-26	公共支出がGDPに占める内訳と割合	132
表 4-27	社会保障費の構造と水準	132
表 4-28	中央政府から地方政府への移転額と増加率	133
表 4-29	中央と地方の社会保障および雇用関連支出（2007〜14年）	133
表 4-30	移転支出が都市と農村住民の所得格差に及ぼす影響	134
表 4-31	山西省宝鶏市における住民の社会保障の移転所得の状況	135
表 4-32	山西省宝鶏市における社会保障の移転所得が住民1人当たり所得のジニ係数に及ぼす影響	135
表 4-33	鄭功成が示した三歩戦略	136
表 4-34	社会保険基金	138
表 4-35	中国社会保険の基本的状況	139
表 4-36	農民工の社会保険加入率	139
表 4-37	農民工と城市住民の社会保障の比較	140
表 4-38	少数民族地区の社会保険加入者（2001年，2012年）	140
表 4-39	基本養老保険に対する財政補助額と割合（1998〜2011年）	141
表 4-40	社会保険の種別納付額と給付が所得に占める比率	142
表 4-41	所得階層別の都市住民の社会保障所得の再分配調整効果（2000〜08年）	142
表 4-42	所得階層別の農村住民の社会保障所得の再分配調整効果（2002〜10年）	143
表 4-43	少数民族の多い地域の都市・農村の最低生活保障の平均的な標準と支出水準	144
表 4-44	複数省の最低賃金標準の引き上げ（2010年）	145
表 4-45	省・区・市の最低賃金標準（2011年）	146
表 4-46	最高賃金と最低賃金の比率の推移	146
表 4-47	救済の状況	147

表 4-48	各種扶養比率の実績と予想	147
表 4-49	類型別に見た養老保険金の給付比較	148
表 4-50	職業別に見た所得と養老保険金水準の比較	149
表 4-51	失業保険制度のカバー率，失業保険基金の累計残額がGDPに占める割合（2004〜13年）	150
表 4-52	新農合の状況	151
表 4-53	所得階層別に見た医療基金納付および医療保険受給後の所得	152
表 4-54	所得階層別に見た医療基金納付および医療保険受給後の所得分布とジニ係数	152
表 4-55	医療保険の再分配効果	152
表 4-56	女性の生育費用の状況	153
表 4-57	社会保障制度に対する満足度と戸籍別の相互分析	155
表 4-58	社会保障制度に対する地域別の満足度	155
表 4-59	社会保障制度の項目比較	156
表 4-60	社会保障制度の満足度と負担軽減効果のクロス分析	156
表 4-61	社会保障制度の満足度と格差縮小のクロス分析	156
表 4-62	中国の社会保障制度に対する総体的評価	157
表 4-63	最低生活保障制度に対する評価	157
表 4-64	養老保険制度に対する評価	158
表 4-65	医療保険制度に対する評価	158
表 5-1	個人総所得，個人労働所得，世帯所得，世帯1人当たり所得のデータ	161
表 5-2	各種所得のジニ係数	161
表 5-3	自分がどちらの階層に属すると思うかに対する回答	162
表 5-4	富裕層と貧困層の平均個人総所得	162
表 5-5	資産家と無資産者の平均個人総所得	162
表 5-6	14歳の時，10年前，現在，10年後の個人総所得	163
表 5-7	自己申告による所得十分位で見た個人総所得（2012年）	163
表 5-8	家庭の経済状況に対する回答（2012年）	164
表 5-9	「今の社会は公平かあるいは不公平か」に対する回答	164
表 5-10	「何が最も深刻な格差だと思うか」に対する回答	165
表 5-11	社会財産分配の不公正と貧富の格差の拡大について	165
表 5-12	「社会構成員の所得格差は合理的か」に対する回答	165
表 5-13	人間関係に最大の影響を及ぼす要因	166
表 5-14	格差を解決するための手段	166
表 5-15	過去20年間に最も多くの利益を得たのは誰か	167
表 5-16	少数民族のデータ	168
表 5-17	少数民族の平均個人総所得	168
表 5-18	民族別に見たジニ係数分解	169

表 5-19	戸籍のデータ	169
表 5-20	戸籍別に見た平均個人総所得	169
表 5-21	戸籍別のジニ係数分解	170
表 5-22	職業分布	170
表 5-23	職業別に見た平均個人総所得	171
表 5-24	職業別のジニ係数分解	171
表 5-25	所属職業単位の分布	171
表 5-26	職業単位別のジニ係数分解	172
表 5-27	正規職と非正規職の分布	172
表 5-28	正規職,非正規職それぞれのジニ係数分解	172
表 5-29	教育の分布	173
表 5-30	教育水準別に見た平均個人総所得	174
表 5-31	教育水準別のジニ係数分解	174
表 5-32	性別データ	175
表 5-33	性別で見た個人総所得	175
表 5-34	性別でのジニ係数分解	175
表 5-35	父親の教育水準	176
表 5-36	父親の教育水準別のジニ係数分解	176
表 5-37	14歳時点での父親の職業データ	177
表 5-38	14歳時点での父親の職業別のジニ係数分解	177
表 5-39	14歳時点での父親の所属職場単位	178
表 5-40	14歳時点での父親の所属職場単位別のジニ係数分解	178
表 5-41	直前の住民委員会・村民委員会選挙に参加して投票したか	179
表 5-42	選挙参加の有無別に見たジニ係数分解	179
表 5-43	政治の知識について	179
表 5-44	政治の知識の有無別に見たジニ係数分解	179
表 5-45	政治行動	180
表 5-46	政治行動別のジニ係数分解	180
表 5-47	現在の所属はどこか	180
表 5-48	所属別のジニ係数分解	181
表 5-49	工会【労働組合】の会員	181
表 5-50	工会会員であるか否かで見たジニ係数分解	182
表 5-51	都市基本医療保険／新型農村合作医療保険／医療費公共費用の加入状況	182
表 5-52	都市基本医療保険／新型農村合作医療保険／医療費公共費用の加入状況別のジニ係数分解	182
表 5-53	都市と農村の基本養老保険の加入状況	183
表 5-54	都市と農村の基本養老保険の加入状況別のジニ係数分解	183

表 5-55	教育，医療サービス，住宅サービスの均衡が取れているか	183
表 6-1	各種の税引き後所得	186
表 6-2	各種所得のジニ係数	187
表 6-3	農業経営所得と商工業所得	187
表 6-4	農業経営所得と商工業所得のジニ係数	188
表 6-5	各種金融資産別の所得	188
表 6-6	税引き後定期預金残高のジニ係数	189
表 6-7	移転所得	189
表 6-8	各種移転所得のジニ係数	189
表 6-9	少数民族の分布（10人以上のデータが得られたもののみ掲載）	190
表 6-10	少数民族の平均税引き後総所得	190
表 6-11	少数民族別に見たジニ係数分解	191
表 6-12	教育水準の分布	191
表 6-13	教育水準別に見た税引き後平均総所得	191
表 6-14	教育水準別のジニ係数分解	192
表 6-15	農業戸籍と非農業戸籍の分布	192
表 6-16	農業戸籍と非農業戸籍の税引き後平均総所得	193
表 6-17	戸籍別のジニ係数分解	193
表 6-18	所属職業単位の分布	194
表 6-19	所属職業単位別に見た税引き後平均総所得	194
表 6-20	所属職業単位別のジニ係数分解	194
表 6-21	党員と非党員の分布	195
表 6-22	党員と非党員のジニ係数分解	195
表 6-23	各社会保障別の分布	196
表 6-24	社会保障とジニ係数	196
表 6-25	年金とジニ係数	197
表 6-26	社会健康保険とジニ係数	197
表 6-27	失業保険とジニ係数	197
表 6-28	個人所得税と副業の個人所得税	198
表 6-29	個人所得税の税引き後総所得に対する回帰分析	199
表 6-30	農業補助金	199
表 6-31	政府からの移転所得（農業補助金を除く）	200
表 6-32	政府からの社会保障給付金（企業年金を除く）	201
表 6-33	所得別に見た養老保険料の前月納付額	202
表 6-34	所得別に見た新農保の納付額	203
表 6-35	所得別に見た医療保険の納付額	203

〈図一覧〉

図 1-1	歴史的に見た1人当たりGDPの推移（1990年当時のドル基準）	2
図 1-2	中所得国の罠	18
図 1-3	今後10年間に国民生活と関連して国家が重点的に取り組むべき課題は何か	18
図 2-1	カンバーとチャン推計のジニ係数の推移	26
図 2-2	世界銀行推計のジニ係数の推移	26
図 2-3	都市世帯の1人当たり可処分所得，五分位	30
図 2-4	ジニ係数とパルマ比率の関係	33
図 2-5	都市と農村間の所得比率（農村＝1）	44
図 2-6	地域別に見た都市世帯の1人当たり可処分所得	50
図 2-7	地域別に見た農村世帯の1人当たり総所得	51
図 3-1	GDPの増加（1990年または1989年を100とした場合の年度別GDP）	64
図 3-2	プシェボルスキの改革に関連するJカーブ	100
図 3-3	ミトラとセロウスキーが示した部分改革のパラドックスのJカーブ	101
図 4-1	格差，再分配，成長の間の相互関係	112
図 5-1	各種所得のローレンツ曲線	162
図 5-2	グラフで見る，格差を改善するための措置	167
図 5-3	所属階級十分位と所得十分位の再分配選好	184
図 6-1	各種所得のローレンツ曲線	187
図 6-2	農業経営所得と商工業所得のジニ曲線	188
図 6-3	税引き後総所得と個人所得税	198
図 6-4	個人所得税の累進曲線	199
図 6-5	農業補助金の累進曲線	200
図 6-6	政府からの移転所得の累進曲線（農業補助金を除く）	201
図 6-7	社会保障給付金の累進曲線	202

参考文献

권혁용. 2007.〈한국의 소득 불평등과 정치경제〉.《아세아 연구》, 50(1) : 209-232.
이양호. 2013.《불평등과 빈곤》. 서울:여성신문사.
이양호. 2005.《차이나 2050 프로젝트》. 서울:여성신문사.

刘丽. 2014.〈我国工伤保险制度的重大发展与理念创新〉.《企业改革与管理》10: 68.
刘崇顺·王铁.1993.《大下情波潮的感动》. 北京:中国社会科学出版社.
刘怡·聂海峰.2009.〈增值税和营业税对收入分配的不同影响研究〉.《财贸经济》6: 63-68.
刘亭亭.2015.〈我国地方政府债务现状、影响及化解路径〉.《齐齐哈尔大学学报》12: 59-61.
刘波·王修华·彭建刚.2015.〈我国居民收入差距中的机会不平等 - 基于 CGSS 数据的实证研究〉.《上海经济研究》8: 77-88.
剧宇宏.2013.《中国社会转型时期社会保障法律制度研究》. 上海: 复旦大学出版社.
厉以宁.2015.〈中国人为何收入差距这么大〉. 厉以宁·吴敬琏·周其仁 等著,《新常态下的变革与决策》. 北京: 中信出版社.
叶光.2015.〈就业机会不平等、教育回报差异与城乡工资差距〉.《经济经纬》32(4): 25-30.
吕健.2015.〈地方债务对经济增长的影响分析—基于流动性的视角〉.《中国工业经济》11: 16-31.
吴福象·葛和平.2014.〈资本占有量差异、收入机会不平等与财产性收入增长 基于扩大贫富差距的机制分析和实证检验〉.《湘潭大学学报(哲学社会科学版)》38(6): 44-49.
吴安然.2014.〈社会性别视角下对中国生育保险制度分析〉.《经济研究导刊》36: 49-50.
国家计委宏观经济研究院课题组.2002.〈居民收入分配差距扩大的状况、原因和对策研究〉.《经济研究参考》68: 2-48.
孙静·王亚丽.2013.〈税收对我国城乡居民收入的再分配效应研究〉.《中南财经政法大学学报》3: 3-8.
孙百才.2009.〈测度中国改革开放 30 年来的教育平等—基于教育基尼系数的实证分析〉.《教育研究》348: 12-18.
张丽丽·杨志平.2015.〈新常态下和谐社会建设的新机遇和新作为 - 基于经济发展的视角〉.《辽宁行政学院学报》69-73.DOI:10.13945/j.cnki.jlac.2015.10.015.
张晓玲.2014.〈从基尼系数看土地改革后农村地权分配〉.《中国经济史研究》1: 134-141
张长征·郇志坚·李怀祖.2006.〈中国教育公平程度实证研究:1978 - 2004 - 基于教育基尼系数的测算与分析〉.《清华大学教育研究》27(2): 10-22.
张丹.2015.〈和谐社会分配正义观产生的历史背景〉.《经营管理者》11: 261-262.
张德波.2009.〈城镇居民基尼系数和各收入阶层的关系 - 基于云南省的实证研究〉.《中国证券期货》12: 62-63.
张明新.2015.《参与型政治的崛起》.武汉: 华中科技大学出版社
张文·郭苑.2011.〈中国城乡教育水平差距的测度: 基于东中西部地区 2006-2009 年教育基尼系数的实

证分析〉.International Conference on Education Science and Management Engineering (ESME 2011), 1282-1286.

张瑞敏.2010.〈改革开放以来中国共产党关于和谐阶层关系的构建〉.《首都师范大学学报》6: 99-104.

张翼・林晓珊.2015.〈消费不平等：资源支配逻辑和机会结构重塑〉.《甘肃社会科学》4:1-6.

张波・邹东涛.2013.〈消费与就业视角的贫富差距轨迹：自2003－2013年基尼系数解析〉.《中国经济转型》253(3): 38-47.

张航空・姬飞霞.2013.〈中国教育公平实证研究:1982-2010－基于教育基尼系数拆解法的分析〉.《教育科学》29(6): 1-6.

杨国涛・李静・黑亚青.2014.《中国农村收入不平等问题研究》.北京：经济科学出版社.

杨晓妹・尹音频・吴菊.2015.〈个人所得税改革与收入再分配改善－基于2008年和2011年自然实验的微观模拟分析〉.《税务与经济》198(1): 89-94.

杨继绳.2013.《中国当代社会阶层分析》.南昌：江西高校出版社.

杨斌・谢勇才.2015.〈从非制度化到制度化：基本养老保险制度财政责任改革的思考〉.《西安财经学院学报》28(3): 80-86.

杨瑞龙.2014.〈收入分配改革与经济发展方式转变〉.任仲文 主编,《问计2014 党员干部关注的十大热点问题》, pp.51-54.北京：人民日报出版社.

环球舆情调查中心.2014.《中国民意调查》.北京：人民日报出版社.

苏少之・张晓玲.2011.〈新中国土改后农村阶级变化再探讨－基于测算农村居民收入基尼系数的角度〉.《中国经济史研究》1: 29-37.

谢宇・靳永爱.2014.〈家庭财产〉.谢宇 外,《中国民生发展报告2014》, pp.25-46.北京：北京大学出版社.

谢治菊.2014.〈论经济不平等及其矫正〉.《湖北经济学院学报》12(5): 74-79.

贺大兴・姚洋.2014.〈不平等、经济增长和中等收入陷阱〉.《当代经济科学》36(5): 1-9.

贺晋・李玲玲.〈我国居民消费需求为何不足？：基于1978—2008年基尼系数的分析〉.《财经问题研究》343: 110-115.

赵桂芝・王艳萍.2010.〈我国社会保障制度收入再分配职能分析〉.《中国流通经济》5: 31-33.

赵光西.2013.〈我国基尼系数变动趋势与对策研究〉.《财经理论研究》6: 39-43.

赵行.2015.〈我国社会保障制度存在问题及对策分析〉.《吉林工程技术师范学院学报》32(2): 1-3.

连玉明.2014a.《中国大热点》.北京：当代中国出版社.

连玉明.2014b.《中国大舆情》.北京：当代中国出版社.

连玉明.2014c.《中国大数据》.北京：当代中国出版社.

连玉明・武建忠.2014a.《中国舆情报告》.北京：当代中国出版社.

连玉明・武建忠.2014b.《中国国情报告》.北京：当代中国出版社.

郑功成.2011.《中国社会保障改革与发展战略》.北京：人民出版社.

郑新亚・郭琏.2013.〈我国财政政策对收入分配的影响:基于河南省的分析〉.宋晓梧 编,《不平等挑战中国》, pp.222-250.北京:社会科学文献出版社.

郑永年.2010.《中国模式：经验与困局》北京：浙江人民出版社.

郑春荣.2015.〈城镇化中的社会保障制度建设：来自拉美国家的教训〉.《南方经济》4: 93-105.

钟凤.2014.〈基于基尼系数的我国近 15 年来地区综合发展水平差异评价〉.《中国林业经济》125：18-21.
陆学艺.2010.《当代中国社会结构》.北京：社会科学文献出版社.
陈东・黄旭锋.2015.〈机会不平等在多大程度上影响了收入不平等？- 基于代际转移的视角〉.《经济评论》
　　　191：3-16.
陈建东・高远.2012.〈我国行业间收入差距分析：基于基尼系数分解的视角〉.《财政研究》4：25-30.
陈建东・蒲冰怡・程树磊.2014.〈财政转移支付均等化效应分析 - 基于基尼系数分解的视角〉.《财政研究》
　　　10：28-33.
陈前恒・胡林元・朱祎.2014.〈机会不平等认知与农村进城务工人员的幸福感〉.《财贸研究》45-52.
韩海燕.2014.〈陕西城镇居民收入差距的演化研究：1992-2012 - 基于基尼系数的分解〉.《西北大学学报》
　　　44(3)：128-135.
马艳・张建勋.2015.〈不同所有制条件下的收入差距问题研究 - 基于机会不平等理论的视角〉.《财政研究》
　　　41(5)：102-111.
马艳・张建勋・王琳.2015.《〈21 世纪资本论〉与中国机会不平等问题研究〉.《学习与探索》235：95-101.
马影.2014.〈基于基尼系数的中国社会贫富差距现状分析〉.《市场周刊》5：100-102.
马宇航・杨东平.2015.〈城乡学生高等教育机会不平等的演变轨迹与路径分析〉.《清华大学教育研究》
　　　36(2)：7-13.
黄凤羽・刘畅.2014.〈个人税收对城乡加权基尼系数的影响〉.《税务研究》347：31-33.
黄显官・王敏・彭博文.2015.〈完善我国生育保险制度的研究〉.《卫生经济研究》7：33-34.
黄瑞芹.2015.《民族地区农村社会保障难点问题研究》.北京：人民出版社.
龙玉其.2015.〈民族地区社会保障的发展及其反贫困作用〉.《云南民族大学学报》32(6)：61-68.
柯卉兵.2014.《中国社会保障转移支付制度研究》.北京：人民出版社.
甘犁.2013.〈关于中国家庭金融调查数据准确性的再说明〉.宋晓梧　编,《不平等挑战中国》, pp.149-154.
　　　北京：社会科学文献出版社.
江求川・任洁・张克中.2014.〈中国城市居民机会不平等研究〉.《世界经济》4：111-138.
高文书.2012.〈社会保障对收入分配差距的调节效应：基于陕西省宝鸡市住户调查数据的实证研究〉.《社
　　　会保障研究》4：61-68.
郭艳文・赵林苹.2015.〈统筹城乡社会保障制度的研究〉.《经济研究导刊》268：100-101.
郭新华・楚思.2015.〈家庭债务对收入不平等与消费不平等间关系的调节效应：2004-2012〉.《湘潭大学学
　　　报（哲学社会科学版）》39(2)：37-41.
苟兴朝.2015.〈我国失业保险制度的反经济周期功能研究〉.《求实》8：46-53.
屈小博・都阳.2010.〈中国农村地区间居民收入差距及构成变化：1995 -2008 年 - 基于基尼系数的分
　　　解〉.《经济理论与经济管理》7：74-80.
金双华・于洁.2016.〈医疗保险制度对不同收入阶层的影响 - 基于辽宁省城镇居民的分析〉.《经济与管理
　　　研究》37(2)：107-114.
段会娟・刘卓林.2002.〈经济全球化的不平等性与发展中国家的应对措施〉.《经济问题探索》11：89-91.
覃成菊・张一名.2011.〈我国生育保险制度的演变与政府责任〉.《中国软科学》8：14-20.
董直庆・宋伟・蔡啸.2015.〈技术进步方向、要素收入分配不平等和政策非对称冲击〉.《东北师大学报（哲

学社会科学版)》276：8-17.

杜莉.2015.〈税制调整与我国个人所得税的再分配效应〉.《统计研究》32(4)：36-42.

梁晨・李中清.2012.〈无声的革命：北京大学与苏州大学学生社会来源研究 (1952-2002)〉.《中国社会科学》1：98-118.

李华兴・徐晶晶・孔令先.2014.〈我国民族事实上不平等现象及对策浅析〉.《金田》8：352.

李实.2015.〈调节收入分配，政府能做什么〉.任仲文 主编，《问计 2015 党员干部关注的十大热点问题》，pp.110-114. 北京：人民日报出版社.

李实・赖德胜・罗楚亮.2013.《中国收入分配研究报告》. 北京：社会科学文献出版社.

李实・万海远.2013.〈提高我国基尼系数估算的可信度〉. 宋晓梧 编《不平等挑战中国》，pp.124-137. 北京：社会科学文献出版社.

李晓玉.2015.〈浅析中国地方政府间财政矛盾及对策〉.《法制与社会》5：168-169.

李资源 外 2014.《共同发展 共同繁荣：新中国成立以来党的民族工作理论与实践研究》. 广西 南宁：广西人民出版社.

李跃歌.2015.〈城镇化进程中农民工社会保障制度研究〉.《湖南商学院学报》22(5)：34-37.

李青.2012.〈我国个人所得税对收入分配的影响：不同来源数据与角度的考察〉.《财贸经济》5：37-44.

李文.2015.〈我国的税制结构与收入再分配〉.《财税论坛》7：38-42.

李丙金・李婧・常建新.2013.〈全球化、财政分权和收入不平等：来自中国的证据〉.《未来与发展》8：75-81.

李善同・刘云中.2011.《2030 年的中国经济》. 北京：经济科学出版社.

李毅.2008.《中国社会分层的结构与演变》. 安徽：安徽大学出版社.

李子联.2013.《中国的收入不平等与经济增长》. 北京：经济科学出版社.

李春玲.2014a.〈"80 后"的教育经历与机会不平等 - 兼评 " 无声的革命"〉.《中国社会科学》4：66-77.

李春玲.2014b.〈教育不平等的年代变化趋势(1940-2010)〉.《社会学研究》2：65-89.

林经纬.2014.〈强化政府的再分配职能 - 基于经济不平等的现实考察〉.《青海社会科学》6：63-70.

徐强・张开云.2015.〈我国社会保障制度的公众满意度研究〉.《经济管理》37(11)：156-164.

徐强・张开云・李倩.2015.〈我国社会保障制度的建设绩效评价 - 基于全国四个省份 1600 余份问卷的实证研究〉.《经济管理》37(8)：171-180.

盛杰.1994.〈论发展少数民族地区经济〉.《贵州民族学院学报》4：66-70.

邵文纲.2015.〈居民收入再分配"逆向分配"的原因及对策〉.《广西财经学院学报》28(1)：31-35.

岳希明・徐静・刘谦・丁胜・董莉娟.2012.〈2011 年个人所得税改革的收入再分配效应〉.《经济研究》9:113-124.

汪华・汪润泉.2015.〈社会分层、制度分割与社会不平等 - 一项关于中国养老金制度的福利社会学研究〉.《学术界》200：47-60.

王炼・罗守贵.2014.〈新世纪以来中国区域发展不平衡的变动研究 - 基于三个层次的区位基尼系数〉.《上海管理科学》36(5)：1-4.

王筱欣・鲍捷.2013.〈财政社会保障支出对收入分配调节效应影响的实证研究〉.《商业时代》14：10-12.

王茂福・谢勇才.2012.〈关于我国社会保障对收入分配存在逆向调节的研究〉.《毛泽东邓小平理论研究》6：

46-50.

王培暄. 2012.〈收入差距扩大格局下的社会阶层分化问题探讨〉.《统计与决策》24：76-80.

王思睿. 2001.〈中国经济增张与政治改革〉.《战略与管理》3：71-80.

王小鲁. 2011.〈灰色收入与政府改革〉.《中国经济观察》24：16-21.

王小鲁. 2014a.〈关于户籍制度改革的几个问题〉.《中国房地产业》8：112.

王小鲁. 2014b.〈寻根土地溢价改革土地制度〉.《中国房地产业》3：36-39.

王小鲁. 2015.〈读懂中国经济数据〉. 于今 主编《大国前途》. pp.196-211. 北京：中央编译出版社.

王延中. 2014.〈发挥社会保障调节收入分配的作用〉. 任仲文 主编,《问计 2014 党员干部关注的十大热点问题》, pp.58-60. 北京：人民日报出版社.

王延中. 2016.〈中国"十三五"时期社会保障制度建设展望〉.《辽宁大学学报》44(1)：1-14.

王祖祥. 2006.〈中部六省基尼系数的估算研究〉.《中国社会科学》4：77-87.

王宗鱼. 2013.〈从基尼系数解析中国贫富差异〉.《特区经济》3：10-13.

姚继军. 2009.〈中国教育平等状况的演变 – 基于教育基尼系数的估算(1949-2006)〉.《教育科学》25(1)：14-17.

于春煜. 2015.〈浅析工伤保险制度发展现状与前景瞻望〉.《法制与社会》3：35-36.

熊月茜. 2015.〈我国个人所得税再分配效应及其影响因素相关关系研究〉.《南京财经大学学报》7：30-39.

袁竹‧齐超. 2012.〈我国再分配逆向调节的成因及对策探析〉.《税务与经济》1：33-37.

尹路. 2013.〈我国社会保障收入再分配的问题与对策〉.《湖北函授大学学报》26(8)：51-52.

尹利民‧穆冬梅. 2015.〈村务腐败，农民上访治理之策：规范村委选举—基于 J 省 40 个村的调查分析〉.《社会工作》2：87-98.

任婷瑛. 2014.〈我国生育保险制度的主要特征分析〉.《劳动保障世界》1：11-12.

任婷瑛. 2015.〈我国生育保险制度存在的问题研究〉.《经济研究导刊》15：49-50.

任仲文 主编. 2014.《问计 2015 党员干部关注的十大热点问题》. 人民日报出版社.

田志伟. 2015.〈中国五大税种的收入再分配效应研究〉.《财政论坛》307：33-43.

田志伟‧胡怡建‧朱王林. 2014.〈个人所得税，企业所得税，个人社保支出与收入分配〉.《财经论丛》11：18-24.

程杰. 2014.〈'扩中'是收入分配改革中心〉. 任仲文 主编,《问计 2014 党员干部关注的十大热点问题》, pp.64-65. 北京：人民日报出版社.

周庆智. 2015.〈关于"村官腐败"的制度分析 – 一个社会自治问题〉.《武汉大学学报》68(3)：20-30.

周金燕. 2015.〈教育是中国社会的"平等器"吗？– 基于 CHNS 数据的实证分析〉.《复旦教育论坛》13(2)：11-17.

周德海. 2014.〈论造成我国基尼系数过大的根本原因〉.《湖南工业大学学报》19(2)：104-109.

周美多‧颜学勇. 2010.〈转移支付类型对省内县际间财力不均等的贡献 – 按收入来源进行的基尼系数分解〉.《山西财经大学学报》32(2)：22-30.

周云波‧陈岑‧张亚雨. 2013.〈对我国收入分配体制的几点思考〉. 宋晓梧 编《不平等挑战中国》, pp.194-209. 北京：社会科学文献出版社.

周志莹. 2015.〈收入税与社会保障对收入再分配的调节效应〉.《首都经济贸易大学学报》17(5)：12-19.

参考文献

中国家庭金融调查与研究中心.2012.《中国家庭收入不平等报告》.成都：西南财经大学.
中共中央宣传部理论局.2010.《七个怎么看-理论热点面对面》.北京：学习出版社.
中共中央宣传部理论局.2011.《从怎么看到怎么办？》.北京：学习出版社.
秦广强.2014.〈当代青年的社会不平等认知与社会冲突意识-基于历年"中国综合社会调查"数据分析〉.
　　《中国青年研究》6：62-66.
焦自高.2015.〈我国基尼系数与贫富差距问题研究〉.《中国市场》41：43-44.
彭定赟.2012.〈中国区域基尼系数的测算及其非参数模型研究〉.《中南财经政法大学学报》194：9-14.
何建章・吴军・朱庆芳.1989.《中国社会指标理论与实践》.北京：中国统计出版社.
胡晓登・邓元时・侯显涛.2013.〈基于收入的基尼系数与基于房产资产的基尼系数 — 兼论农民工市民化
　　的城市资产建设〉.《贵州社会科学》285(9)：22-26.
胡江霞・罗玉龙・杨孝良.2015.〈我国未来十年基尼系数的预测及政策建议-基于灰色预测模型的分析〉.《西
　　部经济管理论坛》26(1)：44-49.
胡林元・朱祎・陈前恒.2014.〈农村进城务工人员的机会不平等认知及影响因素研究〉.《农村经济》2:95-98.
胡志军.2012.〈基于分组数据的基尼系数估计与社会福利:1985-2009年〉.《数量经济技术经济研究》
　　9:111-121.
胡志军・刘宗明・龚志民.2011.〈中国总体收入 基尼系数的估计： 1985-2008〉.《经济学》10(4)：1423-
　　1436.
洪兴建.2008.〈一个新的基尼系数子群分解公式： 兼论中国总体基尼系数的城乡分解〉.《经济学》8(1)：
　　307-324.
洪源・秦玉奇・王群群.2015.〈地方政府债务规模绩效评估、影响机制及优化治理研究〉.《中国软科学》
　　11：161-175.
樊纲・陈瑜.2006.〈过渡性杂种-中国乡镇企业的发展及制度转〉.林毅夫・姚洋 编,《中国奇迹：回考与展望》,
　　pp. 77-98. 北京：北京大学出版社.
曾毅.2006.〈中国人口老化，退休金缺口与农村养老保障〉.林毅夫・姚洋 编,《中国奇迹：回考与展望》,
　　pp. 334-363. 北京：北京大学出版社.

〈改革开放30年报告之六：人口素质全面提高就业人员成倍增加〉.中华人民共和国国家统计局
〈改革开放30年报告之一：大改革 大开放 大发展〉.中华人民共和国国家统计局
〈明朝人的工资收入和生活水平 另眼看明朝〉.http://bbs.tiexue.net/post2_2035718_1.html.
〈我国古代官员的俸禄及其启示〉.＊http://jggw.daqing.gov.cn/news/2011122/n61463470.html.
〈中国全面建设小康社会进程统计监测报告(2011)〉.中华人民共和国国家统计局
〈国务院批转发展改革委等部门关于深化收入分配制度改革若干意见的通知〉.中华人民共和国国家统计局
《金砖国家联合统计手册 2015》.中华人民共和国国家统计局
《中国统计年鉴 2015》.中华人民共和国国家统计局
＊http://www.china.com.cn/chinese/zhuanti/208170.htm
http://www.china.com.cn/chinese/zhuanti/211757.htm

＊は2018年1月時点で閲覧不可

Acemoglu, Daron and James A. Robinson. 2012. *Why Nations Fail: The Origins of Power, Prosperity, and Poverty*. New York: Crown Business.

Araar, Abdelkrim and Jean-Yves Duclos. 2013. "DASP: Distributive Analysis Stata Package" in *User Manual*, Université Laval, CIRPÉE, and World Bank.

Birdsall, Nancy and John Nellis. 2003. "Winners and Losers: Assessing the Distributional Impact of Privatization." *World Development* 31(10), 1617-1633.

Brandt, Loren and Barbara Sands. 1992. "Land Concentration and Income Distribution in Republican China." In Thomas G. Rawski and Lillian M. Li, eds., *Chinese History in Economic Perspective*, pp.179-206. Berkeley: University of California Press.

Chen, Guangjin. "Sturctural Characteristics and Trends of Income Inequality in China." In Li Peilin et al. eds., *Handbook on Social Stratification in the BRIC Countries: Change and Perspective*, pp.481-498. New Jersey: World Scientific.

Chilosi, Alberto. 1996. "Distributional Consequences of Privatization in the Economies in Transition: An Analytical Framework." MOCT-MOCT 6, 75-93

Cobham, Alex and Andy Sumner. 2014. "Is Inequality all about the Tails? the Palma measure of Income Inequality." *Significance* 11(1): 10-13.

Courbage, Youssef et Emmanuel Todd. 2007. *Le Rendez-vous des Civilisations*. Paris: Editions du Seuil et la République des Idées.

Cui, Ernan et al. 2015. "How Do Land Takings Affect Political Trust in Rural China?" *Political Studies* 63(1): 91-109.

Dabla-Norris, Era et al. 2015. "Causes and Consequences of Income Inequality: A Global Perspective." IMF Staff Discussion Note/15/13.

Dillon, Nara. 2015. *Radical Inequalities: China's Revolutionary Welfare in Comparative Perspective*. Cambridge: Harvard University Press.

Finseraas, Henning. 2010. "What if Robin Hood is a Social Conservative? How the Political Response to Increasing Inequality Depends on Party Polarization." *Socio-Economic Review* 8(2): 283-306.

Gabrisch, Hubert and Jens Hölscher. 2006. *The Successes and Failures of Economic Transition*: The European Experience. New York: Palgrave Macmillan.

Grewal, Bhajan, Enjiang Cheng and Bruce Rasmussen. 2015. "Local government debt in China: Implications for Reform." *Public Finance and Management* 15(4): 358-377.

Hung, Ho-fung and Jaime Kucinskas. 2011. "Globalization and Global Inequality: Assessing the Impact of the Rise of China and India, 1980–2005." *The American Journal of Sociology* 116(5): 1478-1513.

IMF(International Monetary Fund). 2007. *World economic outlook 2007 Globalization and Inequality*. Washington: International Monetary Fund Publication Services.

Jensen, Nathan M. 2003. "Rational Citizens against Reform: Poverty and Economic Reform in Transition Economics." *Comparative Political Studies* 36(9): 1092-1111.

Kanbur, Ravi and Xiaobo Zhang. 2005. "Fifty Years of Regional Inequality in China: a Journey Through Central Planning, Reform, and Openness." *Review of Development Economics* 9(1): 87–106.

Keeley, Brian. 2015. *Income Inequality: the Gap between Rich and Poor*. Paris: OECD Publishing.

Kelliher, Daniel. 1992. *Peasant Power in China, the Era of Rural Reform, 1979-1989*. New Haven: Yale University Press.

Li, Chao and John Gibson. 2013. "Rising Regional Inequality in China: Fact or Artifact?." *World Development* 47: 16–29.

Lindert, Peter H. 2000. "Three Centuries of Inequality in Britain and America." In Anthony B. Atkinson and François Bourguignon, eds., *Handbook of Income Distribution*, vol. 1, pp. 167-216. Amsterdam: Elsevier.

Liu, Hui. 2006. "Changing regional rural inequality in China 1980–2002." *Area* 38(4): 377–389.

Liu, Zhiqiang. 2005. "Institution and inequality: the hukou system in China." *Journal of Comparative Economics* 33: 133–157.

Lu, Yao and Feng Wang. 2013. "From general discrimination to segmented inequality: Migration and inequality in urban China." *Social Science Research* 42: 1443–1456.

Lupu, Noam, and Jonas Pontusson. 2011. "The Structure of Inequality and the Politics of Redisribution." *American Political Science Review* 105(2): 316-336.

Maddison, Angus. 2001. *The World Economy: a Millennial Perspective*. OECD.

McCarty, Nolan, Keith Poole, and Howard Rosenthal. 2006. *Polarized America: The Dance of Ideology and Unequal Riches*. Cambridge: The MIT Press.

Meltzer, Allen, and Scott Richard. 1981. "Rational Theory of the Size of Government." *Journal of Political Economy*, 89(5): 914-927.

Meng, Xin, Robert Gregory and Youjuan Wang. 2005. "Poverty, inequality, and growth in urban China, 1986–2000." *Journal of Comparative Economics* 33: 710–729.

Michael, Franz. 1966. *The Taiping Rebellion: History and Documents. Seattle*: University of Washington Press.

Miguel, Edward. 2005. "Poverty and Witch Killing." *Review of Economic Studies* 72(4): 1153-1172.

Milanovic, Branko. 2011. *The Haves and the Have-nots: A Brief and Idiosyncratic History of Global Inequality*. New York: Basic Books.

Milanovic, Branko, Peter H. Lindert and Jeffrey G. Williamson. 2010. "Pre-industrial Inequality." *Economic Journal*, 121(551): 255-272.

Mok, Ka Ho and Xiao Fang Wu. 2013. "Dual decentralization in China's transitional economy: Welfare regionalism and policy implications for central–local relationship." *Policy and Society* 32: 61–75.

OECD. 2015. *All on Board: Making Inclusive Growth Happen in China*. OECD.

Ostry, Jonathan D., Andrew Berg and Charalambos G. Tsangarides. 2014. "Redistribution, Inequality, and Growth." IMF Staff Discussion Note/14/2.

Palma, José Gabriel. 2011. "Homogeneous Middles vs. Heterogeneous Tails, and the End of the 'Inverted-U': It's All About the Share of the Rich." *Development and Change* 42(1): 87–153.

Palma, José Gabriel. 2014. "Has the Income Share of the Middle and Upper-middle Been Stable around the '50/50 Rule', or Has it Converged towards that Level? The 'Palma Ratio' Revisited." *Development and Change* 45(6): 1416–1448.

Pierson, Paul. 1996. "The New Politics of the Welfare State." *World Politics* 48(2): 143-179.

Piketty, Thomas. 2013. *Le Capital au XXe Siècle*. Paris: Seuil.

Przeworski, Adam. 1991. *Democracy and the Market: Political and Economic Reforms in Eastern Europe and Latin America*. Cambridge: Cambridge University Press.

Salidjanova, Nargiza. 2013. "China's New Income Inequality Reform Plan and Implications for Rebalancing." U.S.-China Economic and Security Review Commission Staff Research Backgrounder.

Savoia, Antonio, Joshy Easaw and Andrew McKay. 2010. "Inequality, Democracy, and Institutions: A Critical Review of Recent Research." *World Development* 38(2): 142–154.

Shi, Sato and Sicular. 2013. "Introduction." In Shi, Li, Hiroshi Sato and Terry Sicular, eds., *Rising Inequality in China: Challenges to a Harmonious Society*, pp.1-43. Cambridge: Cambridge University Press.

Shirk, Susan. 1993. *The Political Logic of Economic Reform*. Berkeley: University of Caifornia Press.

Shu, Li, Hiroshi Sato and Terry Sicular. 2013. "Rising Inequality in China: Key Issues and Findings." In Li Shu, Hiroshi Sato and Terry Sicular, eds., *Rising Inequality in China: Challenges to a Harmonious Society*, pp.1-43. Cambridge: Cambridge University Press.

Solt, Frederick. 2014. "The Standardized World Income Inequality Database." Working paper. SWIID Version 5.0, October 2014.

Treiman, Donald J. 2012. "The 'difference between heaven and earth': Urban–rural disparities in wellbeing in China." *Research in Social Stratification and Mobility* 30: 33–47.

UNDP (United Nations Development Programme). 2013. *Humanity Divided: Confronting Inequality in Developing Countries*. New York: UNDP.

UNDP (United Nations Development Programme). 2014. *Human Development Report 2014: Sustaining Human Progress: Reducing Vulnerabilities and Building Resilience*. New York: UNDP.

UNDP (United Nations Development Programme). 2015. *Human Development Report 2015: Work for Human Development*. New York: UNDP.

Wan, Guanghua. 2007. "Understanding Regioal Poverty and Inequality Trends in China: Methodological Issues and Empirical Findings." *Review of Income and Wealth* 53(1): 25-34.

Wallace, Jeremy L. 2014. *Urbanization, Redistribution, and Regime Survival in China*. Oxford: Oxford University Press.

Whyte, Martin King. 2010. "The Paradoxes of Rural-Urban Inequality in Contemporary China." In Martin King Whyte, ed., *One Country, Two Societies: Rural-Urban Inequality in Contemporary China*, pp.1-25. Cambridge: Harvard University Press.

World Bank. 2002. *Transition the First Ten Years: Analysis and Lessons for Eastern Europe and the For-*

mer Soviet Union. Washington: World Bank.

World Bank and DRC(Development Research Center of the State Council, the People's Republic of China). 2013. China 2030 : *Building a Modern, Harmonious, and Creative Society*. Washington, D.C.: World Bank.

Xiong, Yuegen. 2012. "Social inequality and inclusive growth in China: the significance of social policy in a new era." *Journal of Poverty and Social Justice* 20(3): 277-290.

Zhu, Nong and Xubei Luo. 2010. "The impact of migration on rural poverty and inequality: a case study in China." *Agricultural Economics* 41: 191–204.

監訳者解題
格差を測る統計，格差から予測する中国の未来

はじめに——日本の，中国を見る視線の変化

　中国経済に対する注目は否が応でも高まっている。IMF（国際通貨基金）によれば，2016 年の中国の GDP（国内総生産）は 11.2 兆ドルと日本（4.9 兆ドル）の 2.3 倍，米国の 6 割である。PPP（購買力平価）ベースでは 21.3 兆ドルと日本（5.2 兆ドル）はもちろんのこと，米国（18.6 兆ドル）もすでに超えてしまっているからだ。中国の一挙手一投足に，目を向けざるを得なくなっている。

　このような経済規模に成長するまでの間，日本では，中国に関する崩壊論が目立っていた。それは，合理的な観測というよりも，成長著しく，日本を脅かしつつある中国を認めたくない，という，現状維持バイアスが強かったのではないか。それは，まるで 1970〜80 年代に米国が日本に対して感じていたことと似たものであったように思える。しかし，日本も変わらざるを得なくなってきた。2014 年，ウォールストリート・ジャーナルは「中国ブランドのスマートフォン拡大で潤う日本の部品メーカー」という記事で，米国企業向けのシェアが高まっていたはずの日本の電子部品メーカーも，中国のスマートフォンメーカーの興隆で潤っているという事実を明らかにし，少なからず日本の投資家に波紋を投げ掛けた。

　また，2016 年から 17 年にかけては，日本の建設機械・工作機械メーカーなども，中国特需に沸いた。これまで中国市場を重視していなかった日本の自動車メーカーも，中国の環境規制とそれに伴う新型エネルギー車の動向に注目せざるを得なくなっている。

　そのような中，ニュースキュレーションサービス NewsPicks が 2017 年 9 月にオリジナル記事として『「中国崩壊論」の崩壊。外れ続ける「五つの予想」』という記事を出したのは，日本のメディアにおける中国経済に対する意識・考え方の転換を象徴するものであったように思える。

格差を示す統計は信頼できるのか？

　その中国「崩壊」論の論拠の一つが，共産党一党独裁に関するものである。国民の

選挙を経ない一党独裁体制は不安定であるということだ。国民の選挙を経ないということは，国民の意志が政治を通じて実現されない。よって，さまざまな社会的問題が未解決となり，それが社会の不安定をもたらす。その一つが，所得や富の格差である。格差を議論するに当たっては，格差の状況を示す統計が必要となる。しかし，まず，中国経済を議論するに当たっての難しさが立ちはだかる。すなわち中国政府の発表している経済統計が十分でない。また，実際に発表されたとしても，その信頼性に欠ける可能性がある。

　中国の統計の信憑(しんぴょう)性の低さはさまざまな論点から語られている。まずは(1)発表されている統計同士の整合性の問題がある。例えば実際に発表している中国全体のGDPが，省政府の発表しているGDPの合計と合致しない。だが例えばこの問題に関しては中国国家統計局も言及しており，今後改善がなされていくだろう。また，GDPに限らず，他の統計数値の精度の低さについても徐々に改善がなされてきている。
さらに，中国に批判的な論者は，中国は自分に不利なデータを公表しないと批判するが，これは事実ではない。当局は，目標成長率を下回る実質GDP成長率や，過去，悪化したジニ係数なども発表している。

　次に(2)度重なる基準の変更について。例えば本書で時折使われている「一定規模以上」の企業という表現がある。この「一定規模」の基準だが，2006年以前はすべての国有企業と，年間の売り上げが500万元以上の非国有企業であったが，2007〜10年は国有企業・非国有企業とも，年間売り上げが500万元以上の企業を対象とするよう変更になった。その後，2011年以降は，同じく国有企業・非国有企業とも，対象の年間売り上げを2000万元以上に引き上げており，現在まで，この基準は続いている。

　このように基準が変われば，統計はそのまま接続させることはできなくなるが，一部の経済統計は異なった基準のまま接続されている一方，基準変更を考慮して計算された前年比だけが接続されていたりすることもある。その結果，公式に発表されているデータを元に前年比を計算しても，以前に発表されたものと前年比が合わないということが生じる。

　このような齟齬(そご)が発生するのは，中国経済が急速な変化を遂げてきた結果，それに

経済統計も適応させていくしかなかったという事情によるところが大きい。このような基準の変更などを元に信憑性を疑うのは筋違いであろう。

これに加えて、(3) 政府公式統計と民間推計との大きな差がある。それが例えば本書で引用されている所得格差の度合いを測る指数の一つである「ジニ係数」である。本書では「当然のことだが民間の研究所が発表したジニ係数は、政府当局が発表した数字とは大きく異なる」としている。一方で、政府の発表と近い民間の推計もないことはない。ただ、本書は暗に、政府の発表している格差を示す指標は民間のそれよりも不正確である、ということを示唆しているようだが、実際のところはどうなのだろうか。直接的に格差を測るためには中国全体の所得や資産を網羅して時系列で追う必要があるが、政府のリソースに頼らずそれを行うことは現実的に難しい。さらに言えば、民間の研究所が発表しているさまざまな推計も、政府の発表している他の統計指標に基づく推計が多い。政府の統計を疑ってかかるのなら、それらの推計自体も疑わしいと言わなければならない。

一方で、政府の発表している統計にも不一致が生じているため、どちらかというと共産主義にとって都合の悪い格差の度合いに関しては多少人為的な操作が入っているではないか、という批判もあるだろう。しかしそれでは過去に格差を示す政府側の統計が悪化したこともあるという事実に関して説明することができない。私は、政府が発表している統計にも、少なくとも一抹の真実があると考えている。

なお、格差そのものではないものの、格差などに影響を受ける個人の意識や幸福感は改善している。例えば社会科学院などの発表している中国社会心態研究報告 (2017) を見ると、個人の帰属意識調査で自らを中間層と位置付ける人々の割合は、5年前の調査と比べて大きく拡大している。社会科学院などの機関は政府系で信頼に足らないのではないか、という批判に対しては東京大学の園田茂人教授らによる「中国四都市調査 (1998〜2014) による時系列分析」も参考になるだろう。広州、重慶、上海、天津の四つの大都市の全てにおいて、2014年時点で自らを中所得以上と申告している人々の割合が、2006年と比べ上昇しているのである。

本書の特徴

本書は、政府統計に全面的に依存することなく、内外のさまざまな研究を引用し、

中国の格差の現在を示した集大成である。平等な社会を目指すと標榜している社会主義国家の中国において，いかに格差が蔓延しているか。それを本書は鮮明に描き出している。またその格差の結果，「中所得国の罠」に陥る可能性も指摘している（第1章）。

格差といってもさまざまだ。本書は所得のみならず，資産，灰色所得という側面に加えて，都市と農村の格差，地域間の格差を，膨大な研究を基に分析している（第2章）。政治的な側面に加えて，経済成長や都市化，グローバル化などから見た格差の分析も進めている。教育の格差も，中国の教育システムになじみのない読者には興味深いだろう（第3章）。

中国にも格差を緩和する仕組みがある。税制や社会保障がそうだ。日本も所得再分配前の格差の度合いは高いが，税収と社会保障による再分配で弱めている。中国においては最低生活保障制度や，最低賃金，貧困層向けの救済，育児保険など多様な社会保障が存在し，それらが中国の格差にどのように影響しているかも論じている（第4章）。

膨大な学術論文に基づく格差の把握に加え，中国人民大学中国調査データセンターや西南財経大学中国家庭金融調査研究センターによる調査統計を著者自身が解析にかけ，それを基に格差の現状も語っている（第5，6章）。

中国の格差の今

労作である本書だが，オリジナルの韓国語版の刊行は2016年6月であり，すでに2年以上たっている。中国経済はその変化が著しい一方，格差という社会問題が，1，2年で大きく改善するものではないが，すでに本書の内容から変わってきたところもある。

また，本書のような膨大な学術論文に基づいた研究は価値のあるものだが，それぞれの研究が異なった期間を対象としているため，過去から今日にかけて格差の度合いがどのように推移しているかを統一的に把握するのが難しくなるという問題点もある。

これらを踏まえ，最新の中国の格差の状況を見てみよう。

結論から言えば，幾つかの指標はここ数年で改善しているようだ。それは主に，「都市部・農村部」および「高所得層・低所得層」という二つの軸における格差の縮小

である。

　「中国統計年鑑 2017」(中国国家統計局)によれば，都市部の農村部に対する1人当たり所得の比率は，新基準系列で見た場合，2013 年の 2.81 から，直近の 2016 年は 2.72 まで低下している。
　また，高所得層と低所得層の間の格差も多くの場合，縮小しているようだ。中国全体の上位 20% の世帯の下位 20% の世帯に対する所得の比率は，2013 年の 10.78 から 2016 年の 10.72 へと低下している。ただし，都市部においては同比率が 5.84 から 5.41 へと低下している一方で，農村部において逆に 7.41 から 9.46 へと上昇している。つまり高所得層と低所得層の格差縮小は主に都市部においてのみ生じているだけであって，農村部において，その格差はむしろ拡大している。特に下位 20% の世帯所得の伸び率が相対的に低い。それもあって中国政府は貧困撲滅を主要政策の一つにしており，習近平国家主席は 2015 年に 7000 万人だった貧困者数を 2020 年までにゼロにすると公約している。よって，農村部の低所得層の所得は今後，主に社会保障などを通じた所得移転によって補填されていくと考えられる。
　この背景には，中国政府の政策目標がある。具体的には第 13 次 5 カ年企画 (日本では「計画」という言葉が今も使われているが，第 11 次より，「計画よりも少しコミットメントの度合いが弱い」「企画」という言葉に変わっている) の骨子案における政府方針において「共享 (共に享受する)」として「所得格差の縮小」をうたっている。そして実際に，その目標に向かって着実に成果を上げつつあるもようだ。
　とはいえ，本書が重ねて指摘する通り，富や教育などさまざまな側面で格差の度合いが，中国では依然として高いことは間違いないだろう。一方で，中国は目まぐるしく変化している。海外から事あるごとに指摘されている格差は，特に社会の不安定につながる火種であり，中国政府がそのまま放置しておくとも考えにくい。徐々にではあるが格差の状態もまた変化しており，常に最新の動きへの目配りが欠かせない。

中国の格差はどうなるか？

　原著者は「終わりに」で，今後豊かになれば民主主義体制となり，それにより再分配が進み格差は縮小するだろう，と書いているが，二つの疑問点が残る。豊かになれ

ば必ず民主主義体制となるのか。そして，民主主義になれば再分配が進み格差は縮小すると言い切れるのか。

　特に前者に関しては大きな疑問を持っている。社会主義体制のままの社会運営を続ける可能性も十分あるからだ。例えば2017年10月に北京で開催された中国共産党第19回全国代表大会において，「中国共産党規約」を改正し，「習近平による新時代の中国の特色ある社会主義思想」を，それまで明記されていたマルクス・レーニン主義，毛沢東思想，鄧小平理論，「三つの代表」の重要思想，科学的発展観と同列に党の行動指針に盛り込んだ。社会主義を強調する習近平国家主席の権力基盤がますます強化されていると報道されている。

　このような社会主義の基盤強化自体が，所得格差にどのようなインプリケーションを持つのかは，今後の政策や方針に大きく関わってくるのでそれほど明確ではない。現時点では，共産党は貧困や腐敗の撲滅に積極的であり，どちらかといえば所得格差の是正につながるような政策が多いように感じられる。

　思想や言論，そして宗教の自由がより豊かな人間としての生活の中心にあると考える人たちには，現在進められている施策のパッケージ，つまり思想や言論の自由から遠ざかりつつ所得の再分配を進めるということが，いずれ，特に沿海地域の，先行して豊かになった都市部市民の社会的なフラストレーションを強める可能性が高い，と考える方もいらっしゃるだろう。また，国民に豊かさを提供し，国際的な地位を高めることで求心力を維持してきた現在のレジームが，10年以上という長期のレンジでこの信任モデルを続けられるのかは予断を許さない，そう考えることもできる。

　もちろんその可能性は排除できない。しかし，果たして先行して豊かになった都市部市民は，思想や言論の自由にどれくらい重きを置いているのであろうか。十分な社会福祉の下で不自由のない経済生活を営み，多少の制限はありつつも海外に行けば国内では抑圧されている思想や言論に触れることも可能である。裕福になった多くの市民は，そのようなイシューよりも，自らの経済的状況，日々の生活や娯楽により多くの興味を持つのではないだろうか。その豊かさが脅かされない限り，自らの生活を犠牲にしてまで政治闘争を行ったりはしないように思われるのである。思想や言論が，豊かさの先に必ず求められると考えるのは，知識人あるいは豊かになり過ぎて時間を持て余している先進国市民のおごりであるのかもしれない。

問題は，思想や言論を統制している政府が，必要以上の制限を行なった上で，政府の強制的な権力で集めた税金などを，高官や役人たちが自らの私欲のために流用するなどの国民の信頼を裏切るような行為がはびこることだが，反腐敗運動でそのリスクも大きく減じられてきた。
　自らの考えが政（まつりごと）や経済構造に反映されていないと考えるのであるならば，自ら共産党員になり立身出世すればよい。その道は決して閉ざされていない。政治や思想に興味があるのならば，それを求める道がある。
　一方で，行き過ぎた民主主義によって，政府が迎合主義に陥り，近視眼的な迎合政策しか取らなくなってしまった場合，長期にわたって供給されるべき公共財投資などが過少になることもある。
　民主主義であっても，社会主義であっても，結局はリーダーが重要なのではないか。また，どちらの主義を採用しても，その政治構造上のリーダーになれる道が開かれている以上，そしてそのリーダーにさまざまな権力が付与されている以上，思想や言論が完全に抑制されているとはどうしても考えられない。余談だが，それがスタンダールが『赤と黒』で扱った題材の一つではなかろうかと監訳者は解釈している。
　すなわち監訳者は，中国の現在の社会主義が思想や言論統制によって崩れ，民主主義に移行するという単純な構図は想定していない。あくまで，現在の社会主義という枠組みの下で，さまざまな解釈を用い，緩和と抑制を行っていく。それによって社会主義という支配体制は，多くの予想に反して，長く続くのではないかと考えている。柔軟な組織構造は崩れにくいものだが，中国の政治体制は反腐敗運動や改革開放などの取り組みから，実に柔軟に感じられる。リスクはこの柔軟さが大きく失われるようなリーダーシップに変わった時であろう。それは少なくとも，今ではない。
　なお，言論統制により，イノベーションが生まれにくく，中所得国の罠を抜け出すことができないのではないか，という批判もあるが，一概にそうとは言えない。イノベーションは言論の自由からというよりも，利益追求の自由から生じる場合が多いからである。モノは言えなくとも，カネが生まれるのならイノベーションが生じやすいことは，現在の中国のさまざまな分野，例えばネット決済やドローン，環境関連技術など米国もしのぐような技術が生まれてきていることから実証済みだ。中所得国の罠自体を論じるには，イノベーションのみならず，経済全体の付加価値，為替政策など，幅広い分野の議論

が複雑に絡み合う。これを言論統制のみと結び付けるのは短絡的であろう。

習近平体制2期目と格差

　社会主義が継続する中で，その社会主義をこれまで以上に堅持する政権が，より長期化しようとしている。中国の全国人民代表大会は2018年3月11日，共産党の指導的役割を明記すると同時に，国家主席の任期を2期の10年までとしていた規定をなくす憲法改正案を可決した。14年ぶりの憲法改正である。

　現時点で，現在の習近平国家主席率いる政権が10年以上の長期政権を行うことのインプリケーションは測りがたい。さまざまな不確実性があることを承知した上で，本著の格差問題という視点で考えてみると，腐敗撲滅や貧困撲滅が現政権の主要な政策の一つとして挙げられていることから，おそらく中国国内の格差は，今後緩やかながら是正されて行く可能性が高いと考えられよう。その意味では，社会の安定化に役立つ側面があると考えられる。

　いずれにせよ，中国という新たな「大国」の変化を目の当たりにし，つぶさに確認して行くことは，楽しみでもあり，空恐ろしくもある。

〈参考文献〉
中国社会科学院社会学研究所社会心理学研究中心及社会科学文献出版社，主編 王俊秀，副主編 陈满琪
　　『中国社会心態度研究報告(2017)』社会科学文献出版社(2016)

〈ウェブ参照〉(以下全て2018年1月10日時点閲覧)
The Wall Street Journal(2014/10/21)：中国ブランドのスマホ拡大で潤う日本の部品メーカー
　　　　http://jp.wsj.com/articles/SB12669324362286583938704580227162846015050
日本経済新聞(2017/7/29)：中国復調、好決算の波 インフラ需要後押し
　　　　https://www.nikkei.com/article/DGXLZO19414570Y7A720C1EA6000/
NewsPicks(2017/9/18)：「中国崩壊論」の崩壊。外れ続ける「5つの予想」
　　　　https://newspicks.com/news/2496066/body/
財務総合政策研究所「平成27年度中国研究会」第3回資料：資料1「中国市民はなぜ政府を肯定的に評価しているのか：中国四都市調査(1998-2014)による時系列分析の知見」
　　　　http://www.mof.go.jp/pri/research/conference/china_research_conference/2015/china2015_03_01.pdf

人名・事項索引

人名

クズネッツ iii
江沢民 13
胡錦濤 13
習近平 15, 228, 231
鄧小平 10, 25, 67, 204, 229
ピケティ 87
プシェボルスキ 99
毛沢東 .... iii, 6, 10, 204, 229
ロドリック 73

事項

英数

4050 人員 69
Ｊカーブ 97

あ行

紅帽子 12
陰性収入（所得） .... ii, 28, 103, 116, 164
オリーブ型構造 .... v, 87
温飽 .... i, 19, 41, 61

か行

改革開放 .... i, 10, 19, 204, 230
家庭生産責任制（家庭承包制） 46
機会の格差 .... v, 34, 88, 91, 108, 138, 175
共同富有 i

郷鎮企業 12, 67, 84, 109
個体工商戸 11, 85, 148, 170
極貧率 38

さ行

最低生活保障 14, 38, 69, 96, 135, 144, 146, 157
再分配のパラドックス 98
三線建設 106
三農 14
集産化 6, 9, 13, 48
従属人口 68
集体 12, 46, 84, 102, 109
出譲 109
小康 .... i, 15
小帽子 12
新常態（ニューノーマル） 16
新農合 14, 137, 142, 151
人民公社 6, 12, 84
ストルパー・サミュエルソン定理 73
先富論 10, 49

た行

第1世代・第2世代 37, 140
第11次5ヵ年計画 45, 68, 145, 228
第12次5ヵ年計画 67, 91, 145
大躍進運動 6, 10, 106
中国の夢 .... i, 15, 204
中所得国の罠 .... iv, 17, 102, 204, 227, 230
転譲 109
等価所得 16
特別貧困移転 41

都市（非農業）戸籍 ………… 88, 106, 155, 168, 192
トリクルダウン ……………………………… iii

な行

農業戸籍 ……………… 88, 107, 138, 155, 168, 192

は行

灰色収入（所得） ………………… ii, 28, 103, 164
パルマ比率 ……………………………………… 31
非農業戸籍 → 都市戸籍
貧困撲滅 …………………………… 40, 228, 231
二つの百年 ………………………………… 15, 204
腐敗 ………………………………… 102, 113, 229
部分改革のパラドックス ……………………… 100
文化大革命 …………………… iii, 10, 25, 135, 205
ポスト社会主義国家 ……………… iii, 32, 66, 99, 114

ま行

マタイ効果 ……………………………… iii, 34, 49
ミラノビッチ・モデル ………………… 97, 184, 205
メルツァー・リチャード・モデル
  ……………………… 97, 106, 112, 184, 205

や行

洋帽子 …………………………………………… 12

ら行

ラッダイト ……………………………………… 74
ルプ・ポントゥソン・モデル …… 97, 184, 205
六仮企業 ………………………………………… 12
ロビン・フッドの逆説 ………………………… 98

わ行

和諧 ………………………………………… 13, 17

著者・監訳者・訳者　略歴

著者　李　養浩（い　やんほ）
高麗大学政治外交学科を卒業，ソウル大学大学院で政治学修士，パリ第一大学で政治学博士。パリ政治学院でソ連東欧圏学博士準備課程（DEA）を修了。現在，高麗大学「平和と民主主義研究所」研究教授。
著書に『China 2050 Project：中国の現在と未来を読む』(2005)，『インドの台頭：鎖から解き放たれたアジアの虎』(2009)，『タマネギの皮とマトリョーシカ：国家の興亡盛衰』(2011) がある。翻訳書にユセフ・クルバージュ，エマニュエル・トッドの『文明の衝突か文明の和解か（邦題：文明の接近「イスラーム vs 西洋」の虚構）』(2008)，エーモン・フィングルトンの『米中のヘゲモニー戦争（邦題：巨龍・中国がアメリカを喰らう―欧米を欺く「日本式繁栄システム」の再来）』(2010) がある。

監訳者　李　智雄（り　ちうん）
韓国生まれ。延世大学中退，東京大学経済学部卒業。経済学博士。
ボストン大学大学院修士課程修了。2003年，韓国陸軍士官学校専任講師。
2006年，ゴールドマンサックス東京・ソウルで，日本経済，韓国経済担当エコノミスト兼韓国ストラテジストを歴任。
2011年度，東京大学大学院総合文化研究科客員准教授。2013年から2016年まで国際大学講師。
2014年5月から三菱UFJモルガンスタンレー証券シニアエコノミスト。
2017年からチーフエコノミスト。

訳者　杉山　直美（すぎやま　なおみ）
梨花女子大通訳翻訳大学院修了。現在は日本で日韓通訳者として会議通訳・放送通訳を行いつつ，翻訳・校閲，講師業に従事。韓国日本語通翻訳学会海外理事。

〈検印省略〉

格差から見る中国
─急激な社会変動が引き起こした「光と影」の政治経済学─

発行日　2019年5月16日　初版発行

著者　李 養浩（いやんほ）
監訳者　李 智雄（りちうん）
訳者　杉山直美（すぎやまなおみ）
発行者　大矢 栄一郎
発行所　株式会社　白桃書房（はくとうしょぼう）
　　　〒101-0021　東京都千代田区外神田 5-1-15
　　　TEL 03-3836-4781　FAX 03-3836-9370　振替 0010-4-20192
　　　http://www.hakutou.co.jp/

印刷・製本　藤原印刷

Ⓒ Lee Chiwoong and Naomi Sugiyama 2019 Printed in Japan
ISBN 978-4-561-92303-9 C3033

本書の全部または一部を無断で複写複製（コピー）することは著作権法上での例外を除き，禁じられています。落丁本・乱丁本はおとりかえいたします。

好　評　書

チャイナ・エコノミー
複雑で不透明な超大国　その見取り図と地政学へのインパクト
A. R. クローバー 著／東方 雅美 訳／吉崎 達彦 解説

独特の政治の仕組みや社会の現状を踏まえ，中国経済のメカニズム，そして世界へのインパクトを語る。一問一答形式でまとめられた簡潔な叙述ながら，グローバルな視野に立ちつつ，その複雑に絡み合った構造を描き出し，多くの研究者やエコノミストから高い評価を受ける。　定価(本体2593円＋税)

日本の社会階層とそのメカニズム
不平等を問い直す
盛山 和夫・片瀬 一男・神林 博史・三輪 哲 編著

日本においても格差社会が問題となっているが，感情的な議論がなされがちである。本書は社会階層の変化を統計に基づき，労働・学歴・性別役割などの切り口から体系的に論じる。戦後日本における不平等のありようの変化を掘り下げ，実証的な議論の礎を提示する。　定価(本体2800円＋税)

中国の現場からみる日系企業の人事・労務管理
人材マネジメントの事例を中心に
李 捷生・郝 燕書・多田 稔・藤井 正男 編著

日系中国企業の現場に焦点を当て，その実態・特徴を明らかにしながら，日本の人事慣習と中国の慣習のハイブリッドが，どのような場合に相乗効果が働くのか，また，そのハイブリッドの進展をめぐるダイナミズムを追究。経営者・人事担当者にも有用。　定価(本体3000円＋税)

流域ガバナンスと中国の環境政策
日中の経験と知恵を持続可能な水利用にいかす
北川 秀樹・窪田 順平 編著

中国は，その急激な経済成長に伴い，水質保全や適切な水資源配分，また北部における水資源の不足が大きな問題となっている。本書は，中国の水資源をめぐり，その利用，政策・規制の現状をまとめた発表がなされたシンポジウム(開催：中国武漢)の内容をもとに書籍化した。　定価(本体4300円＋税)

白桃書房